▶ *Startklar!*

Hauswirtschaft · Verbraucherbildung
Differenzierende Ausgabe

Herausgegeben von
Ulf Holzendorf

Erarbeitet von
Ulf Holzendorf
Bernd Meier
› Dieter Mette

Mit Beiträgen von
Daniela Bühler
Christiane Lebeda
Margarete Schmid

Beratung:
Gudrun Schirrmann

Oldenbourg Schulbuchverlag, München

Liebe Schülerin, lieber Schüler,

in diesem Unterrichtsfach lernst du zunächst, Arbeitsplätze zu gestalten und Mahlzeiten wie ein Profi zuzubereiten. Bei der Auswahl der Rezepte solltest du auch an eine gesunde Ernährung denken. Planung, Organisation und Verbraucherbildung schließen sich thematisch an. Als gut informierte/-r Verbraucher/-in wirst du nicht auf leere Versprechungen hereinfallen. Am Ende des Schulbuchs geht es um den globalen Warenverkehr. Du erhältst einen guten Überblick über die Erzeugung, den Transport und die Verarbeitung sowie den sicheren Umgang mit Lebensmitteln.

Kapitelfarbe zur besseren Orientierung im Buch.

Eine Doppelseite – ein Thema.

Arbeitsmaterialien zur selbstständigen Erschließung des Themas.

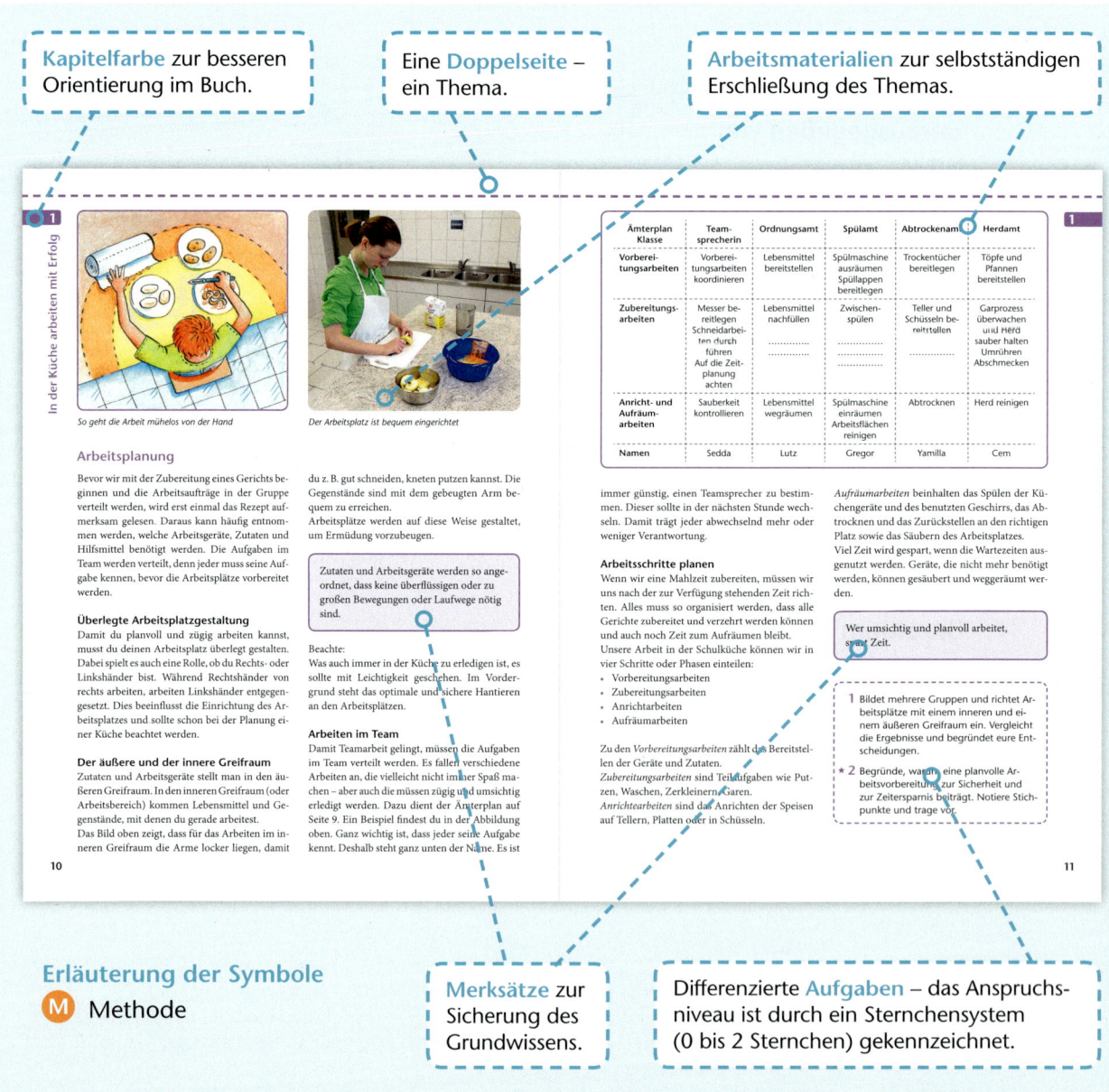

Erläuterung der Symbole

M Methode

Merksätze zur Sicherung des Grundwissens.

Differenzierte Aufgaben – das Anspruchsniveau ist durch ein Sternchensystem (0 bis 2 Sternchen) gekennzeichnet.

Das kann ich! – Wissen anwenden

Mit deinem Schulbuch kannst du dir Wissen aneignen, das dir hilft, planvoll und verantwortungsbewusst Entscheidungen zu treffen.

Jedes Kapitel besteht aus informativen Seiten (siehe verkleinerte Beispielseite links unten) und aus Kompetenzseiten (siehe unten). Diese Kompetenzseiten zeigen, was besonders wichtig ist: Sie greifen ein zentrales Thema des Kapitels auf und vertiefen es. Manche Zusatzinformationen findest du deshalb nur hier. Die Liste wichtiger Begriffe gibt an, was du unbedingt wissen musst. Wenn du die Aufgaben lösen kannst, weißt du, dass du Expertin/Experte bist. Denn für die Lösung setzt du das Wissen, das du dir im Verlauf des Kapitels angeeignet hast, in die Praxis um.

Ein übergeordnetes **Thema**, auf das sich alle Materialien und Aufgaben beziehen.

Eine Liste wichtiger **Fachbegriffe** des Kapitels, die wiederholt und angewendet werden.

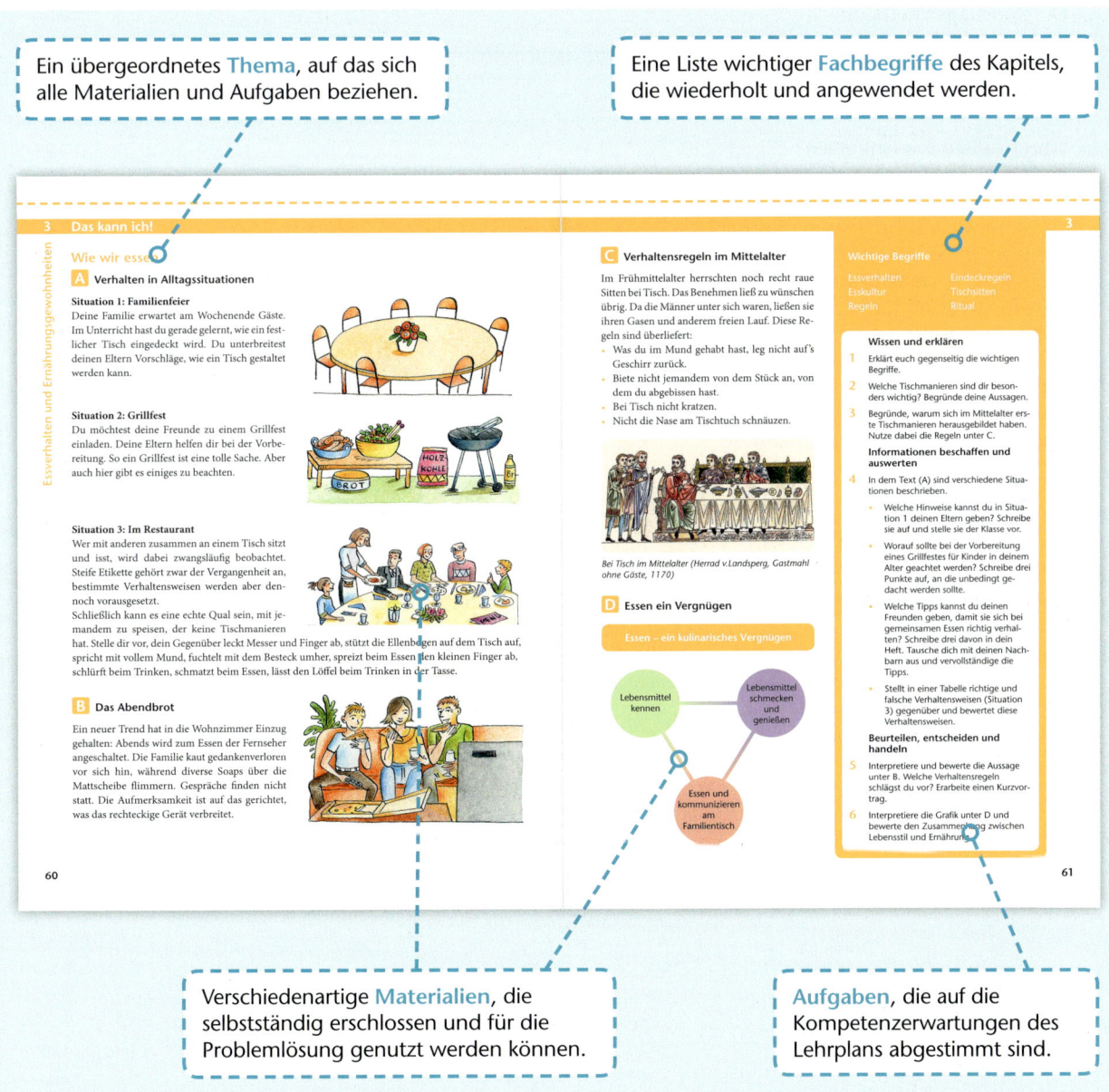

Verschiedenartige **Materialien**, die selbstständig erschlossen und für die Problemlösung genutzt werden können.

Aufgaben, die auf die Kompetenzerwartungen des Lehrplans abgestimmt sind.

Inhalt

4 Planung und Organisation eines Haushalts 63

5 Vollwertige Ernährung 81

6 Lebensmittel bewusst auswählen 95

7 Ernährung und Esskultur 107

Anrichten von Mahlzeiten

Messen und wiegen

Rezepte lesen und verstehen

Sicherheitsmaßnahmen genau beachten

Technische Geräte bedienen

Nahrungszubereitung im Haushalt

Arbeits- und Zeitplan einhalten

Umweltbewusst spülen

Speisen zubereiten

Grundtechniken der Lebensmittelverarbeitung erlernen

Hygiene umsetzen

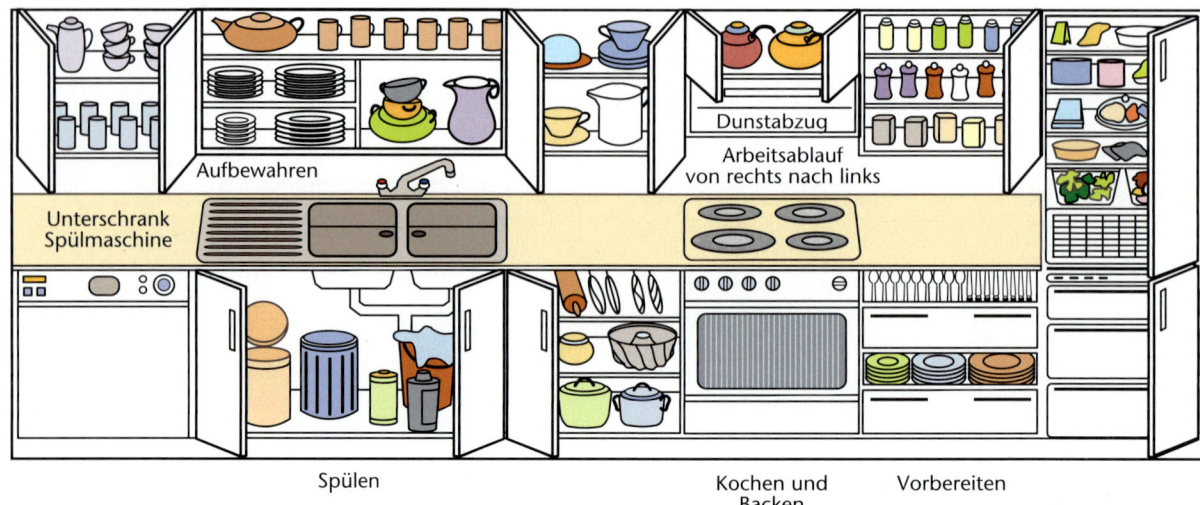

Aufbewahren

Dunstabzug

Arbeitsablauf
von rechts nach links

Unterschrank
Spülmaschine

Spülen

Kochen und
Backen

Vorbereiten

Blick in eine Küche

Bereich	Wozu?	Beispiel
Vorratsbereich	Aufbewahrung von Lebensmitteln	Vorratsschrank Kühlschrank
Arbeitsplatz organisieren (Kontrolle)	Arbeitsfluss beachten	Arbeitsplatz reorganisieren
Vorbereitungsbereich	Lebensmittel schneiden, reiben, rühren	Arbeitsfläche
Koch- und Backbereich	Lebensmittel durch Hitze garen	Herd Backofen Mikrowelle Dampfgarer
Reinigungsbereich	Obst und Gemüse waschen Geschirr und Geräte spülen	Spüle mit Abtropffläche Spülmaschine
Aufbewahrungsbereich	Aufbewahrung von Geschirr, Besteck und Geräten	Geschirrschrank Besteckschublade Topfschrank
Entsorgungsbereich	Müll entsorgen	Mülleimer Kompost Gelber Sack

Der Arbeitsplatz in der Küche

In jeder Wohnung gibt es eine Küche. Du hast bestimmt schon häufig zu Hause darin gearbeitet. Die Schulküche ist in vielem der Küche zu Hause ähnlich. Der Lebensmittelvorrat und das Geschirr müssen aufbewahrt werden. Dafür gibt es Regale oder Schränke. Zum Putzen und Vorbereiten der Speisen wird Platz benötigt. Ebenso braucht man einen speziellen Bereich zum Garen

der Speisen. Nach dem Essen müssen Geschirr und Töpfe gereinigt werden.

In jeder Küche gibt es Arbeitsbereiche wie den Vorbereitungs-, Koch- und Backbereich, den Aufbewahrungs- oder Entsorgungsbereich.

Aufnahme einer Wegestudie

Dazu brauchen wir: Einen Grundriss, einen langen Faden, Nadeln, eine Uhr und mindestens 3 Personen.

Gericht benennen:„Herstellung eines Obstsalates"

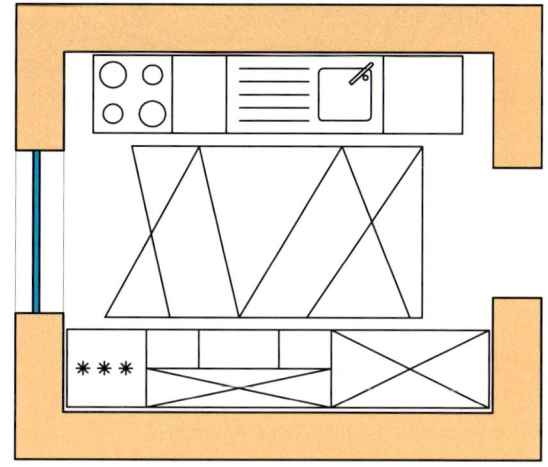

Grundriss Küche 1 mit Fadenmodell

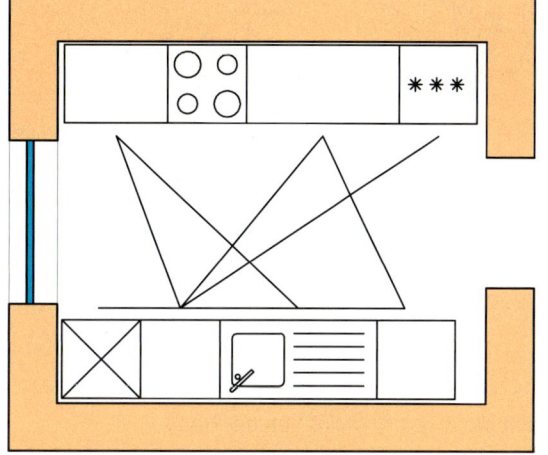

Grundriss Küche 2 mit Fadenmodell

Überlegte Arbeits- und Küchenplanung

Rationelles Arbeiten in der Küche ist nur möglich, wenn die Arbeitsbereiche richtig geplant und zugeordnet sind. Damit die Arbeit leicht von der Hand geht, sollte neben der Einrichtung natürlich auch die Arbeit selbst richtig geplant werden.

> Eine zweckmäßig eingerichtete Küche erspart Arbeitskraft, Wege und Zeit.

Robert hat eine Idee. Er schlägt vor zu testen, ob wir Arbeitsabläufe richtig planen können und ob unsere Schulküche gut eingerichtet wurde. Den Begriff Wegestudie hat er schon einmal gehört und erklärt ihn seinen Mitschülerinnen und Mitschülern.

In einer Wegestudie wird untersucht, welche Wege ich zum Beispiel bei der Zubereitung einer Mahlzeit zurücklege. Erfasst werden die zurückgelegte Strecke und die dafür benötigte Zeit. Meist stellt man im Rückblick fest, dass die Arbeitsorganisation verbessert werden kann.

Tine will wissen, wie so etwas funktioniert. Robert erklärt, dass wir zunächst den Grundriss unserer Küche im Maßstab 1:20 zeichnen. Darin trage ich meine Beobachtung ein. Immer wenn du einen Arbeitsgang ausführst, dann ziehe ich den Faden und stecke eine Nadel an den Platz, an dem du arbeitest. Cem schreibt die Zeit auf, die für die Arbeitsgänge benötigt wird.

Tine liest das Rezept für den Obstsalat und beginnt sofort mit der Arbeit. Als sie fertig ist, hat Robert 180 cm Fadenlänge gemessen. Das scheint sehr viel zu sein. Cem hat eine Zeit von 17 Minuten gestoppt.

Ob Peter besser planen kann? Sein Versuch hat gezeigt, dass jetzt nur 125 cm Fadenlänge gemessen wurden. Für die Herstellung der gleichen Menge Obstsalat hat er nur 13 Minuten benötigt.

1 Berechne die Wegstrecken von Tine und Peter. Schreibe den Rechenweg und das Ergebnis in eine Tabelle und stelle die Wegstrecken einander gegenüber.

2 Begründe, warum Peter ein anderes Ergebnis als Tine erzielt hat. Schreibe deine Schlussfolgerungen auf.

3 Vergleiche die beiden Grundrisse in der Abbildung oben und diskutiere mit deinem Sitznachbarn die unterschiedlichen Wegstrecken. Stellt eure Meinung den anderen vor.

So geht die Arbeit mühelos von der Hand

Der Arbeitsplatz ist bequem eingerichtet

Arbeitsplanung

Bevor wir mit der Zubereitung eines Gerichts beginnen und die Arbeitsaufträge in der Gruppe verteilt werden, wird erst einmal das Rezept aufmerksam gelesen. Daraus kann häufig entnommen werden, welche Arbeitsgeräte, Zutaten und Hilfsmittel benötigt werden. Die Aufgaben im Team werden verteilt, denn jeder muss seine Aufgabe kennen, bevor die Arbeitsplätze vorbereitet werden.

Überlegte Arbeitsplatzgestaltung

Damit du planvoll und zügig arbeiten kannst, musst du deinen Arbeitsplatz überlegt gestalten. Dabei spielt es auch eine Rolle, ob du Rechts- oder Linkshänder bist. Während Rechtshänder von rechts arbeiten, arbeiten Linkshänder entgegengesetzt. Dies beeinflusst die Einrichtung des Arbeitsplatzes und sollte schon bei der Planung einer Küche beachtet werden.

Der äußere und der innere Greifraum

Zutaten und Arbeitsgeräte stellt man in den äußeren Greifraum. In den inneren Greifraum (oder Arbeitsbereich) kommen Lebensmittel und Gegenstände, mit denen du gerade arbeitest.
Das Bild oben zeigt, dass für das Arbeiten im inneren Greifraum die Arme locker liegen, damit

du z. B. gut schneiden, kneten putzen kannst. Die Gegenstände sind mit dem gebeugten Arm bequem zu erreichen.
Arbeitsplätze werden auf diese Weise gestaltet, um Ermüdung vorzubeugen.

> Zutaten und Arbeitsgeräte werden so angeordnet, dass keine überflüssigen oder zu großen Bewegungen oder Laufwege nötig sind.

Beachte:
Was auch immer in der Küche zu erledigen ist, es sollte mit Leichtigkeit geschehen. Im Vordergrund steht das optimale und sichere Hantieren an den Arbeitsplätzen.

Arbeiten im Team

Damit Teamarbeit gelingt, müssen die Aufgaben im Team verteilt werden. Es fallen verschiedene Arbeiten an, die vielleicht nicht immer Spaß machen – aber auch die müssen zügig und umsichtig erledigt werden. Dazu dient der Ämterplan auf Seite 9. Ein Beispiel findest du in der Abbildung oben. Ganz wichtig ist, dass jeder seine Aufgabe kennt. Deshalb steht ganz unten der Name. Es ist

Ämterplan Klasse	Team-sprecherin	Ordnungsamt	Spülamt	Abtrockenamt	Herdamt
Vorberei-tungsarbeiten	Vorberei-tungsarbeiten koordinieren	Lebensmittel bereitstellen	Spülmaschine ausräumen Spüllappen bereitlegen	Trockentücher bereitlegen	Töpfe und Pfannen bereitstellen
Zubereitungs-arbeiten	Messer be-reitlegen Schneidarbei-ten durch-führen Auf die Zeit-planung achten	Lebensmittel nachfüllen	Zwischen-spülen	Teller und Schüsseln be-reitstellen	Garprozess überwachen und Herd sauber halten Umrühren Abschmecken
Anricht- und Aufräum-arbeiten	Sauberkeit kontrollieren	Lebensmittel wegräumen	Spülmaschine einräumen Arbeitsflächen reinigen	Abtrocknen	Herd reinigen
Namen	Sedda	Lutz	Gregor	Yamilla	Cem

immer günstig, einen Teamsprecher zu bestim-men. Dieser sollte in der nächsten Stunde wech-seln. Damit trägt jeder abwechselnd mehr oder weniger Verantwortung.

Arbeitsschritte planen

Wenn wir eine Mahlzeit zubereiten, müssen wir uns nach der zur Verfügung stehenden Zeit rich-ten. Alles muss so organisiert werden, dass alle Gerichte zubereitet und verzehrt werden können und auch noch Zeit zum Aufräumen bleibt.

Unsere Arbeit in der Schulküche können wir in vier Schritte oder Phasen einteilen:

- Vorbereitungsarbeiten
- Zubereitungsarbeiten
- Anrichtarbeiten
- Aufräumarbeiten

Zu den *Vorbereitungsarbeiten* zählt das Bereitstel-len der Geräte und Zutaten.

Zubereitungsarbeiten sind Teilaufgaben wie Put-zen, Waschen, Zerkleinern, Garen.

Anrichtearbeiten sind das Anrichten der Speise auf Tellern, Platten oder in Schüsseln.

Aufräumarbeiten beinhalten das Spülen der Kü-chengeräte und des benutzten Geschirrs, das Ab-trocknen und das Zurückstellen an den richtigen Platz sowie das Säubern des Arbeitsplatzes.

Viel Zeit wird gespart, wenn die Wartezeiten aus-genutzt werden. Geräte, die nicht mehr benötigt werden, können gesäubert und weggeräumt wer-den.

> Wer umsichtig und planvoll arbeitet, spart Zeit.

1 Bildet mehrere Gruppen und richtet Ar-beitsplätze mit einem inneren und ei-nem äußeren Greifraum ein. Vergleicht die Ergebnisse und begründet eure Ent-scheidungen.

★ **2** Begründe, warum eine planvolle Ar-beitsvorbereitung zur Sicherheit und zur Zeitersparnis beiträgt. Notiere Stich-punkte und trage vor.

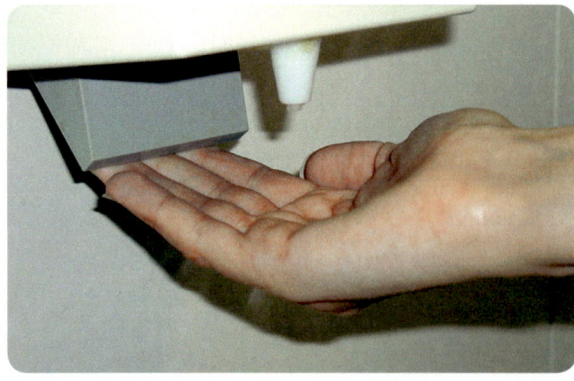

Hände einseifen, abwaschen und abtrocknen

Lebensmittel mit zwei Löffeln probieren

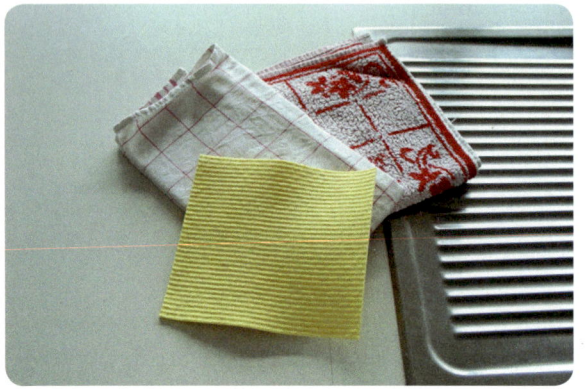

Küchentücher und Lappen häufig wechseln

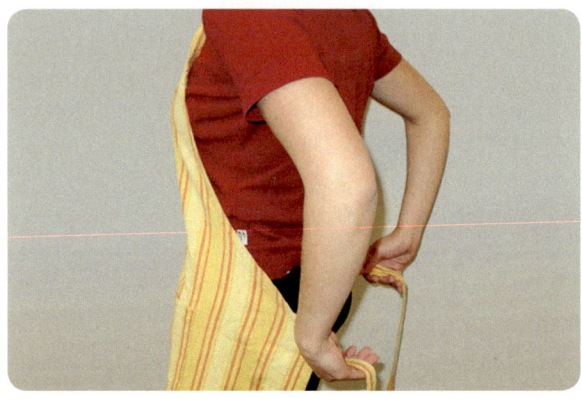

Saubere Schürze anziehen

Hygiene – Gesundheitsschutz in der Schulküche

Damit wir Freude am Essen haben, ist es wichtig, dass wir uns darauf verlassen können, dass sich alle an die Hygieneregeln halten.

> Unter Hygiene versteht man die Einhaltung aller Maßnahmen zur Verhütung von Krankheiten und Gesundheitsschäden.

Jeder, der für andere Gerichte zubereitet, trägt eine hohe Verantwortung. Durch verunreinigte Lebensmittel können Bakterien übertragen werden, die Krankheiten auslösen.

Leider kommt es immer wieder vor, dass Menschen schwer erkranken, weil wichtige Hygieneregeln nicht beachtet wurden. Meist sind Übelkeit und Durchfall die Folgen. In seltenen Fällen kann es auch zu schweren Erkrankungen kommen.

Deshalb achten wir in der Schulküche und auch zu Hause auf die Hygiene. Am Anfang des Unterrichts informiert dich deine Lehrkraft über die wichtigsten Regeln.

Acht Regeln der persönlichen Hygiene

1. Vor dem Arbeitsbeginn und nach jedem Toilettenbesuch unbedingt die Hände gründlich waschen und abtrocknen.
2. Zwischen den Arbeitsgängen das Händewaschen nicht vergessen.
3. Fingernägel sauber und kurz halten.
4. Fingerringe und Uhren ablegen.
5. Lange Haare zurückbinden.
6. Saubere Schürze tragen.
7. Wunden mit wasserdichtem Pflaster abdecken und Gummihandschuhe überziehen.
8. Nicht auf Lebensmittel husten oder niesen.

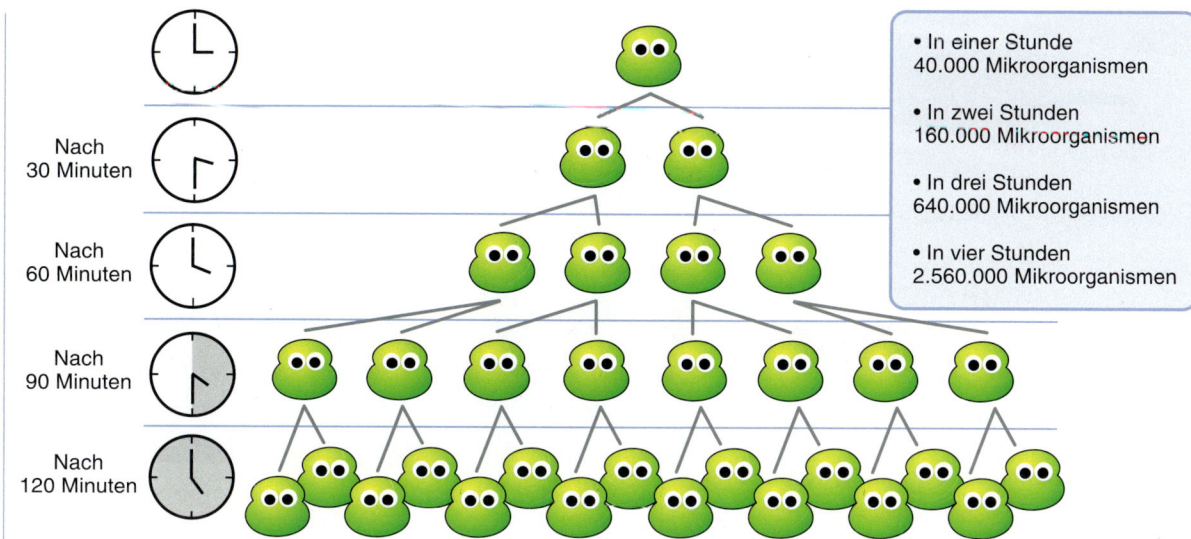

	• In einer Stunde 40.000 Mikroorganismen
Nach 30 Minuten	• In zwei Stunden 160.000 Mikroorganismen
Nach 60 Minuten	• In drei Stunden 640.000 Mikroorganismen
Nach 90 Minuten	• In vier Stunden 2.560.000 Mikroorganismen
Nach 120 Minuten	

In der Küche Ordnung halten

Gegenstände, die nicht zur Arbeitsaufgabe gehören, sollten vom Arbeitsplatz entfernt werden. Dazu gehören z. B. Verpackungen von Obst und Gemüse, leere Konservendosen oder nicht mehr benötigte Lebensmittel wie Mehl.

Mikroorganismen können sich auf schmutzigen Arbeitsplätzen und auf Arbeitsmitteln vermehren. Deshalb achten wir bei der Arbeit auf die Einhaltung folgender Regeln:

- Arbeitsflächen bei der Arbeit sauber halten.
- Küchentücher und Lappen häufig wechseln.
- Arbeitsgeräte mit heißem Wasser säubern.
- Müll nach der Nahrungszubereitung aus der Küche entfernen.
- Kühlschrank regelmäßig reinigen.
- Küche und Lagerräume reinigen und lüften.
- Reinigungs- und Desinfektionsmittel gesondert aufbewahren.

Lebensmittelhygiene

Lebensmittel sind ein guter Nährboden für Krankheitserreger. Temperatur, Einwirkzeit und Feuchtigkeit beeinflussen die Wachstumsbedingungen. Die Abbildung oben zeigt den Einfluss der Zeit auf die Anzahl der Erreger. Bei Temperaturen zwischen 20 °C und 40 °C wachsen die Mikroorganismen besonders schnell. Krankheitserreger, die häufig vorkommen, sind Salmonellen.

Menschen mit geringer Abwehrkraft sind durch Mikroorganismen besonders gefährdet. Dazu gehören: z. B. Säuglinge, Kleinkinder, ältere und kranke Menschen.

Beim Umgang mit Lebensmitteln beachten wir deshalb diese Vorsichtsmaßnahmen:

- Leicht verderbliche Lebensmittel kühl aufbewahren.
- Lebensmittel in kleinere Schüsseln füllen.
- Lebensmittel schnell verarbeiten.
- Lebensmittel immer abdecken.
- Auftauflüssigkeit von Geflügel, Fleisch und Fisch auffangen und wegschütten.
- Speisen ausreichend erhitzen (über 65°C).
- Speisen vor Insekten schützen.
- Speisen mit zwei Löffeln probieren.

1 Lies den Text über Lebensmittelhygiene in der linken Spalte und analysiere, unter welchen Bedingungen Mikroorganismen besonders gut gedeihen.

2 Wie kann sichergestellt werden, dass die Hygieneregeln kontrolliert werden und Beachtung finden? Schreibe Maßnahmen in dein Heft.

Den Pfannenstiel sicher über den Herd drehen

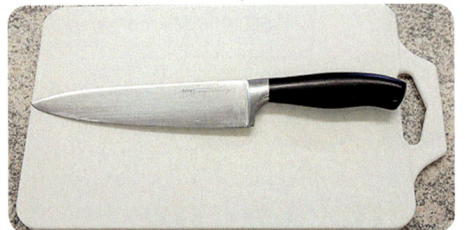

Das Küchenmesser sicher ablegen

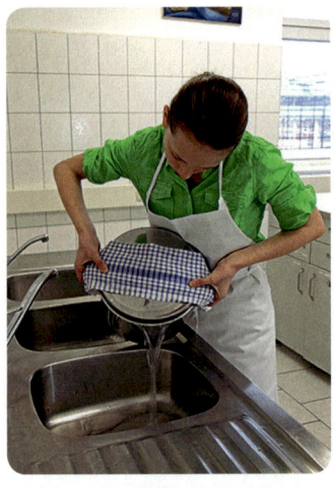

Sicheres Abgießen mit dem Handtuch

Ein heißer Topf wird sicher gegriffen

Unfallgefahren in der Schulküche vermeiden

Unfälle können an jedem Arbeitsplatz passieren: Im Straßenverkehr, bei der Arbeit im Betrieb und im Haushalt. Jeder dritte tödliche Unfall ereignet sich im Haushalt. Die Ursache ist meist, dass man unvorsichtig, unkonzentriert oder abgelenkt ist. Da das Arbeiten in der Gemeinschaft, wie z. B. in der Schulküche, besonders viel Aufmerksamkeit erfordert, müssen Unfallgefahren immer wieder ins Bewusstsein gerufen werden.

> Lasse dich beim Arbeiten nicht ablenken! Das erhöht die Unfallgefahr.

Wenn du in der Schulküche tätig bist, musst du dich bei der Arbeit konzentrieren. Kleine Unachtsamkeiten können schmerzhafte Folgen haben.

Richtiges Verhalten

Richtiges Verhalten in der Schulküche vermindert die Unfallgefahr.
- Trage rutschsichere und feste Schuhe.
- Schließe Schranktüren, wenn sie nicht mehr geöffnet sein müssen.
- Lege keine Gegenstände auf dem Fußboden ab.
- Verhalte dich am Arbeitsplatz ruhig und vermeide unnötigen Lärm wie lautes Türenschla-

gen oder Geschirrklappern. Auch Töpfe können leise abgestellt werden. Der Lärmpegel ist auch so schon vergleichsweise hoch!
- Entferne Fette und Flüssigkeiten vom Boden.
- Bewahre gefährliche Flüssigkeiten nicht in Lebensmittelflaschen auf. Gefährliche Stoffe erkennst du an den Gefahrensymbolen, die auf der Verpackung abgedruckt sein müssen.

> Spielereien und Neckereien am Arbeitsplatz sind zu unterlassen.

Richtige Arbeitstechniken

Mit der richtigen Arbeitstechnik lassen sich Unfälle im Vorfeld vermeiden.
- Stiele von Töpfen und Pfannen müssen im Herdbereich bleiben. Sie dürfen nicht über den Herd hinausragen.
- Beim Abgießen von heißen Flüssigkeiten Kochhandschuhe oder Handtücher benutzen. Heiße Flüssigkeit vom Körper weg abgießen und fest zugreifen.
- Bereite eine gute Abstellfläche für heiße Töpfe vor.
- Berühre keine heißen Kochplatten.
- Lege das Küchenmesser sicher ab.

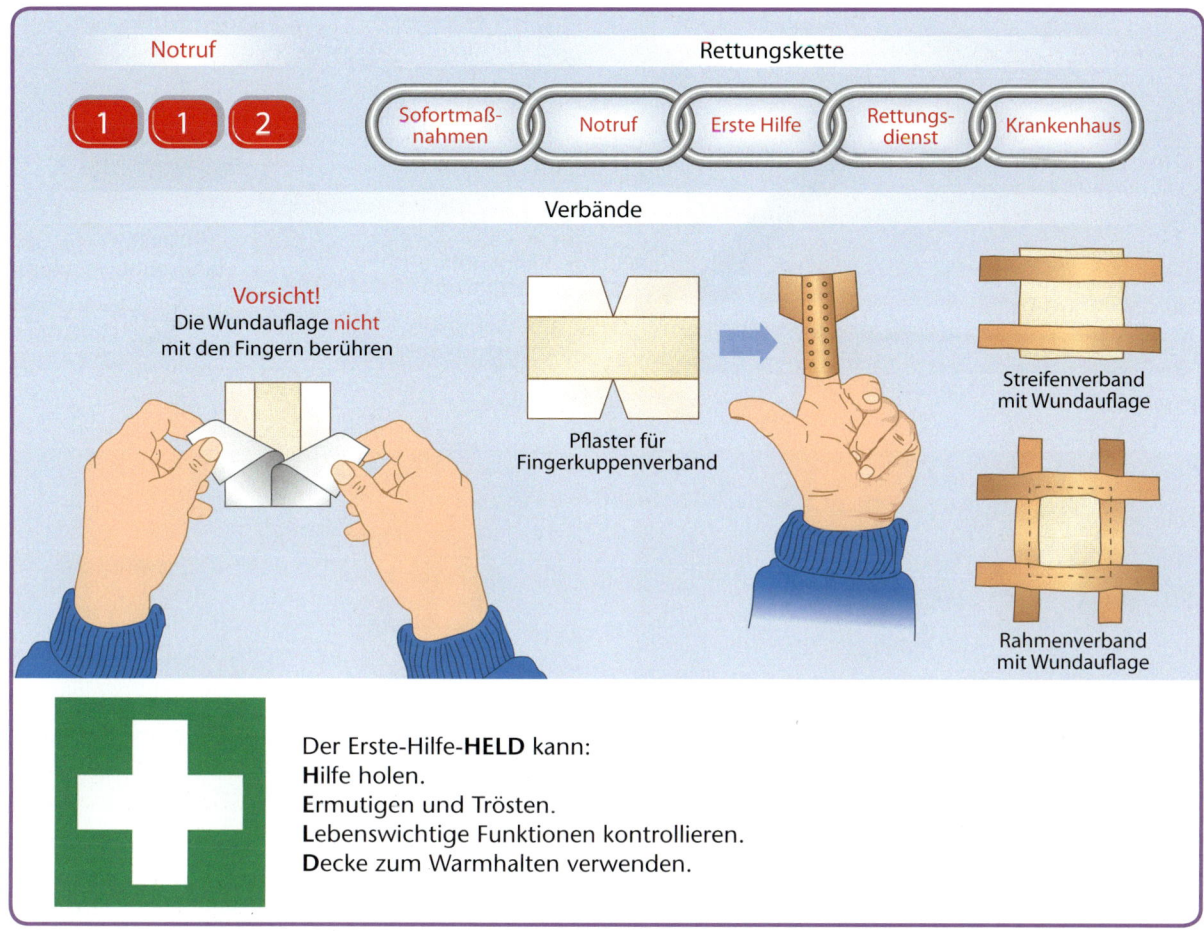

Notruf

1 1 2

Rettungskette

Sofortmaß-nahmen — Notruf — Erste Hilfe — Rettungs-dienst — Krankenhaus

Verbände

Vorsicht!
Die Wundauflage nicht mit den Fingern berühren

Pflaster für Fingerkuppenverband

Streifenverband mit Wundauflage

Rahmenverband mit Wundauflage

Der Erste-Hilfe-**HELD** kann:
Hilfe holen.
Ermutigen und Trösten.
Lebenswichtige Funktionen kontrollieren.
Decke zum Warmhalten verwenden.

Ein Unfall ist passiert

Wenn ein Unfall passiert ist, gilt es Ruhe zu bewahren und überlegt zu handeln. Als erstes verschafft man sich einen Überblick über die Situation.
In jeder Schulküche findest du einen Erste Hilfe-Kasten. Darin befindet sich Verbandsmaterial, mit dem man Wunden versorgen kann.

Schnittwunden

Schnittwunden gehören zu den häufigsten Verletzungen in der Küche. Eine kleine Schnittwunde etwas bluten lassen, damit Schmutz und Krankheitserreger aus der Wunde herausgespült werden. Bei kleineren Schnittwunden reicht häufig ein Wundpflaster. Es verschließt die Wunde und schützt vor Schmutz.
Längere oder stark blutende Wunden können mit einem Schnellverband versorgt werden. Danach muss ein Arzt die Wunde weiterbehandeln.

Meldung eines Notfalls:
Wer meldet?
Was ist passiert?
Wo ist es passiert?
Wie viele sind verletzt?

1 Informiere dich, wo sich in deiner Schulküche der Erste-Hilfe-Kasten befindet. Beschreibe das Schild, das dir den Weg zeigt.

2 Finde weitere Schilder in deiner Schule, die dir helfen, dich in Notsituationen zu orientieren. Schreibe ihre Bedeutung auf.

Schälmesser

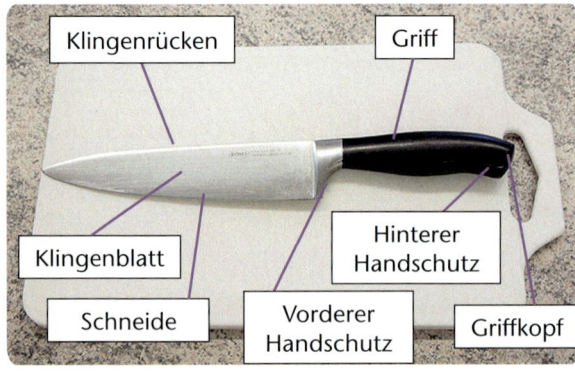

Klingenrücken · Griff · Klingenblatt · Hinterer Handschutz · Schneide · Vorderer Handschutz · Griffkopf

Kochmesser

Krallengriff

Schältechnik

Arbeitsgeräte in der Schulküche

Das richtige Messer auswählen

Die Auswahl des richtigen Messers für deine Vorbereitungsarbeiten trägt entscheidend zum Gelingen der Arbeit bei.

Das Gemüsemesser putzt und zerkleinert Obst, Gemüse und Pilze. Es kann eine gerade oder eine gebogene Klinge haben.

Das Kochmesser kann überall eingesetzt werden, wo geschnitten wird. Es ist ein Allzweckgerät für alle Köche. Es schneidet Fleisch, großes Gemüse oder Zwiebeln.

> Eine dem Zweck entsprechende Messerauswahl und eine sichere Handhabung ermöglichen gute Arbeitsergebnisse.

Kochmesser sollten per Hand in warmem Spülwasser mit einem feuchten Tuch gereinigt werden.

Das Messer richtig nutzen

Mit der richtigen Schneidetechnik erzielst du gute Arbeitsergebnisse und vermeidest Verletzungen. Dazu gehört, dass du den Daumen der Hand, die das Lebensmittel festhältst, sicherst (Krallengriff). Schneide immer vom Körper weg und benutze eine feste Unterlage.

Verwende nur sichere und scharfe Messer und achte darauf, dass der Griff fest und ergonomisch geformt ist und ein Handschutz vorhanden ist. Du solltest

- Messer nicht mit fettigen oder nassen Händen benutzen,
- Messer nicht im Schneidabfall liegen lassen,
- Messer nicht in das Spülbecken legen und liegen lassen,
- nicht nachgreifen, wenn ein Messer herunterfällt, und
- nicht in der Schulküche mit dem Messer in der Hand umherlaufen.

Gasherd

Elektroherd

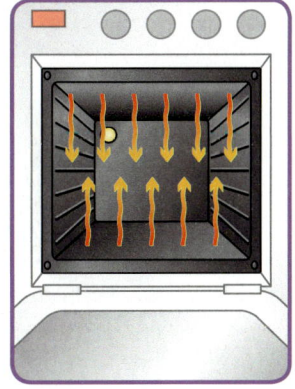

Backofen: Ober- und Unterhitze

Topf und Kochplatte müssen übereinstimmen

Geräte zum Garen von Gerichten

Küchenherde unterschiedlicher Bauart benutzen wir täglich, um Gerichte zu garen oder auch nur zu erwärmen.

Ein altes Sprichwort sagt „Eigener Herd ist Goldes wert". Zu der Zeit, in der es entstand, war der Herd noch eine offene Feuerstelle in der Küche. Darüber befand sich ein Abzug für den Rauch. Erst im Lauf des 19. Jahrhunderts wurde das Holz- oder Kohlefeuer durch den Brennstoff Gas ersetzt: Der Gasherd hält Einzug in die Küche.

Mit der zunehmenden Versorgung der Haushalte mit Elektroenergie zu Beginn des 20. Jahrhunderts wurde diese Energie auch in der Küche in Form des Elektroherds genutzt. Elektrische Energie kann fast zu hundert Prozent in Wärme umgewandelt werden. Heute kochen fast 82 Prozent aller deutschen Haushalte elektrisch.

> Für energiesparendes Kochen ist es wichtig, dass das Kochgeschirr einen ebenen Topfboden hat, Platten und Topfgröße übereinstimmen und die Energiezufuhr rechtzeitig gedrosselt wird.

Die Kochstellen moderner Elektroherde unterteilt man nach Bauart und Material in Kochplatten und Kochzonen. Der Kochplattenherd war sehr lange verbreitet. Heute entscheiden sich die Haushalte bevorzugt für Glaskeramik- oder Cerankochfelder.

Nach einem ganz anderen Prinzip arbeiten die Induktionsherde. Die Glaskeramik bleibt kalt. Die Erwärmung findet nur im Inneren des Topfbodens statt.

Die Größe der Kochzone und die Schaltung der Kochplatten muss dem jeweiligen Garvorgang angepasst werden.

Im Backofen werden Gerichte in heißer Luft gegart. Beim Backofen mit Ober- und Unterhitze liegen die Heizquellen unter dem Backofenboden und unter der Backofendecke. In diese Backöfen kann nur ein einziges Blech eingeschoben werden. Beim Umluftbackofen wird die Wärme durch einen Ventilator an der Rückseite des Backofens gleichmäßig verteilt, sodass mehrere Bleche auf einmal eingeschoben werden können.

1 Miss mit einem Lineal den Durchmesser verschiedener Töpfe und den Durchmesser der Kochplatten auf dem Herd. Vergleiche die Größen.

2 Wähle nun in der Schulküche verschiedene Töpfe aus und ordne sie den richtigen Kochplatten zu. Begründe, warum ein kleiner Topf nicht auf einer großen Herdplatte stehen soll.

Putzen	Waschen	Schälen

Salat, Lauch, Sellerie, Pilze

- Ungenießbare und schadhafte Teile entfernen, z. B. braune oder welke Stellen bei Petersilie und Salat.
- Bei Kartoffeln Keime, Augen und grüne Stellen entfernen (enthalten gesundheitsschädliches Solanin).

Obst, Gemüse, Fleisch

- Obst und Gemüse in der Regel kurz und unzerkleinert waschen, um wertvolle Vitamine und Mineralstoffe zu erhalten.
- Gemüse, das unter der Erde wächst und noch stark verschmutzt ist, beim Waschen mit der Bürste bearbeiten.

Kartoffeln, gelbe Rüben, Äpfel

- Gewaschene und geputzte Lebensmittel möglichst dünn schälen – je nach Form rundherum oder von oben nach unten. Lebensmittel nach dem Schälen sofort weiterverarbeiten.

Das Vor- und Zubereiten der Lebensmittel

Bevor Lebensmittel verzehrt oder gegart werden, sind vorbereitende Arbeiten erforderlich. Putzen, Waschen, Schälen sind die Grundtechniken der Zubereitung. Je nach Herkunft der Lebensmittel sollte man abwägen, ob sie nur abgewaschen oder gewaschen und geschält werden.

Mischen

 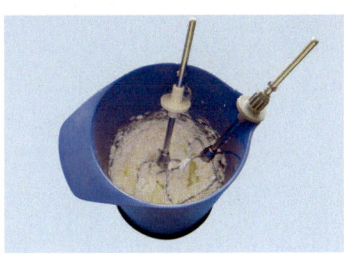 

Rühren
(Teige, Cremes, Mayonaise)

- Gleichmäßig rühren, damit genügend Luft eingearbeitet wird (z. B. Schaummasse für Kuchen und Cremes).
- Schwere Teige werden mit den Knethaken zusammengerührt.

Schlagen
(Sahne, Eiweiß, Creme)

- Rührgerät benutzen, Schüsseln oder Rührbecher aus Kunststoff verwenden, Rührbesen nur auf der Handkante abklopfen, nicht am Schüsselrand, um Geräte und Schüsseln zu schonen.
- Geschlagene Masse sofort weiterverarbeiten.

Mixen
(Getränke, Suppen, Soßen)

- Zuerst die festen Zutaten mixen (z. B. Erdbeeren), dann die Flüssigkeit zugeben (z. B. Milch).
- Das Mixgefäß nur bis zum markierten Rand füllen.

Zerkleinern
Schneiden, Würfeln, in Ringe schneiden, Hobeln, Raspeln, Reiben, Passieren, Pürieren

  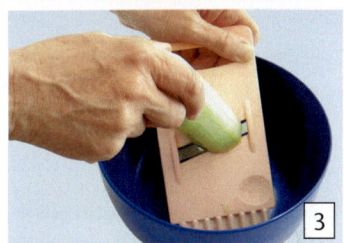

Die Lebensmittel erst kurz vor dem Garen säubern und zerkleinern. Beim Zerkleinern vergrößert sich die Oberfläche, sodass Luft und Wasser die Nährstoffe leichter herauslösen können.

> Lebensmittel müssen vor dem Verzehr gründlich gereinigt werden.

1 Übe die Zerkleinerungstechniken. Stelle einen Möhren-Apfelsalat her. Wähle dazu zweckmäßige Zerkleinerungstechniken aus.

2 Ordne den sechs Bildern die richtigen Zerkleinerungstechniken zu.

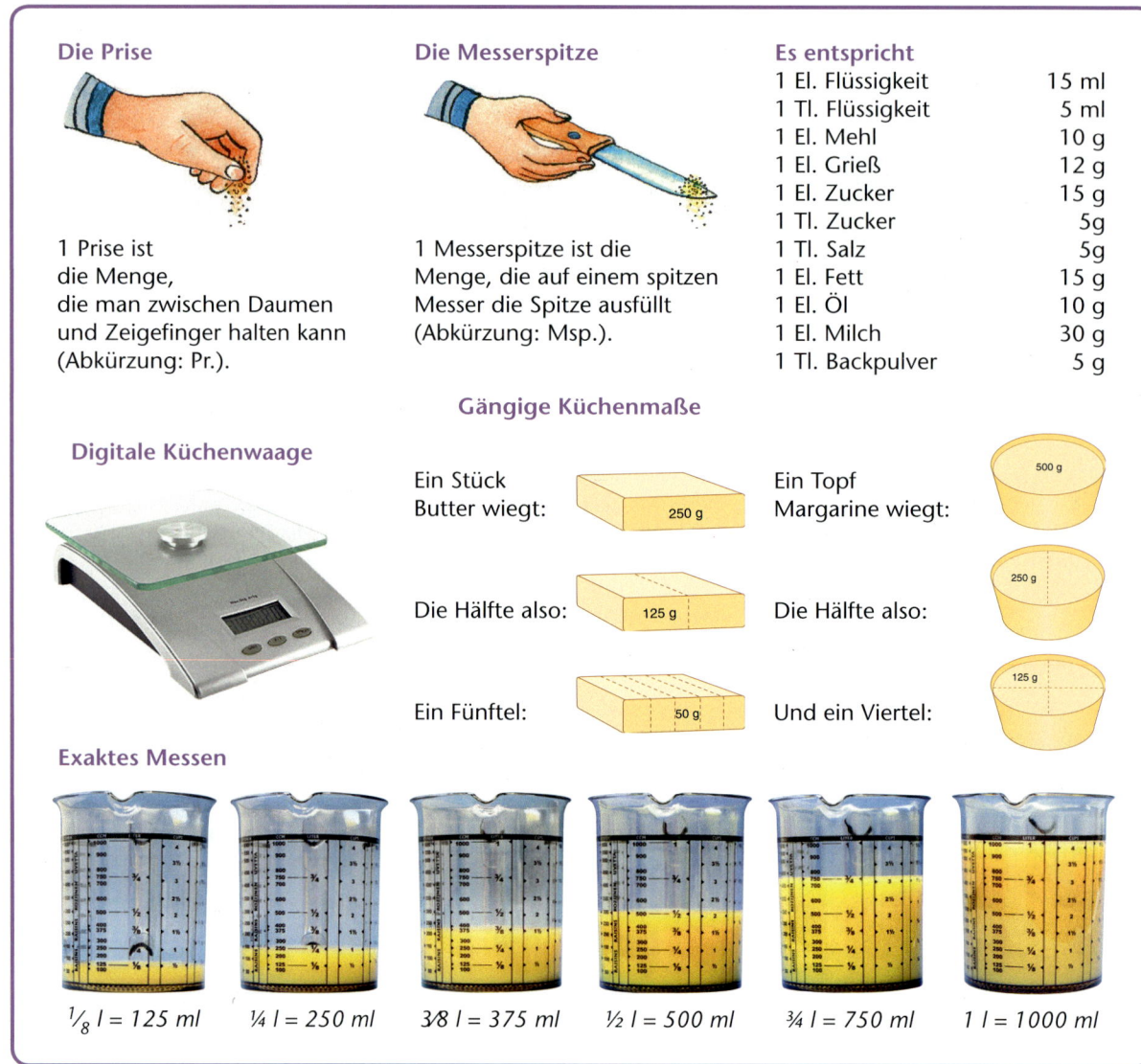

Die Prise

1 Prise ist
die Menge,
die man zwischen Daumen
und Zeigefinger halten kann
(Abkürzung: Pr.).

Die Messerspitze

1 Messerspitze ist die
Menge, die auf einem spitzen
Messer die Spitze ausfüllt
(Abkürzung: Msp.).

Es entspricht

1 El. Flüssigkeit	15 ml
1 Tl. Flüssigkeit	5 ml
1 El. Mehl	10 g
1 El. Grieß	12 g
1 El. Zucker	15 g
1 Tl. Zucker	5 g
1 Tl. Salz	5 g
1 El. Fett	15 g
1 El. Öl	10 g
1 El. Milch	30 g
1 Tl. Backpulver	5 g

Digitale Küchenwaage

Gängige Küchenmaße

Ein Stück
Butter wiegt:

250 g

Die Hälfte also:

125 g

Ein Fünftel:

50 g

Ein Topf
Margarine wiegt:

500 g

Die Hälfte also:

250 g

Und ein Viertel:

125 g

Exaktes Messen

$^1/_8$ l = 125 ml   ¼ l = 250 ml   3/8 l = 375 ml   ½ l = 500 ml   ¾ l = 750 ml   1 l = 1000 ml

Auf die richtige Menge kommt es an

In Rezepten findest du zu jeder Zutat eine Mengenangabe. Diese ist wichtig, damit die Speisen gelingen. Meist bezieht sich die Mengenangabe auf eine bestimmte Personenzahl, meist zwei oder vier Personen. Wenn du für mehr Personen ein Gericht herstellen möchtest, dann musst du die genauen Mengen erst berechnen.

> Das richtige Abmessen der Zutaten sichert den Erfolg beim Herstellen einer Speise.

Zum Abwiegen größerer Mengen ist eine Küchenwaage mit einer abnehmbaren Waagschale oder Schüssel notwendig.

Messen und Wiegen will gelernt sein

Für feste Zutaten wie Zucker oder Mehl benutzen wir die Küchenwaage:
- Die Waage muss waagerecht aufgestellt sein.
- Die Messskala muss auf „0" gestellt sein.

Flüssigkeiten werden mit einem Messbecher abgemessen.

Die Zutaten

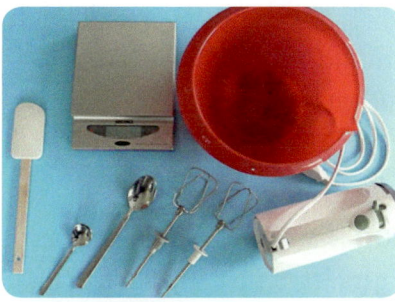

Geräte zur Zubereitung

Zubereitung: Schaumig schlagen

Zubereitung: Verrühren

Waffeln portionsweise ausbacken

Sandwaffeln	Garart: Backen Teigart: Rührteig

Vorbereitungsarbeiten (ca. 5 Min.)
Geräte herrichten:
- Abfallschüssel, Ordnungstopf, Probier-Esslöffel
- Zur Zubereitung des Teiges: Küchenwaage, Rührschüssel, Teelöffel, Esslöffel, Handrührgerät mit Rührbesen, Teigschaber
- Zum Ausbacken: Waffeleisen, Schöpflöffel, Backpinsel, Teigschaber

Zubereitungsarbeiten (ca. 25 Min.)

Zutaten	Zubereitung
250 g wasserhaltiges Fett 125 g Zucker 5 Eier 1 ½ El. Zitronensaft	sehr schaumig schlagen
250 g Mehl 2 ½ Tl. Backpulver	vermischen, unter den Teig rühren
	Waffeleisen erhitzen, ausfetten und Waffeln portionsweise goldbraun ausbacken, auskühlen

Anrichtearbeiten (ca. 2 Min.)
Waffeln zerteilen und auf einer Platte anrichten, Gebäckzange vorlegen.

Aus: Neuzeitliche Hauswirtschaft 1931
Obstpfannkuchen für 4 Personen

3 Eidotter, 3 gestrichene Eßlöffel voll Zucker und 2 1/2 gestrichene Eßlöffel voll Mehl werden so lange gerührt, bis die Masse fein und glatt ist. Dann schlägt man das Eiweiß der obigen 3 Eier zu Schnee und mengt ihn unter den Teig. Dann gibt man die in kleine Scheibchen geschnittenen und geschälten Äpfel hinein und verrührt noch einmal alles gut. Man backt den Teig schöpflöffelweise in einer runden flachen Pfanne, worauf man zuvor etwas Schmalz oder Öl hat heiß werden lassen. Statt Äpfeln kann man auch ausgekernte Kirschen, Heidelbeeren oder auch Himbeeren mitbacken.

Grießflammeri für 4 Personen

- 1 Liter Milch
- 2 Tassen Weichweizengrieß
- 1 Tasse Zucker
- 1 Prise (etwa 0,2 g) Salz
- 20 g Butter
- 3 Eier

Eier trennen und Eiweiß zu Schnee schlagen. Milch zum Kochen bringen. Grieß, Zucker und Salz unter Rühren hinzugeben und auf kleiner Flamme rühren, bis die Masse dick geworden ist. Der Klumpenbildung kann man entgegenwirken, indem man Grieß und Zucker vorher vermischt. Dann vom Feuer nehmen, Eigelb und Butter dazugeben und vermischen. Eischnee unterheben. Abkühlen lassen. Kann pur oder mit Kompott gegessen werden (Kirschkompott passt gut dazu).

Das Rezept – der Schlüssel zum Erfolg

Ein Rezept gibt auf möglichst einfache Weise an, wie ich vorgehen muss, um ein bestimmtes Ergebnis zu erhalten. In unserem Fall ist das gewünschte Ergebnis ein Gericht. Das Rezept gibt an, welche Zutaten in welcher Menge benötigt werden und wie diese verarbeitet werden.

Früher wurden Rezepte mündlich in der Familie weitergegeben. Eltern oder Großeltern zeigten dem Nachwuchs, wie ein Gericht zubereitet wird. Schriftliche Aufzeichnungen enthielten meist nur die Zutaten und ihre Zubereitung. Mengenangaben fehlten, da es keine einheitlichen Maßsysteme gab. Ebenso fehlten Temperatur- und Zeitangaben. Man musste schon viel Erfahrung haben, wollte man nur anhand dieser Angaben ein Gericht herstellen. Deshalb war man auf die zusätzlichen Informationen erfahrener Köchinnen und Köche angewiesen. Manche haben ihre Rezepte aber auch für sich behalten.

Bei Mengenangaben hat man aus praktischen Gründen und aus Tradition auf einfache Maße zurückgegriffen. Noch heute kennt man in Rezepten diese Angaben:

- Tasse
- Esslöffel
- Teelöffel
- Prise

Solche Angaben können problematisch sein, da es für diese Alltagsgegenstände keine Einheitsmaße gibt. Deshalb empfiehlt es sich, mit exakten Maßen zu arbeiten. Das trägt sehr zum Gelingen eines Gerichts bei.

Wenn die Speise gegart wird, ist es sinnvoll, die Garzeit und die Backofentemperatur anzugeben. Damit du die passende Menge einkaufen und die Zutaten vorbereiten kannst, musst du wissen, wie viele Portionen das Rezept ergibt. Diese Angabe sollte bei einem Rezept nicht fehlen.

Obstsalat (2 Personen)

Geräte:
- Abfallschüssel
- Seiher, Schüssel
- Zitruspresse
- Sparschäler, Messer, Schneidebrett
- Esslöffel

Zutaten	Zubereitung
1 Zitrone	auspressen, Saft in eine große Glasschüssel geben, Obst hinzufügen
1 Mandarine	schälen, zerteilen, Spalten zerschneiden
1 Apfel	waschen, schälen, vierteln, Kernhaus entfernen, in Stückchen schneiden
1 Banane	schälen, längs halbieren, in Scheiben schneiden
1 El. Honig	mit dem Obstsalat vermischen

Profi-Tipps für die Zubereitung von Obstsalat:
- Früchte der Jahreszeit entsprechend verwenden.
- Gehackte Nüsse oder Rosinen zugeben.
- Joghurt, Quark oder Sahne zugeben.

Arbeiten mit Rezepten

Ingo möchte den Obstsalat ausprobieren. Er liest aufmerksam das Rezept. Wie ein Arbeitsplatz herzurichten ist, weiß er schon. Seit es Kochbücher gibt, kann man neue Rezepte leichter entdecken und nachkochen.

Alle Rezepte, die du im Unterricht kennen lernst, solltest du aufbewahren und ordentlich abheften. So kannst du die Speisen, die dir besonders gut gefallen haben, immer wieder zubereiten und deine Eltern oder Freunde damit überraschen.

Rezepte gibt es in verschiedenen Schreibweisen. Eine übersichtliche Zusammenstellung der Zutaten erleichtert das Auswählen, das Einkaufen und Vorbereiten der Lebensmittel.

Unter der Überschrift Zubereitung werden die einzelnen Arbeitsschritte genau erklärt. Du erfährst, in welcher Reihenfolge die Zutaten verarbeitet werden sollen.

Bevor du beginnst, lies das Rezept noch einmal. Überlege alle Arbeitsschritte und stelle dir alle Arbeitsgeräte bereit. Oft hilft es auch, wenn die abgewogenen und abgemessenen Mengen schon bereitstehen.

> Eine übersichtliche Schreibweise des Rezepts erleichtert Einkauf und Zubereitung.

1 Stelle den abgebildeten Obstsalat für acht Personen her. Ermittle die notwendigen Zutatenmengen.

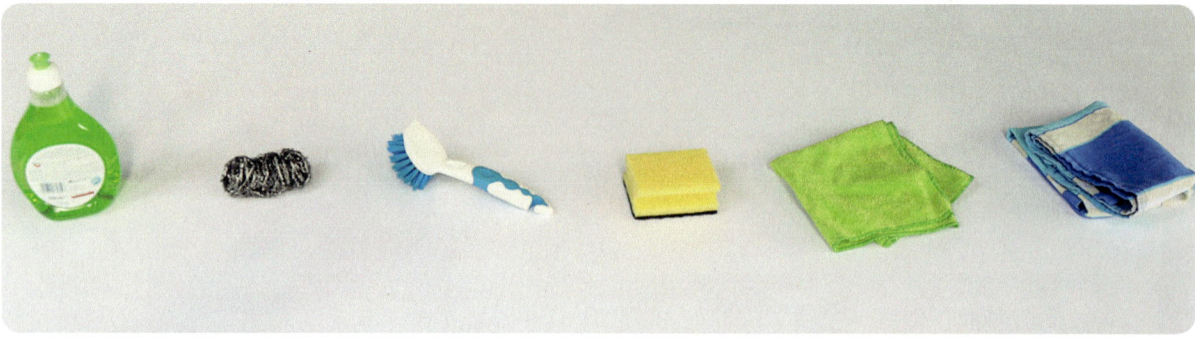

Geräte zum Abwaschen und Putzen

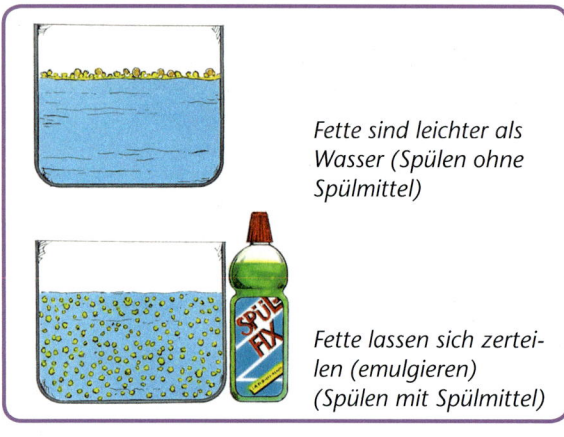

Fette sind leichter als Wasser (Spülen ohne Spülmittel)

Fette lassen sich zerteilen (emulgieren) (Spülen mit Spülmittel)

Die Wirkung von Spülmittel

Wir bringen alles wieder in Ordnung

Nach der Zubereitung und dem gemeinsamen Essen ist das Aufräumen des Arbeitsplatzes an der Reihe. Arbeitsflächen, Arbeitsmittel, Geschirr und Besteck wurden verschmutzt. Die meisten Verschmutzungen können mit Wasser und Spülmittel entfernt werden. Spülmittel bewirkt, dass das Fett in Wasser gelöst wird (emulgiert) und deshalb entfernt werden kann.

Da Spülmittel in der Kläranlage aus dem Wasser wieder entfernt wird, sollten wir nur so viel wie nötig benutzen. Bei Spülmitteln auf die Herstellerangaben achten. Meist reichen zwei Spritzer (4 ml) für 5 Liter Abwaschwasser. Auch chemische Reinigungsmittel sollten wir aus diesem Grund sparsam einsetzen. So schonen wir Trinkwasser- und Energiereserven. Denn zum Spülen verwenden wir Trinkwasser, zum Erwärmen des Wassers verbrauchen wir elektrische Energie.

Ein sparsamer Umgang mit Wasser, Elektroenergie und chemischen Reinigungsmitteln schont die Umwelt und spart Geld.

Die Reinigung der Arbeitsflächen

Am Ende der Zubereitung und auch zwischendurch muss der Arbeitsplatz aufgeräumt und gereinigt werden. Das ist notwendig, damit unerwünschte Mikroorganismen sich nicht verbreiten können. Entsorge den Abfall im Eimer. Wasche den Putzlappen unter fließendem Wasser oder im Spülbecken aus und wringe das Wasser heraus. Nun kannst du damit die Arbeitsflächen, den Herd und das Spülbecken reinigen. Starke Verschmutzungen erst mit feuchtem Spülschwamm lösen und dann feucht nachwischen.

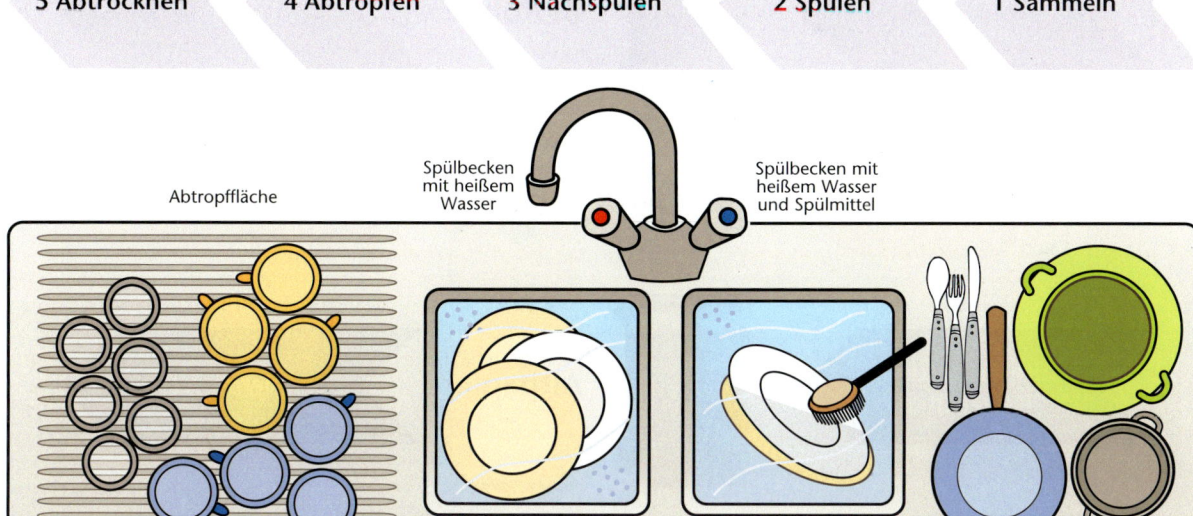

5 Abtrocknen 4 Abtropfen 3 Nachspülen 2 Spülen 1 Sammeln

Abtropffläche

Spülbecken mit heißem Wasser

Spülbecken mit heißem Wasser und Spülmittel

4 gespültes Geschirr   3 Nachspülen   2 Spülen   1 gebrauchtes Geschirr

Arbeitsfläche	Abtropffläche	Heißes Wasser ohne Spülmittel	Heißes Wasser mit Spülmittel	Abstellfläche
Trocknen: • Geschirr so auf die Abtropffläche legen, dass das Wasser ablaufen kann (evtl. Abtropfgitter benutzen) • Geschirr abtrocknen und aufräumen		Reihenfolge beim Abspülen: Wenig verschmutztes Geschirr zuerst waschen! 1. Glas 2. Porzellan 3. Besteck 4. Arbeitsgeschirr 5. Töpfe und Pfannen		Vor dem Abwasch: • Speisereste entfernen • Stark verschmutztes Geschirr vorspülen • Töpfe einweichen

Nach dem Spülen:
• Spüle reinigen
• Geschirrtücher, Spülschwamm und Putzlappen zum Trocknen aufhängen

Spülen im Spülbecken

Da die meisten Menschen Rechtshänder sind, werden Spülbecken so eingebaut, dass von rechts nach links gearbeitet wird. Die linke Hand greift die Geschirrteile, mit der rechten Hand werden sie gereinigt. Welches Arbeitsmittel zum Reinigen verwendet wird, hängt von den Geschirrteilen, vom Grad der Verschmutzung und den persönlichen Vorlieben ab.

Wenn du Linkshänder bist, dann kannst du beim Planen deiner eigenen Küche auf die Reihenfolge beim Spülen Einfluss nehmen.

1 Führe einen Versuch durch: Fülle einen Topf mit einem halben Liter kaltem Wasser. Gib nun einen Teelöffel Speiseöl hinzu. Beobachte und schreibe das Ergebnis auf. Gib nun einen Tropfen Spülmittel hinzu. Beobachte wieder und vergleiche beide Beobachtungen.

2 Wiederhole den Versuch mit (ca. 40 °C) warmem Wasser. Begründe, warum zum Spülen warmes Wasser verwendet wird.

Karottenschalen, Apfelbutzen	Biotonne	Humus
Plastikbecher, Getränkepackungen, Dosen	Gelber Sack	Kunststoffaufbereitung, Metallverhüttung
Alte Zeitungen, Papiertüten	Altpapier	Papierrecycling
Konservengläser, Flaschen	Altglas	Glasrecycling
Windeln, Kehricht	Restmüll	Müllverbrennung
Batterien, Energiesparlampen	Sondermüll-behälter, Sondermüll	Sondermüll-entsorgung

Wertstoffe wiederverwenden – Müll entsorgen

Fast alle Lebensmittel, die wir erwerben, sind verpackt. Ohne Verpackung geht es nicht. Wenn wir in der Schulküche arbeiten, müssen diese Verpackungen und auch die Lebensmittelreste entsorgt werden. Dabei spricht man von Müll oder Abfall, der beseitigt werden muss. Beim Sortieren erkennen wir, dass manche Abfälle, die wir entsorgen, wieder zu Wertstoffen werden. Diese führen wir einem Kreislauf zu, damit wertvolle Rohstoffe erhalten bleiben.

Wenn Wertstoffe aus dem Müll wiederverwertet werden, bezeichnet man das als Recycling. Damit diese Stoffe aufbereitet werden können, müssen sie gesammelt und getrennt entsorgt werden. Metallverpackungen wie Konservendosen oder Schraubdeckel bestehen aus Weißblech. Sie werden wieder eingeschmolzen. Dieser Vorgang kann beliebig oft ohne Qualitätsverluste wiederholt werden. Es entstehen neue Produkte wie Karosserieteile für Autos oder Konservendosen.

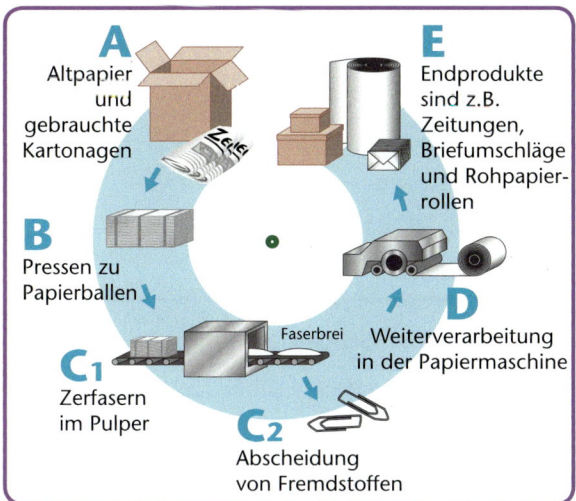

Recycling von Papier   Quelle: Trenntstadt Berlin

Recycling von Glas   Quelle: Trenntstadt Berlin

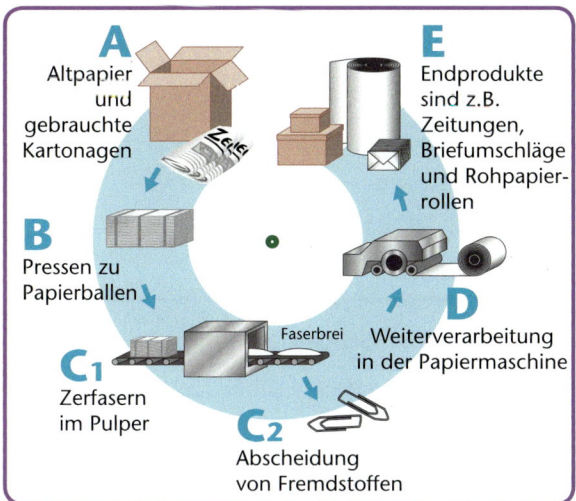
Bildbeschriftung Papier:
A Altpapier und gebrauchte Kartonagen
B Pressen zu Papierballen
C1 Zerfasern im Pulper
C2 Abscheidung von Fremdstoffen
D Weiterverarbeitung in der Papiermaschine — Faserbrei
E Endprodukte sind z.B. Zeitungen, Briefumschläge und Rohpapierrollen

Bildbeschriftung Glas:
A Altglas (weiß, grün, braun)
B Sortieren nach Farben
C Zerkleinern
D Abscheidung von Metall und Papier
E Sieben der Glasscherben
F Einschmelzen
G Endprodukte sind z.B. Flaschen und Konservengläser

Altpapier und Pappe

Seit er in der Schule ist, hat sich Christoph für die Umwelt eingesetzt. Da er weiß, dass der Papierverbrauch in Deutschland sehr hoch ist, kauft er nur Hefte und Schreibpapier, die vorwiegend aus Altpapier hergestellt wurden. Dieses Papier spart im Vergleich zu Papier, das aus neuem Holz hergestellt wird, ein Vielfaches an Energie und über 80 % Wasser. Der Ausstoß an dem Treibhausgas Kohlenstoffdioxid ist bis um die Hälfte niedriger. Zu erkennen ist dieses Recyclingpapier an dem „Blauen Engel".

Deshalb schlägt Christoph vor, dass alle Mitschüler und Mitschülerinnen beim Neukauf von Heften auf das Zeichen achten sollen, damit wertvolle Ressourcen geschont werden. Er möchte eine Initiative starten und Altpapier sammeln. Wenn man es abgibt, erhält man sogar noch Geld. Das wäre doch gut für die Klassenkasse!

Wertstoff Altglas

Glas lässt sich vollständig recyceln, ohne dabei den geringsten Qualitätsverlust zu erleiden. Aus diesem Grund kann Glas beliebig oft eingeschmolzen und zu neuen, hochwertigen Produkten verarbeitet werden. Daher ist Altglas heute bereits der wichtigste Rohstoff für neue Verpackungen aus Glas. Neue Glasflaschen bestehen durchschnittlich schon zu 60 % aus Recyclingglas, grüne Flaschen oft sogar bis zu 90 %. Das Glasrecycling schont nicht nur die natürlichen Rohstoff-Ressourcen, sondern reduziert auch den Energieverbrauch erheblich und leistet so einen bedeutenden Beitrag zum Umweltschutz. Mit der Energie, die durch das Rückgewinnen einer einzigen Flasche gespart wird, kann ein PC 25 Minuten oder ein TV-Gerät z.B. 20 Minuten mit Strom versorgt werden.

Glascontainer stehen an den verschiedensten Orten und warten darauf, dass sie gefüllt werden.

Grundsätzlich gilt: Abfallvermeidung ist besser als Recycling und schont die Umwelt.

1 Zeichnet in einen vergrößerten Stadtplan in eurem Wohnumfeld die Lage öffentlicher Wertstoffsammelstellen und den Standort von Sammelcontainern ein.

2 Entwerft Handzettel, die über die Standorte informieren, damit die Wertstoffe sachgerecht entsorgt werden können.

3 Zerteile ein Tetrapack und untersuche, ob unterschiedliche Materialien zu finden sind. Skizziere dein Ergebnis. Wie wird diese Verpackung entsorgt?

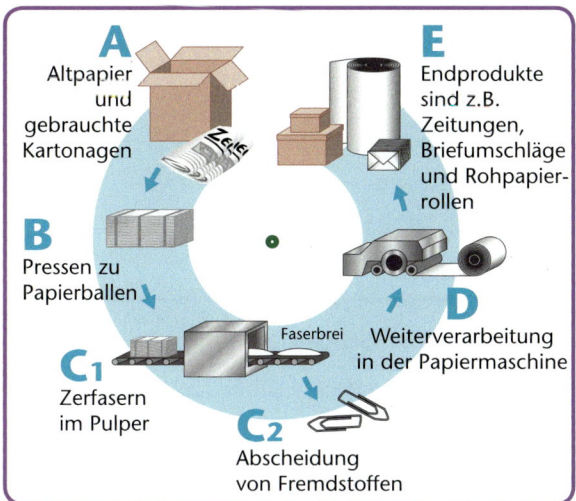

In der Küche arbeiten mit Erfolg

Wie wir arbeiten

A Warum elektrische Geräte Zeit und Kraft sparen

Aufgabe: Sahne steif schlagen

Schüler 1	Schüler 2
Gib einen gekühlten Becher Sahne (250 ml) in eine hohe Schüssel. Nimm den Schneebesen und rühre die Sahne so lange, bis sie steif ist. Wenn du die Schüssel umdrehst, muss die Sahne fest in der Schüssel haften.	Gib einen gekühlten Becher Sahne (250 ml) in eine hohe Schüssel. Nimm das elektrische Handrührgerät und rühre die Sahne so lange, bis sie steif ist. Wenn du die Schüssel umdrehst, muss die Sahne fest in der Schüssel haften.

Sahne schlagen von Hand

Sahne schlagen mit dem elektrischen Handrührgerät

Gruppe 1	Gruppe 2
Beobachtet und stoppt die Zeit, bis die Sahne steif ist. Erklärt das Ergebnis.	Beobachtet und stoppt die Zeit, bis die Sahne steif ist. Erklärt das Ergebnis.

Schülergruppen protokollieren die Ergebnisse und bewerten den Zeitaufwand.
Überlegt, ob sich der Einsatz von elektrischen Geräten immer lohnen wird.

B Mikroorganismen können nützlich oder schädlich sein

Klein aber oho!
Was haben Joghurt, Käse und Sauerkraut gemeinsam? Diese Lebensmittel werden mithilfe von Milchsäurebakterien hergestellt. Obwohl diese kleinen Mikroorganismen in der Regel einen schlechten Ruf haben, ist er in diesem Fall unbegründet. Ohne sie geht es gar nicht. Sie verwandeln beispielsweise den Zucker aus der Milch oder aus dem Weißkraut zu Milchsäure. So entsteht der frische Geschmack von Joghurt oder der pikante Geschmack des Sauerkohls. Die Milchsäurebakterien verhindern gleichzeitig, dass sich andere Mikroorganismen breit machen, die die Speisen vergiften können.

Aufgepasst!
Andere Bakterien hingegen haben absolut nichts auf Lebensmitteln zu suchen. Sie können sogar Krankheiten auslösen. Dazu gehören z. B. Salmonellen, die manchmal in rohen Eiern und Geflügel vorkommen. Damit sie in den Lebensmitteln keine Chance haben, ist es wichtig, die Lebensmittel vor dem Verzehr gut zu erhitzen, bevor sie auf den Tisch kommen.
Übrigens: Den Salmonellen machen auch Temperaturen von minus 20 °C nichts aus. Sie überleben und vermehren sich bei steigenden Temperaturen wieder.

C Mikroorganismen machen krank

Fast wäre unsere diesjährige Klassenfahrt buchstäblich ins Wasser gefallen. Die Hälfte der Schüler erkrankte wenige Tage vor Abreise an einer Lebensmittelvergiftung. Schuld daran waren die Ei-Brötchen mit Remoulade, die sie am Schulkiosk gekauft hatten. Sie haben die Brötchen nicht sofort gegessen, sondern erst mal im Klassenzimmer liegen gelassen. Draußen schien die Sonne, die Räume waren gut aufgeheizt. Zwei Stunden nach dem Kauf wurden die Ei-Brötchen schließlich mit Heißhunger verzehrt.

In der Zwischenzeit hatten sich Salmonellen ausgebreitet. Aber woher sollten die Schüler das wissen? Keiner war über die Haltbarkeit und die Lagerung von Lebensmitteln ausreichend informiert. Das änderte sich erst, als wir uns im Hauswirtschaftsunterricht ausführlich mit Hygieneregeln beschäftigten.

D Vorlieben der Mikroorganismen

Mikroorganismen mögen es warm
Sie wachsen am besten bei Temperaturen zwischen 15 und 55°C. Je länger sich ein Lebensmittel in diesem Temperaturbereich befindet, desto stärker breiten sie sich aus und desto größer ist die Gefahr einer Erkrankung.

Mikroorganismen mögen Wasser
Wasserreiche Lebensmittel verderben besonders schnell. Da die meisten Mikroorganismen selbst aus viel Wasser bestehen, benötigen sie es als Lösungs- und Transportmittel für ihre Nährstoffe. Ist das Wasser an zucker- oder salzhaltige Lebensmittel gebunden, ist es für die Mikroorganismen nicht mehr so leicht, Wasser zu entziehen.

Mikroorganismen mögen Sauerstoff
Die meisten Mikroorganismen brauchen wie wir Menschen den Sauerstoff zum Leben. Deshalb wachsen sie am liebsten auf der Oberfläche von Lebensmitteln. Zu ihnen zählen auch Schimmelpilze.

Wichtige Begriffe

Arbeitsbereich	Schälen
Hygiene	Mischen
Mikroorganismen	Zerkleinern
Unfall	Wertstoffe
Putzen	Müll
Waschen	Recycling

Wissen und erklären

1 Erklärt euch gegenseitig die wichtigen Begriffe.

2 Warum ist es sinnvoll, Küchenarbeitsbereiche zu gliedern?

3 Findet heraus, welches Phänomen unter A wirkt, damit die Sahne beim Schlagen steif wird!

Informationen beschaffen und auswerten

4 Welche Speisen können unter Verwendung von Mikroorganismen hergestellt werden (siehe B)?

5 Begründe, warum es wichtig ist, nach der Vorbereitung von Geflügel die Arbeitsflächen gründlich zu säubern.

6 Begründe, warum Auftauwasser aufgefangen und weggegossen werden muss. Der Text auf Seite 26 gibt dir unter B Hinweise.

7 Lies den Text unter D und leite Regeln ab, die den Mikroorganismen keine Chance lassen.

8 Welche Maßnahmen kannst du ergreifen, um zu verhindern, dass Mikroorganismen Nahrung finden können?

Beurteilen, entscheiden und handeln

9 Lies den Text unter C und erarbeite Regeln für die Herstellung von Speisen in der Schulküche.

10 Informiere dich mithilfe verschiedener Medien über Gesetze, die den Umgang mit Lebensmitteln in Küchen beschreiben. Schreibe diese in dein Heft und nenne einige Inhalte.

In der Küche arbeiten mit Erfolg

 Die Kugellagermethode

Zwei Schülergruppen sitzen sich in zwei Kreisen gegenüber. Dazu wird etwas Platz benötigt. Die Schüler des äußeren Kreises haben kleine Karten in der Hand, auf denen Begriffe stehen. Auf ein vereinbartes Zeichen werden diese Begriffe abgefragt.

Der gegenübersitzende Schüler im Innenkreis beantwortet die Frage.
Anschließend dreht sich das Kugellager. Innen- und Außenkreis drehen so lange in entgegengesetzter Richtung, bis ein Zeichen gegeben wird. Dann beginnt das Spiel von neuem.

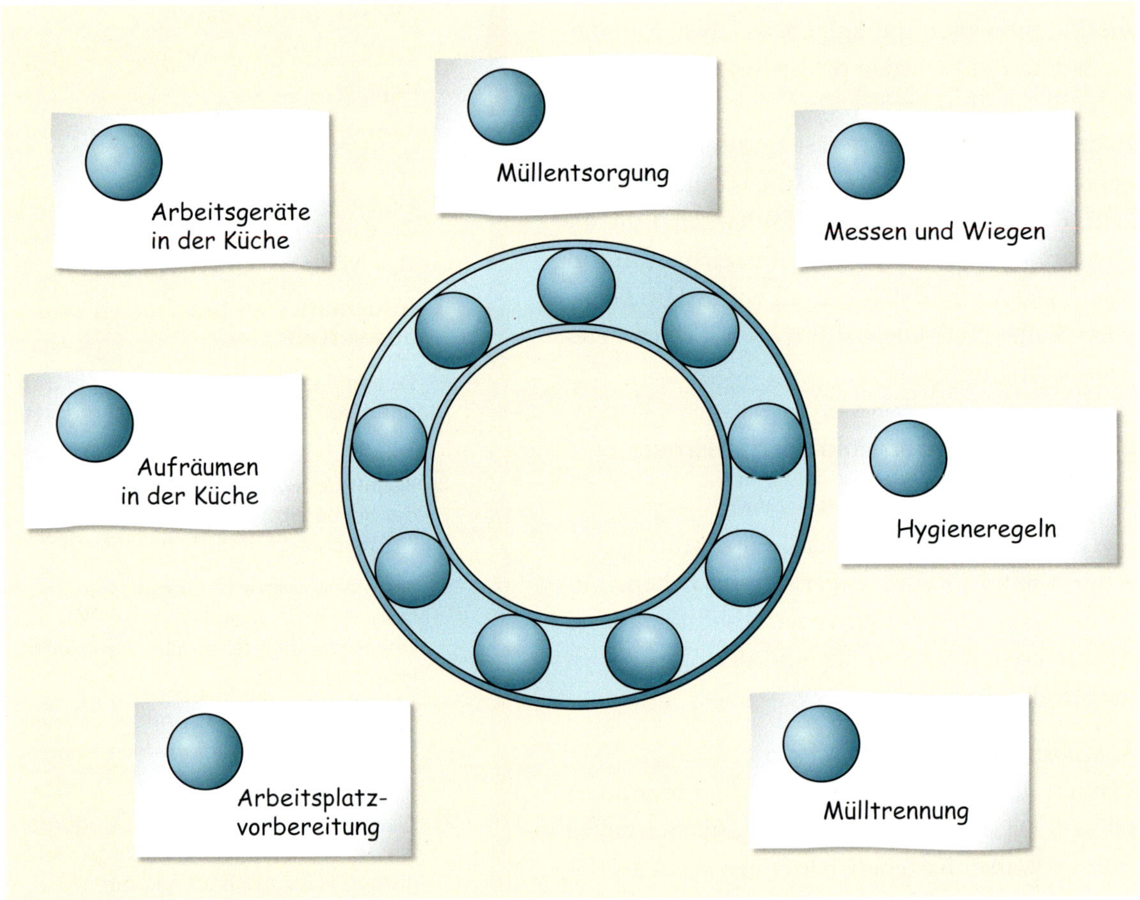

Müllentsorgung

Arbeitsgeräte in der Küche

Messen und Wiegen

Aufräumen in der Küche

Hygieneregeln

Arbeitsplatz-vorbereitung

Mülltrennung

Für die einzelnen Themenbereiche werden Gruppen gebildet. Diese entwerfen Fragekarten. Auf den Rückseiten befinden sich die Lösungen der gestellten Aufgaben.
Nun werden die Kärtchen an die Mitschüler verteilt. Die Kreise formieren sich und es geht los!

Morgens,
mittags,
abends

vollwertig essen

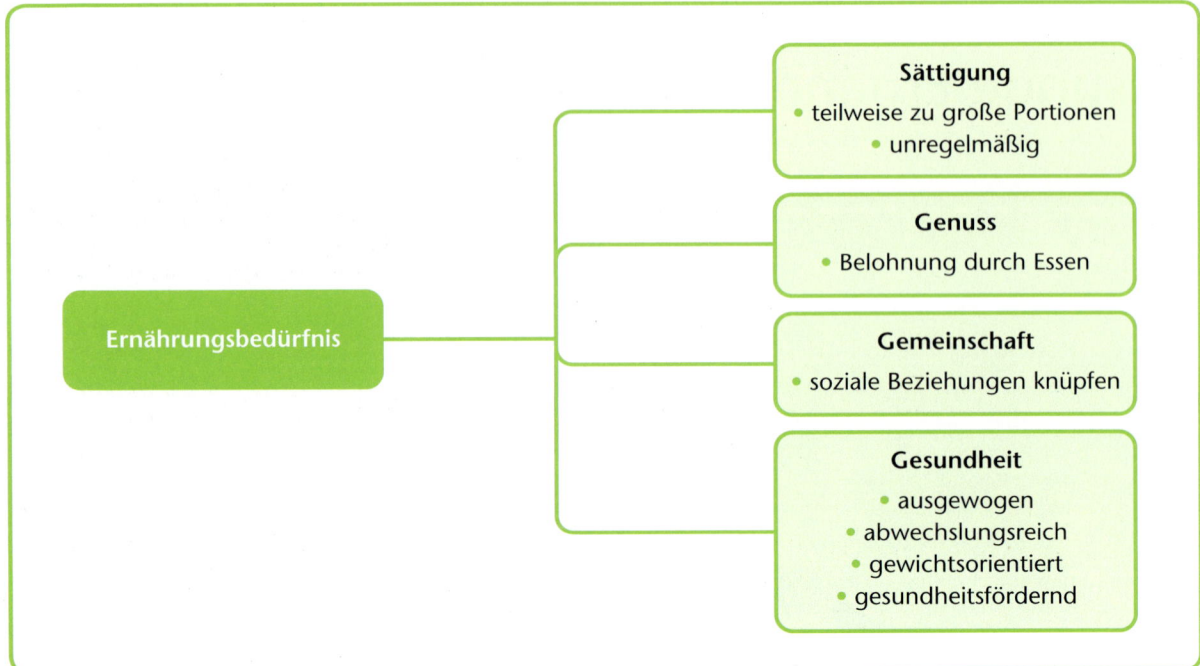

Warum essen wir eigentlich?

Hunger ist ein Urinstinkt, der von Geburt an das Überleben sichert. Wir spüren ihn im Magen, wir können uns nicht richtig konzentrieren, wir bekommen Kopfschmerzen. Das alles ist kein Zufall. Der Körper fordert Nährstoffe, um leistungsfähig zu bleiben. Diese Stoffe führen wir ihm mit der Nahrung zu. Wenn der Magen leer ist, werden Signale an das Gehirn gesendet, die den Hunger melden. Jetzt muss man essen. Auch das Sättigungsgefühl geht vom Gehirn aus. Wenn der Magen voll ist, dann sendet er das Signal „satt". Wie lange die Sättigung anhält, hängt von der Nahrungszusammensetzung und von der Tätigkeit, die wir ausführen, ab.

> Wir ernähren uns, um Energie aufzunehmen, die wir benötigen, um leistungsfähig zu sein.

Aber Essen macht auch Spaß und bereitet Freude. Oft haben wir großen Appetit auf Speisen, die wir besonders lieben. Essen ist mehr als nur Sättigung.

Auch bei der Zubereitung von Speisen wirst du viele neue Sinneserfahrungen kennen lernen. Es ist spannend, neue Rezepte auszuprobieren.

> Essen ist eine alltäglich wiederkehrende und notwendige Handlung.

Dein Geschmack wird durch Gewohnheiten geprägt. Was du häufig isst, das schmeckt dir auch. Manchmal spürst du schon beim bloßen Gedanken an eine bestimmte Speise Appetit. Der Appetit wird von Geruch, Aussehen und Geschmack beeinflusst. Er ist eher ein Gefühl, das mit einem Gedanken zusammenhängt. Schon bei der Vorstellung an dein Lieblingsessen sammelt sich in deinem Mund Speichel – man sagt „das Wasser läuft dir im Mund zusammen". Wir reagieren also auch dann, wenn der Körper nicht wirklich Nahrung braucht. Essen wir aber nur aus Appetit, ohne dass unser Körper wirklich Nahrung benötigt, dann führen wir Energie zu, die nicht gebraucht wird.

Indien – Gewürze, Gewürze, Gewürze

Viele der typischen sämigen Soßen werden mit Joghurt und Ghee, reinem Butterfett, zubereitet. Der Norden Indiens ist die Heimat der Samosas (gefüllte Teigtaschen). Die bengalische Küche im Osten Indiens ist für ihre Desserts und Süßigkeiten bekannt. In ganz Indien liebt man Khir. Das ist ein mit Safran, Kardamom, Zucker und Muskat gewürzter Reispudding. Traditionell werden die Speisen auf einem großen Tablett angerichtet. Darauf stehen kleine Schüsseln mit unterschiedlichen Gerichten.

Australien – isst international

Die australische Küche ist zunächst die Küche der britischen Siedler. Aber auch andere europäische Einwanderer, wie Griechen und Italiener, haben ihre Rezepte mitgebracht. Heute wird die australische Küche auch von den Ureinwohnern, den Aborigines, beeinflusst. Die Nahrung aus der Natur, das „bush food", beeinflusst den Speiseplan. Viele Pflanzen werden als Gewürz verwendet, z. B. der Samen der Akazie. Eine andere australische Tradition ist das Barbecue. Neben Lamm werden auch Känguru, Krokodil, Emu und Strauß gegrillt.

Brasilien – alles mit Reis

Der Variantenreichtum auf der nationalen Speisekarte ist so riesig wie das Land selbst. Die Speisen sind originell. Ein brasilianisches Nationalgericht ist die Feijoada, ein Eintopf, der von den afrikanischen Sklaven stammt. Ursprünglich kam in den Topf alles, was die feinen Leute nicht essen wollten (vom Schwein die Ohren, Füße und der Schwanz, vom Rind die Zunge und ein paar Innereien). Das ist auch heute noch so. Allerdings werden die Zutaten bewusst ausgewählt. Dazu reicht man Reis und Bohnen.

Ägypten – nahrhaftes Frühstück

Die ägyptische Küche ist oft vegetarisch. Das hat vor allem mit der Armut im Land zu tun. Zu jeder Mahlzeit wird Fladenbrot gereicht. Der moderne Ägypter beginnt den Tag mit einem sehr nahrhaften Frühstück, dem Ful. Das ist ein Brei aus Saubohnen mit Gewürzen, den man mit Stücken vom Fladenbrot löffelt. Beim Essen wird nicht lange verweilt. Das bedeutet, ziemlich schnell viel zu essen. Solange ein Gast sitzen bleibt, werden auch Speisen nachgereicht. Seinen Teller sollte man nicht ganz leeren. Ein leerer Teller gilt als Zeichen dafür, dass der Magen noch nicht voll ist.

Andere Länder, andere Sitten, anderes Essen

Warum essen wir, was wir essen?

Die Ernährungsgewohnheiten der verschiedenen Völker unserer Erde sind sehr unterschiedlich. Deshalb lohnt sich ein Blick in die Kochtöpfe und in die Speisekarten der Welt.

Das Lebensmittelangebot und der Geldbeutel prägen die Koch- und Essgewohnheiten überall auf der Erde. Das Speiseangebot ist überall anders. Die Nahrungsmittel, die Verwendung finden, sind abhängig von den verschiedenen Klimazonen, in denen die Länder liegen, den geografischen Besonderheiten und den kulturellen Vorlieben.

Trockenfisch in Alaska, Weinbergschnecken in Frankreich, Piranha im Amazonasgebiet Brasiliens, Sushi in Japan oder Meerschweinchen in Ecuador: Alle diese Gerichte prägen Vorlieben, Abneigungen und den Geschmack der unterschiedlichen Kulturen.

> Geschmack ist erlernbar und kulturell geprägt.

Der Austausch unter den Völkern führt zu einer großen Vielfalt an Speisen.

★ 1 Wann fühlst du Hunger? Beschreibe dein Körpergefühl und analysiere, welche Tätigkeiten du ausgeführt hast. Schreibe deine Erfahrungen in dein Heft.

M Projektskizze: Gerichte aus anderen Ländern recherchieren und testen

- Bewirtung bei einem Klassenfest

Zu welchem Anlass können wir internationale Küche anbieten?

- Internationales Schulfrühstück

↓

- Informationen aus Kochbüchern und Internet

Sich in jeder Kochgruppe für ein Land entscheiden. Informationen über typische Speisen sammeln, die sich für den ausgewählten Anlass eignen.

- Speisekarten ausländischer Restaurants
- Umfragen unter Mitschüler/-innen

↓

- Ausländische Mitschüler/-innen und ihre Eltern als Experten befragen

Die Speisen planen, Zutaten zusammenstellen, die Kosten berechnen, Beschaffung besonderer Zutaten erkunden und einkaufen.

- Ausländische Geschäfte erkunden
- Einkaufslisten und Arbeitspläne erstellen

↓

- Tischschmuck, Raumschmuck auf das entsprechende Land abstimmen

Ideen sammeln, wie beim Angebot der Speisen auch die Kultur des gewählten Landes anschaulich gemacht werden kann.

- Speisen beschriften mit Namen und Rezepten

↓

- Arbeitsweise und Arbeitsgeräte aus den Ursprungsländern
- Arbeitsaufwand beurteilen

Die Aktion durchführen.

- Speisen aller Gruppen testen und vergleichen

↓

- Bilder

Ergebnisse dokumentieren.

- Rezeptsammlung

Rentiere im Norden von Skandinavien

Lasse ist Rentierhalter im Norden Skandinaviens. Den Sommer verbringt er gemeinsam mit seinen Tieren. Die Herde umfasst 3500 Rentiere. Davon gehören ihm aber nur 800 Tiere. Die anderen versorgt er mit und wird von den anderen Rentierbesitzern dafür bezahlt.

Seine Familie lebt das ganze Jahr in einem Dorf in der Nadelwaldzone. Dort gibt es einen Supermarkt und kleine Geschäfte. Alles, was die Familie benötigt, kauft sie dort ein. Aber Lasse ist zu weit weg, um sich dort zu versorgen. Er ist auf sich allein gestellt. Nur einmal im Sommer kommt sein Bruder ihn besuchen. Dann bringt er feine Sachen mit.

Gesund und ausgewogen

Es gibt sehr unterschiedliche Lebensmittel. Einige, wie die kohlenhydratreichen Lebensmittel, haben weniger Energie, andere, wie die fettreichen, haben viel Energie gespeichert. Es kommt auf die richtige Mischung an, wenn man sich gesund ernähren will.

Elenas Mutter ist 36 Jahre alt und arbeitet als Angestellte in einem Büro. Sie ist sehr schlank und achtet sehr genau auf ihr Gewicht. Auch Elena beschäftigt sich schon viel mit ihrer Ernährung. Sehr aufmerksam verfolgt sie aktuelle Berichte in der Presse und im Fernsehen. Manchmal sieht sie sich auch eine Kochshow an. Erst kürzlich hat sie gehört, dass in Deutschland mehr Gemüse, aber weniger Obst gegessen wird. Nach wie vor ist zu viel Fleisch auf den Tellern. Nun haben wir aber gerade erfahren, dass sowieso nicht alle die gleichen Lebensmittel zu sich nehmen. Es soll sogar Gegenden auf der Erde geben, in denen man nur sehr selten Gemüse und noch seltener Obst isst, weil es dort nicht wächst.

Können sich diese Menschen überhaupt gesund ernähren? Sind in den Lebensmitteln, die zur Verfügung stehen, überhaupt alle Inhaltsstoffe enthalten? Gibt es eigentlich gesunde und ungesunde Lebensmittel?

Was steckt drin im Reis, im Brot, in Obst und Gemüse? Ernährungsexperten empfehlen uns reichlich davon zu essen. Fleisch sollen wir in Ma-

ßen verzehren, da zu viel Fleisch zu essen ungesund ist und außerdem der Umwelt schadet. Elena hat viele Fragen und kaum Antworten. Schon oft hat sie mit ihrer Freundin Aylin darüber diskutiert. Aylin ist Türkin und isst anders als Elena. Wer ernährt sich ausgewogen und was bedeutet das überhaupt?

1 Lies den Text über Lasse. Welche Lebensmittel würdest du dir mitbringen lassen? Schreibe auf und begründe.

★ 2 Suche im Atlas die unterschiedlichen Vegetationszonen in Nordeuropa. Benenne sie und beschreibe ihre geografische Lage.

★★ 3 Mit welchen Lebensmitteln ernährt sich Lasse im Sommer? Stelle eine Vermutung auf. Bewerte, ob er sich ausgewogen ernährt. Stelle deine Meinung in der Klasse vor.

Inhaltsstoffe unserer Nahrung und ihre Aufgaben

Kohlenhydrate	**Fette**	**Eiweiß**	**Wasser**
Getreide, Getreideprodukte, Kartoffeln, Nudeln, Reis, Obst und Gemüse, Zucker, Honig	Butter, Schmalz, Margarine, Pflanzenöle	Milch, Milchprodukte, Fleisch, Fisch, Eier, Hülsenfrüchte	Getränke wie Säfte oder Tee

Aufgaben im Körper
Brennstoffe zur Energiegewinnung
Erzeugung von Kraft und Körperwärme

Energiewert je Gramm:
17,2 kJ/4,1kcal – 38,9kJ/9,3kcal

Aufgaben im Körper
Baustoffe für die Körperzellen
z. B. für die Organe, Blut, Muskeln, Haut, Haare und die Knochen

Eiweiß ist zusätzlich Energielieferant.
Energiewert je Gramm: 17,2 kJ/4,1kcal

Was und wie viel braucht der Körper?

Wärme und Energie

Unser Organismus stellt hohe Ansprüche, wenn er gesund und fit bleiben soll. Täglich müssen wir alle Inhaltsstoffe in ausreichender Menge zuführen. Damit das gelingt, müssen täglich verschiedene Lebensmittel verzehrt werden. Kein Lebensmittel alleine erfüllt alle Ansprüche, denn jedes liefert nur einen Teil der lebensnotwendigen Nährstoffe. Deshalb solltest du auf eine geschickte Kombination der Lebensmittel achten.

> Lebensmittel sind „Mittel zum Leben", denn sie enthalten alle lebenswichtigen Nährstoffe, die der Körper benötigt.

Wenn wir es in der Stube warm haben wollen, dann muss zuerst Gas, Kohle, Öl oder Holz verbrannt werden. Alle diese Stoffe enthalten viel Kohlenstoff, der verbrannt und umgewandelt wird. Diese Energieumwandlung erzeugt Wärme, in der wir uns besonders im Winter wohl fühlen. In unseren Lebensmitteln, im Fleisch, im Zucker, im Mehl, aber auch in Gemüse und Obst, steckt gleichfalls Kohlenstoff, der mithilfe unserer Atmung (Sauerstoff) verbrannt wird und dabei die Wärme (Energie) für den Körper erzeugt.

> Kohlenstoff ist die hauptsächliche Wärmequelle für den Körper.

Brennstoffe liefern Energie

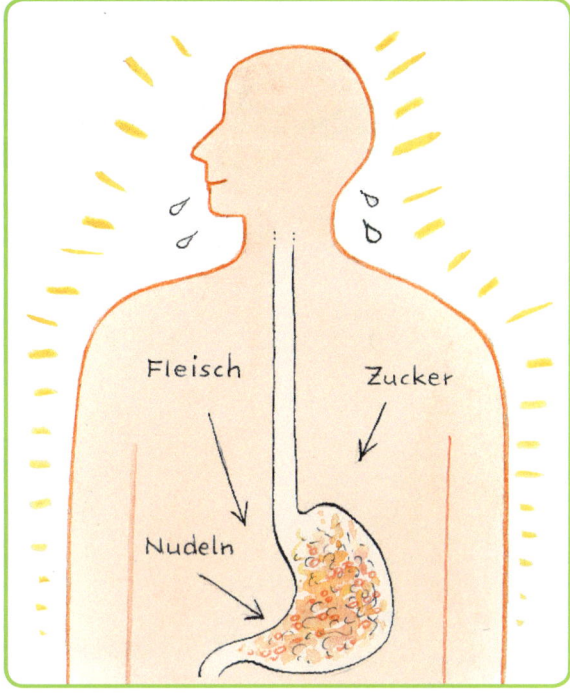

Lebensmittel liefern Energie

Kohlenstoff ist Hauptbestandteil aller Eiweiße, der mehl- und zuckerhaltigen Lebensmittel sowie der Fette.

Vielleicht konntest du schon beobachten, dass Zucker oder Mehl sehr schnell schwarz werden, wenn sie in einer Pfanne zu stark erhitzt werden. Mehl verbrennt und Zucker karamelisiert. Wenn ein Braten misslingt, so brennt er an und wird schwarz.

Fette: Brennstoffe zur Energiegewinnung

Eine gewisse Menge Fett braucht unser Organismus, damit die Organe eingelagert, die fettlöslichen Vitamine aufgenommen werden können und damit Energie gespeichert werden kann. Gesundheitlich vertretbar wäre ein Fettkonsum von ca. 60 g bis 80 g für einen erwachsenen Menschen am Tag. Tatsächlich essen die meisten Bundesbürger fast das Doppelte. Wenn du deinen Fettbedarf (in g) bestimmen möchtest, dann kannst du dein Körpergewicht mit 0,8 multiplizieren. Welches Fett man verwendet, ist nicht gleichgültig. Sparsam sollte man mit tierischem Fett wie Schmalz umgehen. Besser sind die pflanzlichen Fette aus Ölen, Samen oder Nüssen.

> Pflanzliche Fette sind für den Organismus besser als tierische Fette.

Oft essen wir unbewusst zu viel Fett. Das liegt daran, dass Fette in vielen Lebensmitteln, wie in Wurst, Käse, Kuchen, Keksen und Desserts, versteckt sind. Mit ein wenig Achtsamkeit lassen sich aber viele Fettfallen vermeiden. So tragen schonende Garverfahren wie Dünsten, Dämpfen oder Grillen dazu bei. Soßen können auch mit Joghurt oder pürierten Früchten angedickt werden.

1 Suche aus einer Nährwerttabelle den Fettanteil für Hefegebäck, Biskuitteig, Mürbeteigplätzchen, Rührkuchen, Milchspeiseeis und ein Fruchtsorbet. Schreibe die Werte heraus und vergleiche sie.

2 Bewerte die Ergebnisse und wähle die Nahrungsmittel aus, die einen geringen Fettanteil haben und bevorzugt verzehrt werden sollten.

Kohlenhydrate liefern Energie

Alle Kohlenhydrate stammen aus dem Pflanzenreich. In den Blättern der Pflanzen wird aus Wasser und Kohlenstoffdioxid *Einfachzucker* gebildet. Du kennst diesen Zucker als Traubenzucker oder Fruchtzucker in Honig oder süßen Früchten. Die Pflanze gibt bei diesem Vorgang Sauerstoff ab.

Beim Zusammenschluss von zwei Einfachzuckern wird Wasser abgegeben und es entsteht *Doppelzucker*. Diesen kennst du als Haushaltszucker. Aber auch in der Milch kommt er als Milchzucker vor.

Beim Zusammenschluss vieler Einfachzucker entsteht der *Vielfachzucker*. Er steckt als *Stärke* in Getreide, Getreideprodukten, wie Nudeln oder Brot, und in Kartoffeln und vielen anderen Gemüsen oder kommt als *Zellulose*, dem Stützgerüst der Pflanze, vor.

Zellulose wirkt für uns als Ballaststoff und ist in Obst, Gemüse und in allen Vollkornprodukten vorhanden. Ballaststoffe sind wichtig, täglich sollten wir ca. 30 g aufnehmen. Als Richtwert für den Tagesbedarf gilt: 0,4 – 0,6 g je kg Körpergewicht.

Kohlenhydratreiche Lebensmittel

Vollkornprodukte, Naturreis und Hülsenfrüchte haben viele Vorteile. Neben den Vielfachzuckern enthalten sie Eiweiß und Vitamine. Vor allem aber machen sie lange satt. Wer morgens Vollkorn- statt Weißbrot isst, hat nicht schon nach einer Stunde wieder Hunger.

Zucker liefert Energie – sonst nichts. Er ist in vielen Lebensmitteln versteckt. Tomatenketchup hat einen großen Zuckeranteil. Auch in Getränken befindet sich häufig viel Zucker, damit sie besser schmecken. Manches als gesund gepriesene Lebensmittel hat einen zu hohen Zuckeranteil, z. B. Müslis oder Müsliriegel. Du solltest deshalb das Etikett studieren. Wissen sollte man auch: Zucker macht hungrig und süchtig. Je mehr Süßes du isst, umso größer wird dein Verlangen nach mehr. Wer Lust auf Süßes hat, greift am besten zu Obst.

1 Lies den Text und begründe, warum Obst besser als Zucker ist.

Die Kartoffel – eine vielseitige Pflanze

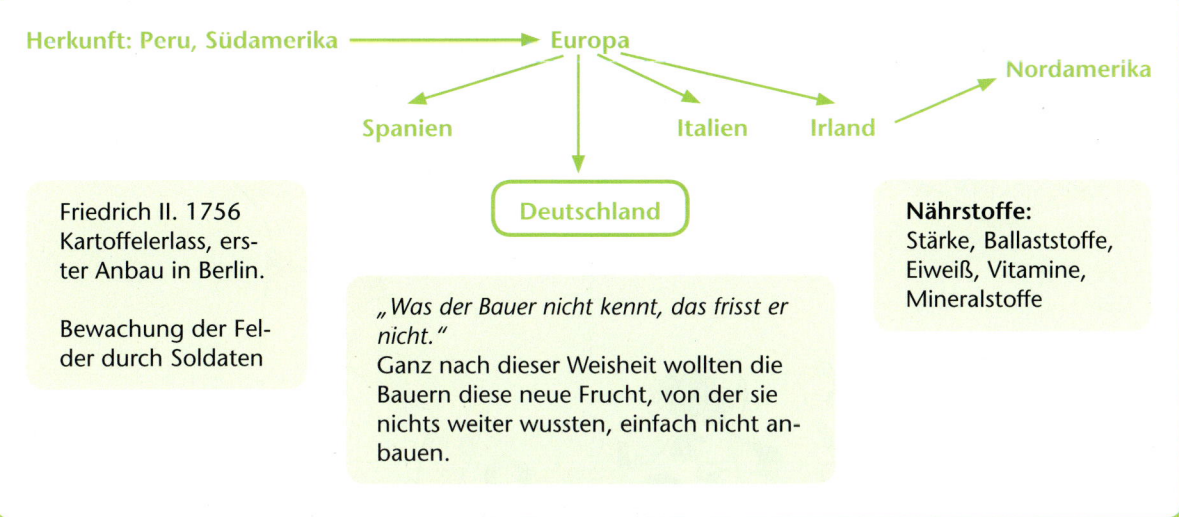

Herkunft: Peru, Südamerika ⟶ Europa

⟶ Nordamerika

Spanien   Italien   Irland

Deutschland

Friedrich II. 1756 Kartoffelerlass, erster Anbau in Berlin.

Bewachung der Felder durch Soldaten

„Was der Bauer nicht kennt, das frisst er nicht." Ganz nach dieser Weisheit wollten die Bauern diese neue Frucht, von der sie nichts weiter wussten, einfach nicht anbauen.

Nährstoffe: Stärke, Ballaststoffe, Eiweiß, Vitamine, Mineralstoffe

Industriekartoffel: Futterflocken, Industriealkohol

Futterkartoffel: für die Tiere

Tiefgefrierprodukte: Puffer, Kroketten, Rösti, Bratkartoffeln, Klöße…

Fritier- und Bratprodukte: Chips, Pommes frites, Puffer, Sticks

Trockenprodukte: Kloßmehl, Puffermischungen, Püree, Bratkartoffeln

Süßer Kartoffelkuchen

Zutaten	Zubereitung
4 große Kartoffeln	kochen und nach dem Abkühlen reiben
2 Eier 150 g Zucker, 1 Pck. Vanillezucker, 100 g Mehl, 150 g Butter 1Pck. gehackte Mandeln 1 Prise Salz	zu den geriebenen Kartoffeln in eine Schüssel geben und zu einem Teig verarbeiten. Auf ein Backblech streichen und kleine Vertiefungen mit den Fingern in den Teig eindrücken
etwas Butter für Flocken Zucker, Zimt	Butterflöckchen hineingeben und mit Zucker und Zimt bestreuen

im vorgeheizten Backofen bei 160 °C Heißluft auf mittlerer Schiene ca. 50 – 60 Minuten backen. Stäbchenprobe machen

Eiweiß –Baustoff für Körperzellen

Eiweiß (Protein) wird in der Pflanze gebildet. Dazu benötigt sie die Elemente Wasserstoff, Sauerstoff, Kohlenstoff und Stickstoff. Aus diesen Grundelementen entstehen die kleinsten Eiweißbausteine. Man nennt sie Aminosäuren. Pflanzenfressende Tiere sind wie der Mensch in der Lage, aus den Pflanzen körpereigenes Eiweiß aufzubauen. Da der Mensch auch Tiere verspeist, nutzt er sowohl das Eiweiß aus Pflanzen als auch das von Tieren. Tierisches Eiweiß kann der menschliche Körper besser verwerten als pflanzliches Eiweiß. Pflanzliches Eiweiß kommt in größeren Mengen vorwiegend in Hülsenfrüchten, in Getreide und in Soja vor.

Bedarf an Eiweiß

Ein Erwachsener benötigt pro kg Körpergewicht täglich 0,8 g Eiweiß. Kinder und Jugendliche haben aufgrund ihres Wachstums einen leicht erhöhten Eiweißbedarf. Das bedeutet aber nicht, dass jeden Tag ein Eiweißdrink notwendig ist. Durch eine vollwertige Ernährung sind wir ausreichend mit Eiweiß versorgt.

Bewertung der Eiweißlieferanten

Fettarme Milch und die daraus gewonnenen Produkte wie Joghurt oder Käse sind gute Lieferanten für tierisches Eiweiß. Ebenso enhält Fisch hochwertiges Eiweiß. Der menschliche Körper kann dieses Eiweiß sehr schnell in körpereigenes Eiweiß umwandeln.

> Eine Fischmahlzeit ersetzt eine Fleischmahlzeit.

Im Gegensatz zu tierischen Eiweißen haben pflanzliche Eiweiße keine unerwünschten Begleitstoffe, die Krankheiten, wie z. B. Gicht, auslösen können. Deshalb sind diese zu bevorzugen.

1 Vergleiche die Eiweißanteile in je 100 g Rindfleisch und Forelle und in je 100 g Linsen und Kartoffeln. Schreibe die Werte aus einer Nährwerttabelle heraus und bewerte die Ergebnisse.

Eiweiß in der Küche

Eiweiß schließt beim Schlagen Luft ein. Deshalb kann es als Lockerungsmittel, z. B. bei einem Teig, verwendet werden.

Eiweiß gerinnt durch Hitze. Das Gerinnen der Randeiweißschichten beim Anbraten von Fleisch verhindert, dass der Fleischsaft austritt.

Auch ein rohes Ei in einem heißen Wasserbad gerinnt schnell. Das merkst du, wenn ein Ei beim Kochen platzt.

Eiweiß gerinnt durch Säure. Beim Anrühren eines Milchdressing gibst du Zitrone hinzu. Die Milch gerinnt sofort.

Eiweiß bindet bei der Gerinnung Flüssigkeit. Deshalb wird bei der Zubereitung von z. B. Hackbraten Ei zugegeben, um die Masse zu binden. Auch Klöße und viele andere Gerichte zerfallen nicht beim Braten, Schmoren oder Kochen, wenn Ei enthalten ist.

Kartoffelgratin

Mit dem Kartoffelgratin lernst du ein gesundheitsbewusst zusammengestelltes Hauptgericht zuzubereiten.

Zutaten	Zubereitung
500 g Kartoffeln	waschen, als Pellkartoffeln kochen, schälen und in dünne Scheiben schneiden
1 kleine Lauchstange	putzen, waschen
2 Karotten	putzen, in kleine Würfel schneiden
1 Tasse Erbsen (tiefgekühlt)	bereitstellen
50 g magerer Schinken oder Wurst	in Würfel oder Streifen schneiden
etwas Fett	Form fetten, alle Zutaten in die Auflaufform einschichten
¼ l Milch ½ Becher Sahne 2 Eier Pfeffer, Muskat, Paprika, etwas Salz, Kräuter nach Belieben	verrühren, darüber gießen
30 g geriebener Emmentaler	darüber streuen
	Backzeit: 40 Minuten bei 220 °C, Heißluft
1 Essl. Sprossen	über das fertige Gratin streuen

In ¼ Liter Milch sind enthalten:
225 g Wasser, 9 g Milchfett,
9 g Milcheiweiß, 12,5 g Milchzucker,
2 g Mineralstoffe, Vitamine A, B, D, E

Milch – ein zuverlässiger Eiweiß- und Kalziumlieferant

Martin ist begeisterter Sportler. Gern eifert er denjenigen nach, die gerade eine Goldmedaille gewonnen haben. Ihre Körper sind durchtrainiert und muskulös. Er weiß, dass in Milch viel Kraft steckt. Ob die Erfolge von der Milch kommen und ob ich das auch schaffe?, fragt sich Martin. Sicher ist, dass Milch nach dem Sport den Eiweißspiegel wieder anhebt.

Petra erzählt Martin, dass sie schon zu Hause zum Frühstück ein Glas Milch trinkt. Auch in der Schule greift sie zu Milch, um im Unterricht fit zu sein. Die größeren Schüler verkaufen die Milch, und Petra trinkt jeden Tag zu ihren Pausenbroten ¼ Liter. Petra ist gut in der Schule, da sie sich immer gut konzentrieren kann.

Alle Säugetiere produzieren Milch. Milch, Milchprodukte und Käse enthalten viele Nährstoffe, die für eine gesunde Ernährung wichtig sind. Dazu gehören Mineralstoffe wie Kalzium, Magnesium, Jod und Zink und viele Vitamine, wie das Vitamin A. Diese Nährstoffe reichen aus, um den Nachwuchs in den ersten Lebenswochen zu versorgen. Der Mensch nutzt je nach Klima und Landschaft unterschiedliche Tiere als Milchlieferanten: Kühe, Esel, Ziegen, Schafe, Pferde und Kamele. Das weltweit häufigste und wichtigste Haustier für die Milcherzeugung ist die Kuh. Sie wird schon seit über 6000 Jahren gezüchtet.

Obwohl Milch im Überfluss vorhanden ist, wird nicht genügend Milch getrunken, um den Nährstoffbedarf bei Jugendlichen zu decken.

> Leider trinkt derzeit nur jedes sechste Schulkind regelmäßig seine Schulmilch.

Die Milch hat eine Haut

Material:
¼ Liter Milch, 1 Topf, 1 Herdplatte, 1 Löffel

Durchführung: Die Milch wird in dem Topf erhitzt und anschließend kühl gestellt. Nach ca. 10 Minuten ist eine dünne Haut auf der Milchoberfläche zu erkennen. Durch Pusten wird sie noch besser sichtbar. Mit einem Löffel lässt sie sich gut abheben.

Ergebnis: In der Haut sind Eiweiße, die bei ca. 70 °C gerinnen und an die Oberfläche steigen.

Wassernachweis in der Milch

Material:
¼ Liter Milch, 1 Topf mit Deckel, 1 Herdplatte

Durchführung: Die Milch wird im Kochtopf mit Deckel verdampft. Hebt man den Topfdeckel an, so sind Wassertropfen sichtbar.

Ergebnis: Das Wasser aus der Milch verdampft und sammelt sich am Topfdeckel. Wenn man ganz vorsichtig weiterarbeitet, wird das Wasser ganz aus der Milch entfernt sein. Übrig bleibt eine klebrige Masse.

Joghurt selbst herstellen

Materialien: 1 Liter Vollmilch, 1 Becher Naturjoghurt, 1 Kochtopf , 1 Thermometer und eine Joghurtmaschine

Durchführung: Die Milch wird in den Kochtopf gegossen und auf der Herdplatte auf genau 95 °C erwärmt. Sie darf nicht kochen. Mit dem Thermometer wird die Temperatur genau kontrolliert. Anschließend wird der Topf vom Herd genommen und auf 45 °C abgekühlt. Nun wird der Joghurt untergerührt. Die Masse wird in Gläser gefüllt und über Nacht in die Joghurtmaschine gestellt. Sie hält konstant eine Temperatur von 45 °C.

Ergebnis: Die Gläser werden entnommen. Ist der Joghurt abgekühlt, könnt ihr ihn essen.
In der Molkerei wird der Joghurt mit speziellen Joghurtkulturen hergestellt.

Um Mangelerscheinungen vorzubeugen, müssen Jugendliche wieder mehr Milch und Milchprodukte verzehren.

Milchprodukte sind Sahne, Joghurt, Käse, Butter und Buttermilch.

Kalzium – Kraft für die Knochen

Kalzium ist mengenmäßig der bedeutendste Mineralstoff. Er gibt Knochen und Zähnen die notwendige Festigkeit und Stabilität. Im Wachstumsalter werden die Knochen aufgebaut. Hier wird besonders viel Kalzium benötigt. Erst im Alter zwischen 25 und 30 Jahren ist der Knochenaufbau abgeschlossen. Danach muss man dafür Sorge tragen, dass die Knochenmasse nicht zu leicht wieder abgebaut werden kann. Deshalb ist eine lebenslange Versorgung mit Kalzium notwendig.

Eine Kalziummenge von 1100 mg deckt den Tagesbedarf eines 10- bis 13jährigen Kindes. Jugendliche, die etwas älter sind, brauchen auch ein wenig mehr.
Jetzt weiß Martin viel über Milch und Kalzium. Er wird regelmäßig Milch trinken, um seinen Vorbildern nachzueifern. Vielleicht wird er auch einmal eine ersehnte Medaille erringen.

1 Was verrät das Etikett auf einer Joghurtverpackung? Schreibe alle Angaben auf.

2 Prüfe, ob du Angaben zum Kalziumgehalt findest. Schreibe die Menge gesondert auf und vergleiche sie mit der Tagesmenge, die du täglich zuführen sollst.

Inhaltsstoffe unserer Nahrung

Mineralstoffe Gemüse, Obst, Milch	**Vitamine** Gemüse, Obst	**Sekundäre Pflanzenstoffe** Aroma-, Farb- und Geschmacksstoffe Obst und Gemüse	**Ballaststoffe** Vollkornprodukte, Obst, Gemüse

Aufgaben im Körper
Schutz- und Reglerstoffe: Sie schützen vor Krankheiten, regulieren wichtige Körperfunktionen, Mineralstoffe dienen auch als **Baustoffe**. Wichtige Mineralstoffe: Kalzium, Eisen, Natrium Wichtige Vitamine: A, D; C, B

Aufgaben im Körper
Begleitstoffe: Anregung der Darmtätigkeit, Anregung des Appetits, Schutz vor Krankheiten

Obst und Gemüse – zu jeder Mahlzeit

Gemüse und Obst liefern viel Vitamine, Mineralstoffe, sekundäre Pflanzen- und Ballaststoffe. Vitamine und Mineralstoffe sind auch deshalb wichtig, weil sie den Nährstoffen Eiweiß, Fett und Kohlenhydrate zur richtigen Wirkung verhelfen, den Stoffwechsel regeln und vor Krankheiten schützen. Vielfach werden sie daher als Wirk-, Schutz- und Reglerstoffe bezeichnet.

Sekundäre Pflanzenstoffe produziert die Pflanze auch zu ihrem eigenen Schutz. Sie schützt sich damit vor Schädlingen, UV-Strahlen und Krankheiten. Wissenschaftlich ist inzwischen erwiesen, dass die sekundären Pflanzenstoffe aus Gemüse, Obst, Kartoffeln und Getreide eine positive Wirkung auf den menschlichen Körper haben. Sie schützen vor Bakterien, Viren und Pilzen sowie vor Entzündungen, stärken das Immunsystem, verhindern Zellschäden, unterstützen die Verdauung, senken den Cholesterinspiegel und verringern das Risiko, an Diabetes, Krebs oder Herz-Kreislauf-Leiden zu erkranken.

Vitamine – eine geheimnisvolle Vielfalt

Vitamine kennen wir erst seit Anfang des letzten Jahrhunderts. Bis dahin ahnte man nur, dass es Stoffe geben muss, die den Körper schützen. Man hatte beobachtet, dass Seefahrer, die monatelang auf Reisen waren, regelmäßig erkrankten, z.B. verloren sie die Zähne. Da Obst und Gemüse nicht lange gelagert werden konnte, fehlte es in

Die Wunderfrucht – der Apfel

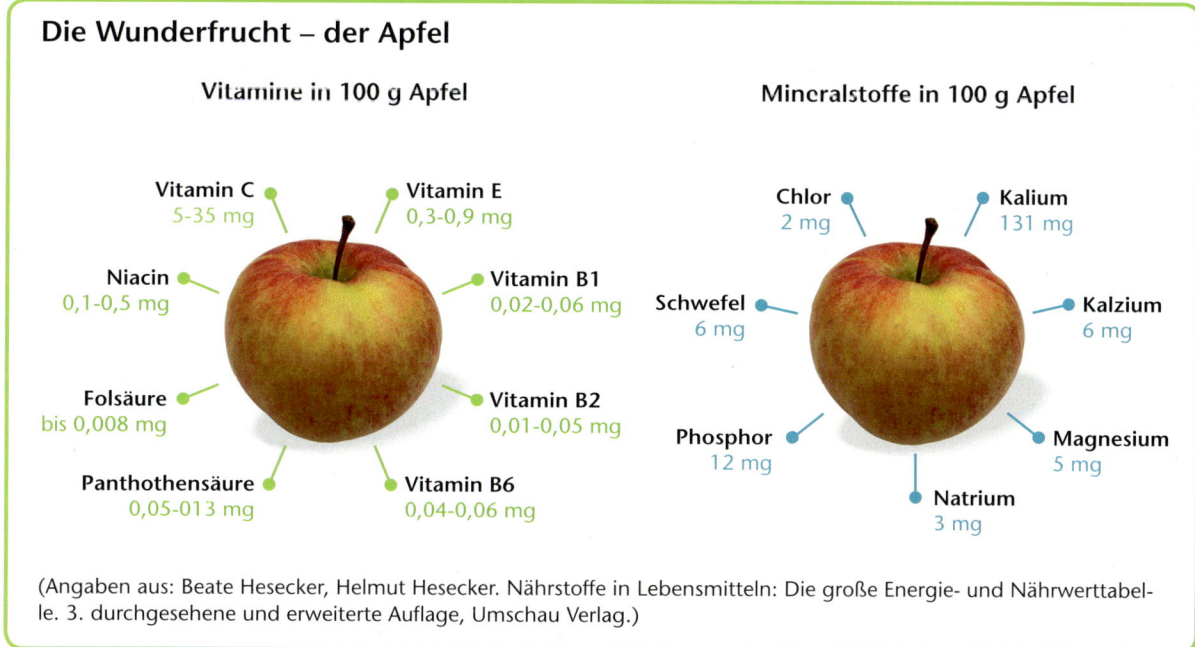

Vitamine in 100 g Apfel

Vitamin C 5-35 mg
Vitamin E 0,3-0,9 mg
Niacin 0,1-0,5 mg
Vitamin B1 0,02-0,06 mg
Folsäure bis 0,008 mg
Vitamin B2 0,01-0,05 mg
Panthothensäure 0,05-013 mg
Vitamin B6 0,04-0,06 mg

Mineralstoffe in 100 g Apfel

Chlor 2 mg
Kalium 131 mg
Schwefel 6 mg
Kalzium 6 mg
Phosphor 12 mg
Magnesium 5 mg
Natrium 3 mg

(Angaben aus: Beate Hesecker, Helmut Hesecker. Nährstoffe in Lebensmitteln: Die große Energie- und Nährwerttabelle. 3. durchgesehene und erweiterte Auflage, Umschau Verlag.)

der Verpflegung an Bord. Hier musste also ein Zusammenhang bestehen.

Entdeckt hat die Vitamine Casimir Funk, ein junger polnischer Wissenschaftler, am Anfang des 20. Jahrhunderts. 1912 hat er ihnen ihren Namen gegeben. Durch intensive Forschungsarbeit von Wissenschaftlerteams auf der ganzen Welt kam man im Laufe der Zeit hinter das Geheimnis der Vitamine.

Vitamine greifen fast überall im Körper regelnd ein. Knochen, Haut, Blut, Augen, Nerven und Gewebe sind auf Vitamine angewiesen. Die meisten Vitamine erhalten wir über die Nahrung. Nur ganz wenige kann der Körper selbst herstellen. Das bekannteste von ihnen ist das Vitamin D. Es kann unter dem Einfluss von Sonnenlicht in der Haut gebildet werden. Im Winter, wenn die Kleidung unsere Haut bedeckt, reicht die Eigenproduktion jedoch oft nicht aus.

Mineralstoffe – Bausteine des Körpers

Ohne Mineralstoffe kann der Körper genauso wenig leben wie ohne Vitamine. Sie versorgen den Körper zwar nicht mit Energie, übernehmen aber wichtige Aufgaben zur Körperregulation. Ohne sie wären die Knochen weich, das Blut hätte nicht seine rote Farbe und könnte keinen Sauerstoff

transportieren. Der Mensch wäre so nicht lebensfähig.

> Mineralstoffe sind Bestandteile von Lebensmitteln. Ohne sie kann der Mensch nicht existieren.

Mit Harn und Schweiß werden Mineralstoffe ausgeschieden. Das hast du bestimmt schon an deinem T-Shirt beobachten können. Nach anstrengender Bewegung bleibt manchmal ein weißer Rand sichtbar. Das sind Salze, die der Körper ausgeschieden hat. Mineralstoffverluste müssen wir ersetzen.

1 Sucht aus einem Kochbuch verschiedene Rezepte mit Äpfeln heraus. Entscheidet euch für ein Rezept und bereitet das Gericht zu.

2 Finde heraus, wie das Gericht „Himmel und Erde" zubereitet wird. Präsentiere das Gericht.

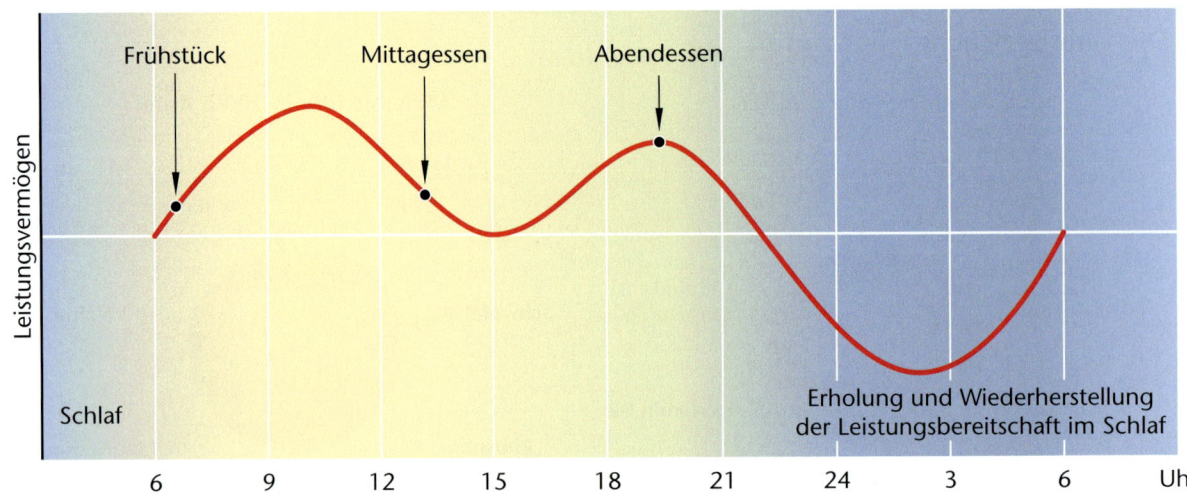

Die Tagesleistungskurve: Wann bin ich fit? Wann brauche ich Energie?

Die Energieaufnahme richtig verteilen

Ein ganz normaler Tag

Ferenc hat heute einen ganz normalen Schultag vor sich. Ihn erwarten sechs Stunden Unterricht. Mit dem Bus fährt er eine halbe Stunde, um seine Schule zu erreichen. Deshalb muss er früher aufstehen als die Kinder, die in der Nähe der Schule wohnen. Sein Vater geht schon früh aus dem Haus. Er sieht ihn erst abends wieder. Heute kam Ferenc nicht aus dem Bett. Und so begann der Tag schon etwas hektisch. Den Bus hat er in letzter Minute erwischt. Dann hatte er Zeit, sich etwas zu erholen. In der ersten Stunde wurde eine Arbeit in Mathematik geschrieben. Ein Glück, dass er noch gut gefrühstückt hat! Die Energie, die er aufgenommen hatte, war nowendig, um die Anstrengung zu meistern. Nur so konnte er sich gut konzentrieren. Anschließend stand Deutsch auf dem Stundenplan. Die Klasse hat Texte gelesen, analysiert und bewertet. Auch das kostet viel Kraft. Ferenc verspürt jetzt ein leeres Gefühl im Magen. Er hat Hunger. In der Pause isst er sein Brot. An diesem Tag ist es etwas kleiner als sonst, da Hauswirtschaft auf dem Stundenplan steht. Nachdem sich alle die Hände gewaschen hatten, die Rezepte besprochen wurden und die Arbeitsplätze eingerichtet waren, konnte mit der Zubereitung der Speisen begonnen werden. Es macht Spaß, gemeinsam etwas herzustellen und zu essen. Der Sportunterricht, der am Ende des Schultags liegt, kostet immer viel Kraft und Energie. Da ist der Reis, der heute auf dem Speiseplan stand, genau das Richtige! Die Energiespeicher sind voll und der Dauerlauf ist kein Problem!

Nach Unterrichtsschluss fährt Ferenc nach Hause. Er ist froh, dass er noch einen Apfel hat, den er im Bus in Ruhe verspeisen kann. Denn der Sportunterricht und die Zeit bis zur Busabfahrt sind lang. Auch Schularbeiten und der Volleyballverein stehen noch auf dem Programm. Gegen 18.30 Uhr sitzt die ganze Familie gemeinsam beim Abendessen.

> Deine Energiereserven müssen in regelmäßigen Abständen immer wieder aufgefüllt werden.

Das Tagesprotokoll

Um Ernährungsgewohnheiten zu erfassen und zu bewerten, hilft ein Tagesprotokoll. Es gibt Auskunft darüber, was und wie viel du zu welcher Zeit gegessen hast.

In der Schule und später im Beruf wirst du immer neuen Anforderungen begegnen, die du erfüllen

Mahlzeiten	Was?	Getränke	Wo?	Mit wem?	Wie lange?	Wie habe ich mich gefühlt?	Körperliche Aktivität
Frühstück	Müsli mit Obst	Becher Kakao	Essküche	Mutter und Schwester	10 Min.	Etwas unruhig, da wenig Zeit wegen Schulbus	
Schulfrühstück	Vollkornschnitte mit Käse	Wasser mit Zitronensaft	Pausenhof	Mit Freunden	5 Min.	Es war unruhig und laut	Mit anderen gespielt
Mittag	Geschnetzeltes mit Reis und Blumenkohl	1 Becher Orangensaft	Schulküche	Mit der Gruppe	15 Min.	Gut gefühlt, gemeinsam arbeiten und essen ist toll	
Jause	Apfel		Im Schulbus	alleine	5 Min.	Ich war geschafft und mein Magen war leer	
		1 Liter Wasser	Vereinsplatz	Freunde	90 Min.	War geschafft, aber gutes Körpergefühl	Fußball
Abendessen	Wurstbrote Salatteller	2 Becher Saftschorle	Essküche	Mit der ganzen Familie	45 Min.	Es hat geschmeckt und wir haben viel erzählt	

Beispiel für ein Tagesprotokoll

musst. Ohne die richtigen Lebensmittel und eine günstige Verteilung der Energie gelingt das nicht. Wenn die Konzentration nachlässt und die Leistung absinkt, wird es Zeit, die Energiereserven wieder aufzufüllen. Wann das ist, kannst du der abgebildeten Kurve entnehmen. Zusätzlich entscheiden dein Biorhythmus und deine körperlichen Aktivitäten deine Nahrungsaufnahme.

Zum Auswerten eines Tagesprotokolls können dir diese Fragen helfen:

- Esse ich regelmäßig in kleinen Portionen?
- Esse ich abwechslungsreich?
- Wie viele Portionen Obst und Gemüse sind im Protokoll enthalten?
- Bekommt mein Körper alle wichtigen Nährstoffe?

> Gesunde Menschen achten auf abwechslungsreiche Ernährung und ausreichend Bewegung an frischer Luft.

1 Erstelle dein eigenes Tagesprotokoll.

2 Analysiere den Tagesablauf von Ferenc. Schreibe auf, wann er Mahlzeiten zu sich genommen hat.

★ 3 Bewerte, ob die Verteilung der Mahlzeiten der Tagesleistungskurve entspricht und vergleiche mit deinem Tagesablauf.

2

Garverfahren im Überblick

Damit die Nährstoffe erhalten bleiben, sollten geeignete Garverfahren ausgewählt werden. Grundsätzlich gilt: Gemüse nur bissfest garen und Speisen nicht unnötig lange warm halten.

Garverfahren			
Kochen	**Garziehen**	**Garen in der Bratfolie**	**Backen**
Garen in reichlich siedendem Wasser oder wasserhaltiger Flüssigkeit (z. B. Milch)	Garen in viel Flüssigkeit unterhalb des Siedepunktes von Wasser	Garen in heißer Luft	Garen in heißer Luft
Temperatur: 100 °C	*Temperatur:* Ca. 85 – 90 °C	*Temperatur:* 200 °C	*Temperatur:* 150–250 °C geeignete Temperatur am Thermostat einstellen
Arbeitsgang: Lebensmittel in die kochende Flüssigkeit geben	*Arbeitsgang:* Lebensmittel bei Erreichen der Temperatur in die Flüssigkeit legen und bei offenem Topf ziehen lassen	*Arbeitsgang:* Gut verschlossene Bratfolie auf den Gitterrost legen, in den vorgeheizten Backofen einschieben, untere Schiene nutzen	*Arbeitsgang:* Temperatur und Einschubhöhe nach der Back- und Brattabelle des Herstellers ermitteln
Geeignet für: Lebensmittel, die quellen sollen, Teigwaren	*Geeignet für:* Stärkehaltige Lebensmittel, wie Knödel, Reis; eiweißreiche Lebensmittel, wie Fisch oder Klopse	*Geeignet für:* Fleisch, Fisch, Hähnchen	*Geeignet für:* Gebäck, Aufläufe, große, fettreiche Braten
Tipp: Nährstoffhaltiges Kochwasser weiterverwenden	*Tipp:* Garflüssigkeit als Soße verbinden. Damit nutzt man die Geschmacksstoffe und es gehen keine Nährstoffe verloren	*Tipp:* Beim Garen in der Bratfolie verhindert die feuchte Luft ein Austrocknen; es wird ohne Fett gegart. Garzeit beachten	*Tipp:* Je nach Backofen kann sich die angegebene Backzeit verändern, deshalb das Gebäck vor dem Herausnehmen testen, ob es gar ist

Garverfahren

Braten in der Pfanne	Schmoren	Grillen	Frittieren
Garen in heißem Fett	Anbraten in heißem Fett und Weitergaren in zugeführter Flüssigkeit	Garen durch Strahlungshitze oder Kontakthitze	Garen in viel heißem Fett
Temperatur: 170 °C	*Temperatur:* 170 °C beim Anbraten 100 °C nach Flüssigkeitszugabe	*Temperatur:* 200–250 °C	*Temperatur:* 150 – 180 °C
Arbeitsgang: Wasserfreies Fett bis zur Schlierenbildung erhitzen, nicht rauchheiß werden lassen; Bratgut zugeben und braun werden lassen, Herdplatte zurückschalten	*Arbeitsgang:* Lebensmittel in wasserfreiem Fett anbraten bis sie sich bräunen, ablöschen, in geschlossenem Topf weitergaren	*Arbeitsgang:* Lebensmittel erst einlegen, wenn Grillstäbe glühen; Grillzeiten genau einhalten; erst nach dem Grillen würzen	*Arbeitsgang:* Fett in einer Fritteuse erhitzen, Gargut in den Einlegekorb legen und in das heiße Fett führen. Nach Gartabelle die Zeiten einhalten
Geeignet für: Kurzbratstücke, Fisch, Kartoffeln, Getreideküchlein	*Geeignet für:* Sauerbraten, Gulasch, Rouladen, Schmorbraten und alle größeren Fleischstücke	*Geeignet für:* Kurzbratstücke, Fisch, Geflügel	*Geeignet für:* Hähnchenflügel, Fleischteile, Fisch, Kartoffelstreifen, paniertes Gemüse
Tipp: Größere Fleischstücke nach dem Anbraten im Backofen weitergaren, dabei öfter mit Bratensaft begießen	*Tipp:* Deckel weitestgehend geschlossen halten und elektrische Energie drosseln oder die Garzeit durch Druckgaren verkürzen	*Tipp:* Für fettarme Diät geeignet; es bilden sich auch ohne Fettzugabe Röststoffe	*Tipp:* Nach dem Herausnehmen des Gargutes das Fett gut abtropfen lassen oder auf ein Küchenpapier legen. Auf sachgerechte Entsorgung des Fettes achten

Gesunde Ernährung hält dich fit

Vollwertige Ernährung

A Wann entsteht Hunger?

Bis heute ist noch niemand verhungert, weil er vergessen hat zu essen. Auch von einem gesunden Magen, der wegen Überfüllung geplatzt ist, war noch nie die Rede. So weit wird es sicher nicht kommen. Unser Körper verfügt über einen intelligenten Mechanismus, der die Nahrungsaufnahme steuert. Laufend werden die Energie- und Nahrungsvorräte kontrolliert und Signale an das Gehirn gesendet. Stellt das Gehirn fest, „zu wenig", hast du Hunger. Umgekehrt fühlst du dich satt, wenn genug Reserven vorhanden sind.

Theorie 1: Wir werden hungrig, wenn der Magen leer ist. Im Magen sind Fühler, die den Füllstand an das Gehirn melden.

Theorie 2: Wir werden hungrig, wenn Eiweiß im Körper fehlt. Die Muskeln werden schlapp und senden an das Gehirn die Botschaft „Nahrungsmittel zuführen".

Theorie 3: Wir werden hungrig, wenn die Fettreserven angegriffen werden. Die Fettzellen im Körper melden den Hunger dem Gehirn.

Theorie 4: Wenn Vitamine und Mineralstoffe fehlen, erhält das Gehirn die Nachricht „Unbedingt Obst und Gemüse essen".

B Zum Essen keine Zeit

Viele Berufstätige, aber auch Schüler, haben morgens keine Zeit oder keinen Appetit, um zu frühstücken. Erst am Abend, wenn sie mit der Familie am Tisch sitzen, finden sie es schön, gemeinsam zu essen.

C Pausenbrot

Christoph, 12 Jahre, erhält von der Mutter jeden Tag seine Pausenverpflegung. Zwei Vollkornschnitten belegt mit Käse, Gurkenscheiben und einem Salatblatt, dazu einen Apfel oder eine Birne. Jeden Tag gibt es eine Trinkflasche mit Wasser oder auch mal Tee. Das Schulessen, das er täglich einnimmt, schmeckt zwar nicht immer, aber eine warme Mahlzeit am Tag muss sein. Manchmal steht Christoph allein auf dem Schulhof und isst sein Pausenbrot. Manchmal versucht er auch mit Jens zu tauschen.

Jens, 12 Jahre, besucht dieselbe Klasse wie Christoph. Er ist ein aufgeweckter, immer fröhlicher Junge. Selten steht er alleine auf dem Schulhof. Meistens findet sich eine Gruppe zusammen, die sich unterhält und nebenbei isst. Jens bekommt häufig von zu Hause etwas Geld mit. Davon kauft er auf dem Weg zur Schule ein Stück Kuchen und manchmal auch Schokolade. Diese wird meistens mit den anderen Kindern geteilt. Zum Trinken kauft er sich meistens eine Flasche Saft oder Cola. Das löscht gut den Durst.

D Vitaminträger

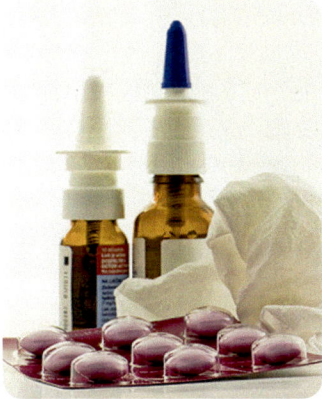

E Mineralstofftabletten

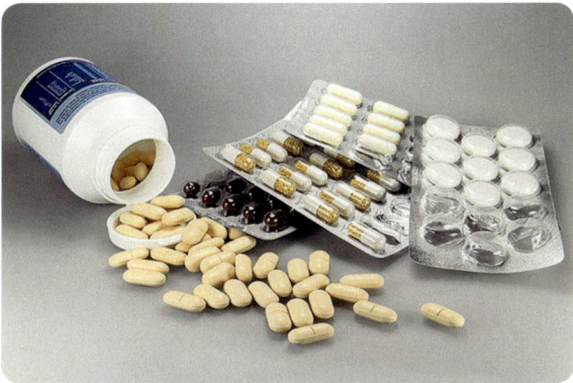

F Gararten

Deine Eltern laden dich zum gemeinsamen Essen in einer Gaststätte ein. Da sie wissen, dass du dich im Unterricht gerade mit dem Zubereiten von Mahlzeiten beschäftigst, überlassen sie dir die Entscheidung darüber, was du gerne essen möchtest. Dein Vater isst gerne Steak, und auch du möchtest ein solches Gericht bestellen. Nun fragt der Kellner, wie das Steak gebraten sein soll – englisch *medium* oder *well done*.

Wichtige Begriffe

Ernährungsbedürfnis	Gesunde Ernährung
Appetit	Vollwertiges Frühstück
Hunger	Vitamine
Sättigung	Mineralstoffe

Wissen und erklären

1 Erklärt euch gegenseitig die wichtigen Begriffe.

2 Nenne Lebensmittel, die vorwiegend Kohlenhydrate enthalten.

3 Erkläre, warum Kohlenhydrate wichtig für eine vollwertige Ernährung sind.

Informationen beschaffen und auswerten

4 Ermittle deinen Tagesbedarf an Vitaminen. Kannst du ihn mit Vitaminpräparaten (D) decken? Vergleiche Vitaminpräparate und Apfel hinsichtlich Preis, Inhaltsstoffen, Verfügbarkeit. Begründe, warum der Apfel zu bevorzugen ist.

Beurteilen, entscheiden und handeln

5 Unter B kannst du ein Argument lesen, das häufig angeführt wird, um zu begründen, warum nicht gefrühstückt wird. Erarbeite eine Argumentation, um diese Aussage zu widerlegen.

6 Entscheide dich für eine These unter A und argumentiere dazu.

7 Bewerte das Essverhalten von Christoph und Jens (C). Welchen Ratschlag würdest du den Jungen geben?

8 Stelle einen Tageskostplan für Jens (C) auf. Erkläre deinen Vorschlag.

9 Auch mit Tabletten kann der Körper mit Mineralstoffen versorgt werden (E). Finde Argumente pro und kontra.

10 Kannst du die Frage des Kellners (F) beantworten? Wenn nicht, dann informiere dich bei einem Experten. Schreibe die Begriffe und ihre Erklärung in dein Heft.

M Wer die Wahl hat, hat die Qual – warum Essen und Trinken so kompliziert erscheinen

Spielanleitung

① Entwerft 36 Spielkarten, auf denen Lebensmittel und Getränke abgebildet sind. Das können Lebensmittel und Getränke sein, die euch gerade einfallen. Schreibt die Namen auf die Karten und sucht Bilder, die diese Lebensmittel zeigen.

② Stellt drei Sätze dieser Lebensmittelkarten her.

③ Wählt sechs Kartons oder Kisten, in die die Karten hineinpassen, und stellt sie paarweise auf.

Das Spiel kann beginnen.

Apfel

Hamburger

Müsli

Orangensaft

1. Runde:
Sortiere den ersten Satz Lebensmittelkarten zügig in die Kästen.

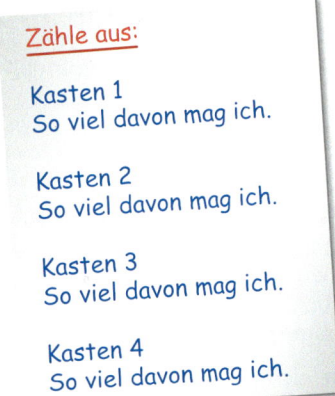

Zähle aus:

Kasten 1
So viel davon mag ich.

Kasten 2
So viel davon mag ich.

Kasten 3
So viel davon mag ich.

Kasten 4
So viel davon mag ich.

Kasten 1

Das ist gesund.

Kasten 2

Das ist ungesund.

2. Runde:
Sortiere den zweiten Satz Lebensmittelkarten zügig in die Kästen.

Kasten 3

Das macht fit.

Kasten 4

Das macht dick.

3. Runde:
Sortiere den dritten Satz Lebensmittelkarten zügig in die Kästen.

Kasten 5

Das mag ich gern.

Kasten 6

Das mag ich nicht.

Wie sieht dein Spielergebnis aus? Isst du zu viel von den Lebensmitteln, von denen du weißt, dass sie nicht besonders gesund sind? Überlege, warum Wissen und Handeln beim Essen so kompliziert erscheinen!

Die Auswahl der Lebensmittel für eine gesunde Ernährung muss jeder selbst treffen.

Feste im Mittelalter: Bankett im Haus eines französischen Adeligen (farbige Zeichnung, 1200)

Esskultur und Lebensweise

Tischsitten ändern sich

Wo mehrere Menschen zusammen sind, gemeinsam spielen, essen oder erzählen, ist gegenseitige Rücksichtnahme unerlässlich. Die Verhaltensmuster haben sich in den vergangenen Jahrhunderten ständig geändert. Heute übliche Umgangsformen wurden nicht in Stein gemeißelt – sie haben eine lange Entwicklungsgeschichte.

„Die Jugend von heute liebt den Luxus, hat schlechte Manieren und verachtet die Autorität. Sie widersprechen ihren Eltern, legen die Beine übereinander und tyrannisieren ihre Lehrer."

Diese Klage äußerte kein geringerer als der griechische Philosoph Sokrates im fünften Jahrhundert vor Christus.

Die Tischsitten, die in der Antike bereits ein hohes Niveau erreicht hatten, gerieten im Lauf der Zeit wieder in Vergessenheit. Im frühen Mittelalter ging es bei Tisch ziemlich ungehobelt zu: Es wurde übermäßig viel gegessen und getrunken. Besteck und Geschirr waren weitgehend unbekannt. Man aß und trank meist aus hölzernen oder blechernen Bechern und Schüsseln.

Burgherren hatten nicht nur mehr Essen auf dem Tisch, sie hatten auch ganz andere Gerichte. Um die Mitte des 13. Jahrhunderts wurden Wildschweinköpfe, riesige Fische, gebratene Pfaue und Reiher aufgetafelt. Die Diener haben die Speisen auf großen Brettern (Tafeln) in den Saal getragen. Daher stammt auch der Ausspruch: „Er hat aber aufgetafelt."

Die Bauern lebten zwischen dem 11. und 13. Jahrhundert in ständiger Angst vor einer Hungersnot. Von den Reichen wurden sie als „Kraut- und Rübenesser" verspottet.

Ärmere Familien besaßen nicht einmal Essgeschirr: Sie bedienten sich direkt aus der Pfanne. Nur Suppen konnten nicht mit Fingern gegessen werden. Eine Schale, aus der alle gemeinsam schlürften, wurde von einem zum anderen weitergereicht. Pest und Cholera verbreiteten sich sehr schnell durch diese Essgewohnheiten.

Erst Mitte des 13. Jahrhunderts nutzen auch die Bauern Schalen, Teller, Löffel und Gabeln aus Holz.

Nach dem Tischgebet wurden die Speisen nach der familiären Rangordnung verteilt. Der Vater erhielt als erster die größte Portion, danach folgten die Kinder entsprechend ihrem Alter. Die ältesten Kinder erhielten eine zweite Portion, wenn sie schon Lohn mit nach Hause brachten. Erst danach hat sich die Mutter selbst ihren Teller gefüllt. Was auf den Tisch kam, musste gegessen werden. Der Teller musste vollkommen leer sein.

Wie verhalte ich mich beim Essen?

- Die Hände sind gewaschen, bevor du dich an den Tisch setzt.

- Beginne mit dem Essen erst, wenn sich alle bedient haben.

- Sei höflich und rücksichtsvoll zu deinen Tischnachbarn.

- Nimm nur so viel auf den Teller, wie du sicher essen kannst.

- Iss möglichst geräuschlos.

- Lass die Hände auf dem Tisch – nicht aber die Ellenbogen.

- Rede nicht mit vollem Mund – nimm kleinere Happen, damit du dich am Gespräch beteiligen kannst.

Diese Empfehlungen helfen dabei, das gemeinsame Essen angenehm zu gestalten

Perfekte Tischmanieren

Aus den langjährigen Erfahrungen im Umgang miteinander haben sich bestimmte, allgemeine Verhaltensmuster entwickelt.

Freiherr Adolph von Knigge widmete sich in seinem berühmten, 1788 erschienenen Werk „Vom Umgang mit Menschen" solchen Verhaltensregeln. Einige davon sind auch noch heute gültig. Wenn du zu Hause mit deiner Familie gemeinsam isst oder wenn ihr im Restaurant speist, dann halten sich alle an diese Regeln. Sie erleichtern den Umgang miteinander. Wenn du diese Regeln kennst, dann fällst du in der Öffentlichkeit und beim Besuch von Freunden nicht unangenehm auf.

> Tischsitten einzuhalten erleichtert das Auftreten in der Öffentlichkeit und bewirkt, dass du einen positiven Eindruck hinterlässt.

Tischsitten für Spezialisten

Spaghetti mit dem Messer klein zu schneiden ist ein kleiner Verstoß gegen die Benimmregeln. Richtig ist, die Spaghetti mit Gabel und Löffel aufzuwickeln – wenn möglich am besten sogar nur mit der Gabel. Die Gabel dabei nicht in die Mitte des Spaghetti-Bergs stecken, sondern lieber die Spaghetti am Tellerrand aufwickeln.

Oft stellt sich auch die Frage: Wohin mit dem Besteck? Wer während des Essens eine kleine Pause einlegen möchte, sollte Messer und Gabel ruhig aus der Hand legen. Allerdings auf eine bestimmte Art: Messer und Gabel gehören immer auf den Teller und sollen die Tischdecke nicht berühren, auch nicht mit dem Griff.

1 Vergleiche die Fotos auf dieser Seite miteinander und überlege dir, welche der abgebildeten Personen sich eher nach den Benimmregeln richtet. Begründe deine Meinung.

Tischkultur im Alltag

Das Frühstück und das Abendessen sind während der Woche meist die einzigen Gelegenheiten, bei denen sich die Familie trifft. Dabei geht es nicht nur darum, Nahrung genussvoll einzunehmen, sondern auch um das Beisammensein.

Das Tischgespräch

Tagesereignisse werden während eines Tischgespräches ausgetauscht, Wünsche geäußert und Probleme besprochen. Bekannte Gesprächsregeln, wie dem anderen nicht ins Wort zu fallen, nicht mit vollem Munde zu sprechen, auf angemessene Lautstärke und den richtigen Umgangston zu achten, gehören zum gepflegten Tischgespräch. Themen, die den Appetit verderben, sind natürlich ungeeignet. Sitzt Besuch mit am Tisch, entwickelt sich das Gespräch aus der Situation. Höflicher Umgang ist eine wichtige soziale Fähigkeit, zu Hause wie unterwegs.

Umgangsformen bei Tisch

Wir essen gemeinsam, wenn sich alle bedient haben und stehen erst auf, wenn alle mit dem Essen fertig sind. Damit wird Unruhe am Tisch vermieden.

Das Vorlegebesteck ist nur zum Herausnehmen der Speisen auf den eigenen Teller gedacht.

Höflichkeit ist bei Tisch gefragt. Reiche z. B. Platten und Schüsseln deinem Nachbarn. Diese gewohnheitsmäßig eingeübten Regeln, auch Rituale genannt, entlasten das Denken, wenn sie automatisch ausgeführt werden.

> Essen und Trinken in der Gemeinschaft erfordert Höflichkeit und Rücksichtnahme. Tischregeln müssen erlernt und beachtet werden.

Rituale beim Essen: Zu Hause und anderswo

Rituale im Zusammenhang mit dem Essen, z. B. das Tischgebet, gibt es in verschiedenen Religionen. Sie können je nach Kulturkreis ganz unterschiedlich gestaltet sein. Auch bei Tisch gilt: Andere Länder, andere Sitten.

Tischsitten und Tischmanieren haben sich im Laufe der Zeit in den verschiedenen Ländern der Erde unterschiedlich entwickelt. In China gehört das Schmatzen und Schlürfen zum Essen dazu. Damit zeigt man, dass das Essen schmeckt. In Vietnam fallen die Abfälle auf den Boden, und in Indien wird nur die rechte Hand zum Essen benutzt. Der direkte Kontakt zur Speise wird als lustvoll empfunden. Die linke Hand gilt als unrein und darf deshalb keine Speisen berühren.

Bei Reisen in andere Länder ist es sinnvoll, sich vorher über die dort üblichen Tischsitten zu informieren.

Tischkultur und Tischgespräche bereichern das Leben in der Gemeinschaft. Das gemeinsame Essen und die Unterhaltung mit Freunden oder Arbeitskollegen schaffen ein zwangloses Miteinander.

„Ich bin fertig."

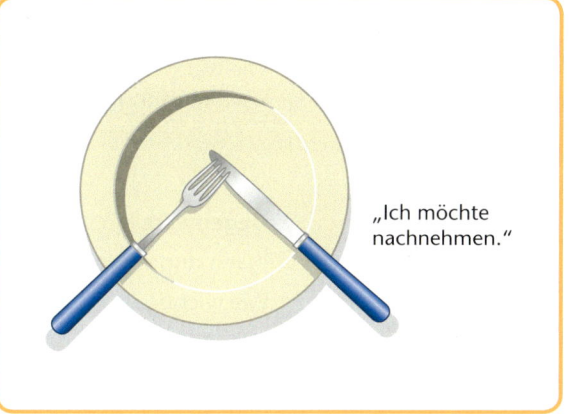

„Ich möchte nachnehmen."

Einfaches Gedeck (oben) und Festgedeck (unten)

Zeichensprache bei Tisch

Wir bereiten den Tisch vor

Gäste zum Essen einzuladen ist eine Tradition, die allgemein beliebt und überall verbreitet ist. Eng damit verbunden ist die Kunst des Tischdeckens.

Bevor mit dem Tischdecken begonnen wird, sind folgende Fragen zu klären:

- Wie viele Personen werden am Tisch sitzen?
- Was kommt auf den Tisch?

Im Zentrum des *Gedecks* steht der Teller, beim einfachen Abendessen ein Holzbrett, etwa 2 cm vom Tischrand entfernt.

Das Besteck wird schon beim Eindecken so hingelegt, wie die Speisen gegessen werden. Dabei arbeitet man sich von außen nach innen vor.

> Ein schön gedeckter Tisch und appetitlich angerichtete Speisen sorgen für gute Stimmung beim Essen.

Wenn das Menü mehrgängig ist, kann die Anzahl der Messer, Gabel, Teller usw. schon verwirrend sein. Dabei ist es ganz einfach, wenn man die Regeln kennt:

- Das *Messer* liegt für Rechtshänder rechts vom Teller (Schneide nach innen), die *Gabel* links und der *Dessertlöffel* oberhalb. (Für Linkshänder wird wie für Rechtshänder gedeckt.)
- Der *Suppenlöffel* liegt rechts neben dem Messer.
- *Trinkgefäße* stehen rechts oben.
- Der *Salatteller* steht links oben.
- *Servietten* liegen auf dem Teller oder links neben dem Besteck.

> ★ 1 Beobachte das Verhalten bei Tisch in der Schulmensa. Vergleiche es mit den Regeln, die du gelernt hast. Werte deine Beobachtungsergebnisse aus.

M Das eigene Essverhalten bestimmen und reflektieren

Selbstreflexion ist die Fähigkeit, das eigene Verhalten möglichst genau wahrzunehmen und zu analysieren und daraus Schlüsse für das weitere Verhalten zu ziehen, unter dem Motto „**Was lerne ich daraus?**"

Schreibe deine Erfahrungen auf.

Vergangenheit

- An welche Ereignisse kannst du dich besonders gut erinnern? Nenne positive und negative Ereignisse. (Essen in der Familie, Zusammensein mit Freunden, Aufenthalt im Restaurant, Essen in der Schulmensa)

- Gibt es Personen, die dich besonders beeindruckt haben? Welche Speisen hast du mit ihnen verzehrt?

- Hast du Lieblingsspeisen oder Speisen, die du gar nicht magst?

- Wie war dein Verhalten am Tisch? War es angebracht? Wie hat es möglicherweise auf andere gewirkt?

Bewerte dein Verhalten.

Gegenwart

- Wann und wie nimmst du die Speisen zu dir?

- Wie wichtig ist dir gesunde Ernährung?

- Wie wichtig ist dir das gemeinsame Essen mit der Familie?

- Welche besonderen Fähigkeiten hast du? (Tisch decken, Obst und Gemüse vorbereiten, Garnieren der Speisen)

- Welche Verantwortung hast du bei der Gestaltung der Mahlzeiten?

- Besteht ein Unterschied im Essverhalten zwischen Alltag und Wochenende?

- Beschäftigst du dich während des Essens mit anderen Dingen? (Lesen, Computerspiele, Fernsehen)

- Nimmst du dir genügend Zeit zum Essen? (Frühstück, Mittag, Abendbrot)

Leite Schlussfolgerungen ab.

Zukunft

- Welche Verhaltensweisen würdest du gerne ändern?

- Welchen Wert möchtest du einer gesunden Ernährung beimessen?

- Welche neuen Verhaltensweisen möchtest du dir vorgeben?

- Was wünschst du dir für die Zukunft? Möchtest du mehr in die Zubereitung der Mahlzeiten miteinbezogen werden?

Auswertung

- Halte deine Gedanken und Erlebnisse in einem Tagebuch, Protokoll oder einfach auf einem Zettel schriftlich fest.

- Tauscht euch in Partnerarbeit darüber aus.

- Teilt die Ergebnisse den anderen mit und diskutiert gemeinsam.

Essverhalten Jugendlicher

Noch nie war es so einfach wie heute, eigene Gewohnheiten in punkto Essen zu entwickeln und auszuleben. Eigene Auffassungen über Ernährung können sich erst dann herausbilden, wenn man über das, was man essen möchte, selbst frei entscheiden kann. Heute ist es selbstverständlich, nicht nur in der Familie, sondern auch mit Freunden zu essen – oder auch einfach alleine, wenn gerade der Hunger plagt.

Mädchen essen anders als Jungen

Hast du schon bemerkt, dass Mädchen häufiger zu Obst und Gemüse und zu Vollkornprodukten greifen als Jungen? Diese bevorzugen oft Fleischgerichte, wenn es eine Auswahl gibt. Jungen sehen auch heute noch den Sinn des Essens im Zugewinn an Stärke. Aus dem Essen und insbesondere aus Fleisch soll Kraft geschöpft werden.

Jungen wünschen sich einen kräftigen Körper. Dazu sollen die ausgewählten Lebensmittel dienen und dazu treiben sie Sport und trainieren die Muskeln. Der Mythos Fleisch ist ein Erbe der Vorzeit, er hat sich bis in die Gegenwart gehalten. Ein Stück Fleisch auf dem Teller zu haben bedeutet Lebenskraft aus der Natur zu gewinnen. Fleisch war früher ein knappes Gut und stand nicht jederzeit zur Verfügung. Erst die Entwicklung geschickter Jagdtechniken ermöglichte es den frühen Menschen, häufiger Fleisch zu bekommen. Deshalb war es immer etwas Besonderes.

Mädchen verbinden mit der Auswahl ihrer Nahrung oft den gesundheitlichen Aspekt. Sie wollen sich wohlfühlen, schön sein und schlank bleiben. Der eigene Körper und seine Veränderungen werden genau beobachtet. Deshalb interessieren sie sich häufiger für Fragen der gesunden Ernährung. Auch gesellschaftliche Vorstellungen vom schlanken und leistungsfähigen Körper prägen insbesondere bei Mädchen das Essverhalten. Manchmal verzichten sogar schon junge Mädchen in der Grundschule auf eine Mahlzeit, um nicht dick zu werden. Häufig ist es gerade das Frühstück, das weggelassen wird. Dauerhaft zu wenig zu essen kann jedoch auch zu einer Unterversorgung von lebenswichtigen Nährstoffen führen.

1 Führe ein Beobachtungsprotokoll zum Essverhalten deiner Familie. Beobachte dazu
- wann gegessen wird,
- mit wem gegessen wird,
- was gegessen wird.

2 Führt in Gruppen eine Beobachtung zum Essverhalten eurer Mitschüler/-innen in der Schulmensa durch. Erfasst in dem Beobachtungsprotokoll, zu welchen Gerichten Jungen und Mädchen greifen, wenn es ein Wahlessen gibt.

Wie wir essen

A **Verhalten in Alltagssituationen**

Situation 1: Familienfeier

Deine Familie erwartet am Wochenende Gäste. Im Unterricht hast du gerade gelernt, wie ein festlicher Tisch eingedeckt wird. Du unterbreitest deinen Eltern Vorschläge, wie ein Tisch gestaltet werden kann.

Situation 2: Grillfest

Du möchtest deine Freunde zu einem Grillfest einladen. Deine Eltern helfen dir bei der Vorbereitung. So ein Grillfest ist eine tolle Sache. Aber auch hier gibt es einiges zu beachten.

Situation 3: Im Restaurant

Wer mit anderen zusammen an einem Tisch sitzt und isst, wird dabei zwangsläufig beobachtet. Steife Etikette gehört zwar der Vergangenheit an, bestimmte Verhaltensweisen werden aber dennoch vorausgesetzt.

Schließlich kann es eine echte Qual sein, mit jemandem zu speisen, der keine Tischmanieren

hat. Stelle dir vor, dein Gegenüber leckt Messer und Finger ab, stützt die Ellenbogen auf dem Tisch auf, spricht mit vollem Mund, fuchtelt mit dem Besteck umher, spreizt beim Essen den kleinen Finger ab, schlürft beim Trinken, schmatzt beim Essen, lässt den Löffel beim Trinken in der Tasse.

B **Das Abendbrot**

Ein neuer Trend hat in die Wohnzimmer Einzug gehalten: Abends wird zum Essen der Fernseher angeschaltet. Die Familie kaut gedankenverloren vor sich hin, während diverse Soaps über die Mattscheibe flimmern. Gespräche finden nicht statt. Die Aufmerksamkeit ist auf das gerichtet, was das rechteckige Gerät verbreitet.

C Verhaltensregeln im Mittelalter

Im Frühmittelalter herrschten noch recht raue Sitten bei Tisch. Das Benehmen ließ zu wünschen übrig. Da die Männer unter sich waren, ließen sie ihren Gasen und anderem freien Lauf. Diese Regeln sind überliefert:

- Was du im Mund gehabt hast, leg nicht aufs Geschirr zurück.
- Biete nicht jemandem von dem Stück an, von dem du abgebissen hast.
- Bei Tisch nicht kratzen.
- Nicht die Nase am Tischtuch schnäuzen.

Bei Tisch im Mittelalter (Herrad v. Landsperg, Gastmahl ohne Gäste, 1170)

D Essen ein Vergnügen

Essen – ein kulinarisches Vergnügen

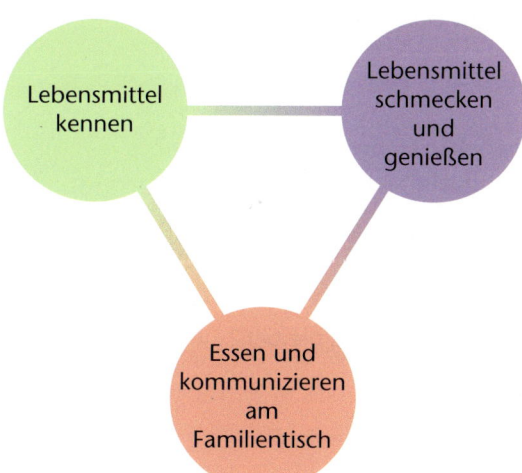

Wichtige Begriffe

Essverhalten	Eindeckregeln
Esskultur	Tischsitten
Regeln	Ritual

Wissen und erklären

1 Erklärt euch gegenseitig die wichtigen Begriffe.

2 Welche Tischmanieren sind dir besonders wichtig? Begründe deine Aussagen.

3 Begründe, warum sich im Mittelalter erste Tischmanieren herausgebildet haben. Nutze dabei die Regeln unter C.

Informationen beschaffen und auswerten

4 In dem Text (A) sind verschiedene Situationen beschrieben.

- Welche Hinweise kannst du in Situation 1 deinen Eltern geben? Schreibe sie auf und stelle sie der Klasse vor.

- Worauf sollte bei der Vorbereitung eines Grillfestes für Kinder in deinem Alter geachtet werden? Schreibe drei Punkte auf, an die unbedingt gedacht werden sollte.

- Welche Tipps kannst du deinen Freunden geben, damit sie sich bei gemeinsamen Essen richtig verhalten? Schreibe drei davon in dein Heft. Tausche dich mit deinen Nachbarn aus und vervollständige die Tipps.

- Stellt in einer Tabelle richtige und falsche Verhaltensweisen (Situation 3) gegenüber und bewertet diese Verhaltensweisen.

Beurteilen, entscheiden und handeln

5 Interpretiere und bewerte die Aussage unter B. Welche Verhaltensregeln schlägst du vor? Erarbeite einen Kurzvortrag.

6 Interpretiere die Grafik unter D und bewerte den Zusammenhang zwischen Lebensstil und Ernährung.

Essverhalten und Ernährungsgewohnheiten

 Eine Essbiographie schreiben

Essverhalten entsteht in einem sozialen Umfeld über viele Jahre.
Geschmack entsteht durch Gewöhnung.

1 Zeichne einen Lebensstrahl.

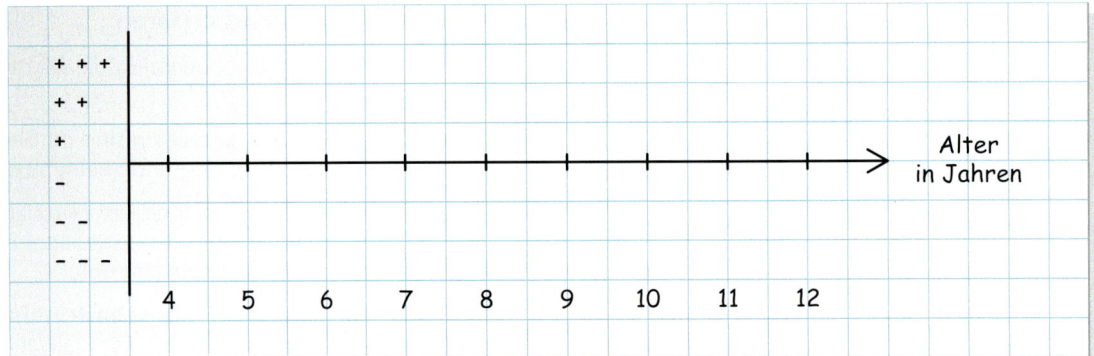

2 Schreibe auf, welche Lebensmittel oder Gerichte du in welchem Lebensabschnitt kennen gelernt hast.

3 Schreibe dazu, mit welchen Gefühlen, Erlebnissen oder Erfahrungen du diese Lebensmittel oder Gerichte verbindest.

4 Markiere diese Lebensmittel oder Gerichte auf der Lebenslinie:
bei positiven Erfahrungen im oberen Teil mit Grün, bei negativen Erfahrungen im unteren Teil mit Rot.

5 Vergleiche deine Lebenslinie mit den Lebenslinien deiner Mitschüler/-innen. Tauscht euch über Gemeinsamkeiten oder Unterschiede aus und berichtet in der Klasse.

6 Stelle dar, wer in dieser Zeit deine Essgewohnheiten beeinflusst hat.

Leitfragen zum Schreiben einer Essbiographie

Welche Lieblingsspeisen und -getränke hast du?
Welche Erinnerungen verbindest du mit deinen Lieblingsspeisen?
Welche Speisen und Getränke magst du überhaupt nicht?
Gibt es Speisen, die du nicht verträgst?
Wann nimmst du deine Mahlzeiten zu dir?
Wie viel Zeit nimmst du dir für die Mahlzeiten?
Was gehört für dich zu einem schönen Frühstück/Mittagessen/ Abendessen?
Worauf legst du besonderen Wert (Tischdecke, Blumen …)?
Belohnst du dich mit einer besonderen Speise nach einem gelungenen Tag?
Gibt es bei euch besondere Gewohnheiten im Speiseplan (Fischtag, Sonntagsbraten …)?
Kommt am Sonntag besonderes Geschirr auf den Tisch?
Wird auf besondere Tischregeln Wert gelegt?
Wird bei dir der Teller leer gegessen oder dürfen auch Reste bleiben?
Was passiert mit Resten?
Wird häufig mit Gästen gespeist?

Planung und Organisation eines Haushalts

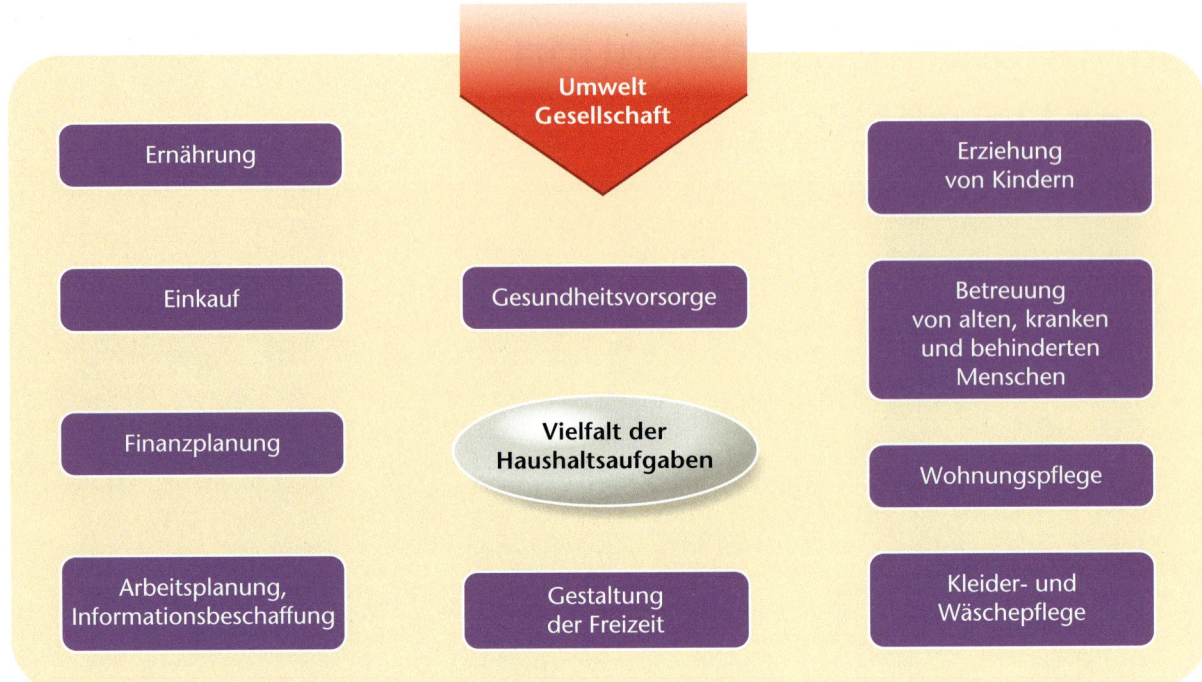

Ein Haushalt hat viele Aufgaben

Die privaten Haushalte sind fest eingebunden in die gesellschaftliche und wirtschaftliche Entwicklung eines Landes. Sie verändern sich so, wie sich auch die Gesellschaft verändert. Die Haushaltsmitglieder müssen sowohl immer wiederkehrende als auch neue Aufgaben lösen. Technische Neuerungen, wie die Entwicklung von Haushaltsgeräten, können von schwerer körperlicher Arbeit entlasten, das Handy und das Internet sorgen für mehr und bessere Information, bedeuten aber auch neue Herausforderungen und mehr Verantwortung.

Leben im privaten Haushalt

Jeder lebt in einem Haushalt, die meisten von uns leben in einem Familienhaushalt. Sie gehören in die Gruppe der privaten Haushalte.

> Private Haushalte sind wirtschaftliche und soziale Einheiten.

In den Haushalten werden unsere Wünsche und Bedürfnisse so weit wie möglich erfüllt. Das kann zum Beispiel das Bedürfnis nach schmackhafter Nahrung, nach ansprechender und moderner Kleidung, nach einer gemütlichen Wohnung, aber auch nach neuen technischen Entwicklungen sein. In deinem Fall könnte es der Wunsch nach der neuesten Spielekonsole sein.

Es sind also wirtschaftliche Bedürfnisse, die wir mit unseren Haushaltseinnahmen abdecken müssen. Das ist nicht immer einfach, da die Wünsche vielfach größer sind als das zur Verfügung stehende Einkommen. Geld zu leihen, von Eltern oder Freunden, funktioniert nur in Ausnahmefällen, aber nicht auf Dauer. Außerdem müssen Schulden in jedem Fall irgendwann zurückgezahlt werden.

Der Familienhaushalt erfüllt jedoch auch soziale Bedürfnisse. Das bedeutet, dass der Haushalt ein echtes Heim bietet, in dem sich die Mitglieder wohlfühlen und entspannen können. Regeneration ist wichtig, um wieder fit für die Herausforderung des Alltags zu sein. Sie ist eine wesentliche Funktion des privaten Haushalts. Freunde werden nach Hause eingeladen und allgemein soziale Kontakte aufgebaut und gepflegt. Im Haushalt

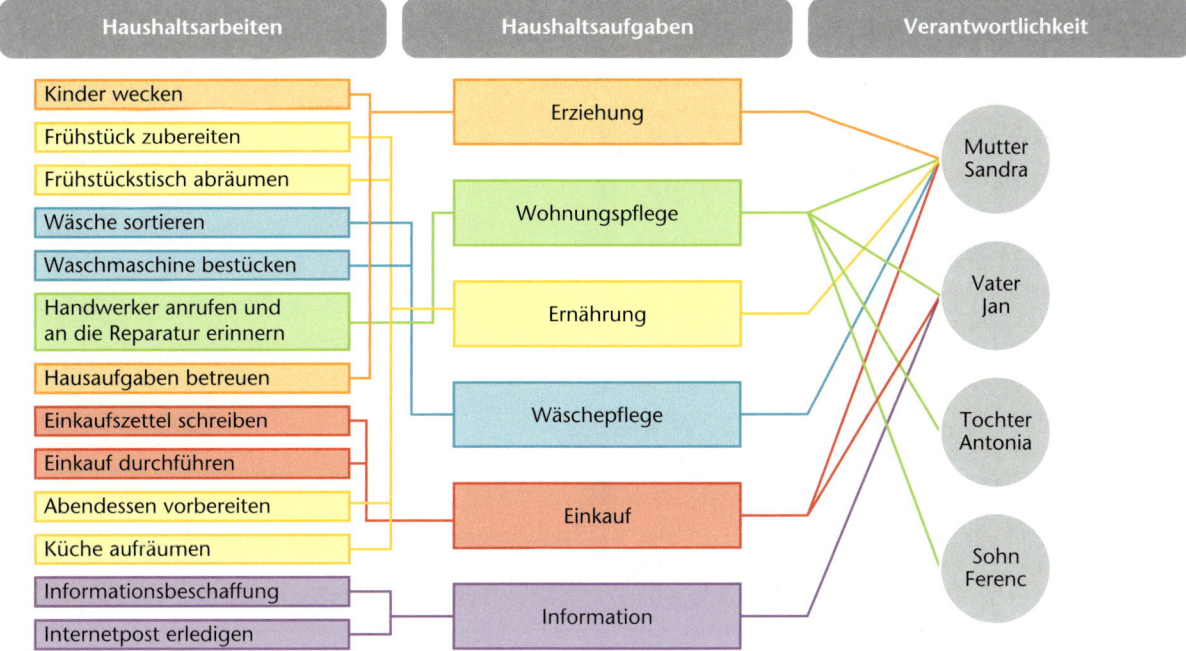

Haushaltsarbeiten	Haushaltsaufgaben	Verantwortlichkeit

Arbeitsplanung einer Familie

werden Normen, aber auch Traditionen erlernt und gepflegt, die dein ganzes späteres Leben prägen können.

> Es gibt wirtschaftliche und soziale Haushaltsaufgaben.

Kein Haushalt gleicht dem anderen

Im Laufe eines Lebens verändern sich Haushalte. Die Zahl der im Haushalt lebenden Personen wechselt, etwa durch die Geburt eines Kindes oder wenn Kinder den Haushalt der Eltern verlassen. Auch Krankheit, Arbeitslosigkeit oder der Tod eines Elternteils stellen die Haushaltsmitglieder vor neue Herausforderungen und vor neue Aufgaben.

Ebenso bleibt der Haushalt nicht unberührt von der wirtschaftlichen Lage und neuen Entwicklungen in der Technik. So kommen neue Tätigkeiten hinzu, andere fallen weg. Einige Grundaufgaben bleiben jedoch immer erhalten.

Eine Folge kann die Umverteilung oder Neuverteilung von Aufgaben sein. Manche Aufgaben müssen vielleicht auch neu erlernt werden.

> Das Ziel eines gut geführten Haushaltes sind zufriedene Haushaltsmitglieder.

Um die Haushaltsarbeiten sachgerecht durchführen zu können, brauchen wir Kenntnisse, Fähigkeiten und Fertigkeiten. Deshalb ist es wichtig, diese schon früh zu erlernen und sich an der Hausarbeit zu beteiligen. Es wird dabei Aufgaben geben, die man gerne erledigt, und solche, die man nicht so gerne ausführt. Deshalb ist es wichtig, die Aufgaben unter den Haushaltsmitgliedern auch nach Interessen zu verteilen, denn dann gehen sie auch leichter von der Hand.

1 Ermittelt, welche Kenntnisse, Fähigkeiten und Fertigkeiten nötig sind, damit verschiedene Haushaltsaufgaben ausgeführt werden können.

2 Ordnet den Haushaltsaufgaben Altersgruppen zu, die diese ausführen. Vergleicht mit den Tätigkeiten, mit denen ihr euren Familienhaushalt unterstützt.

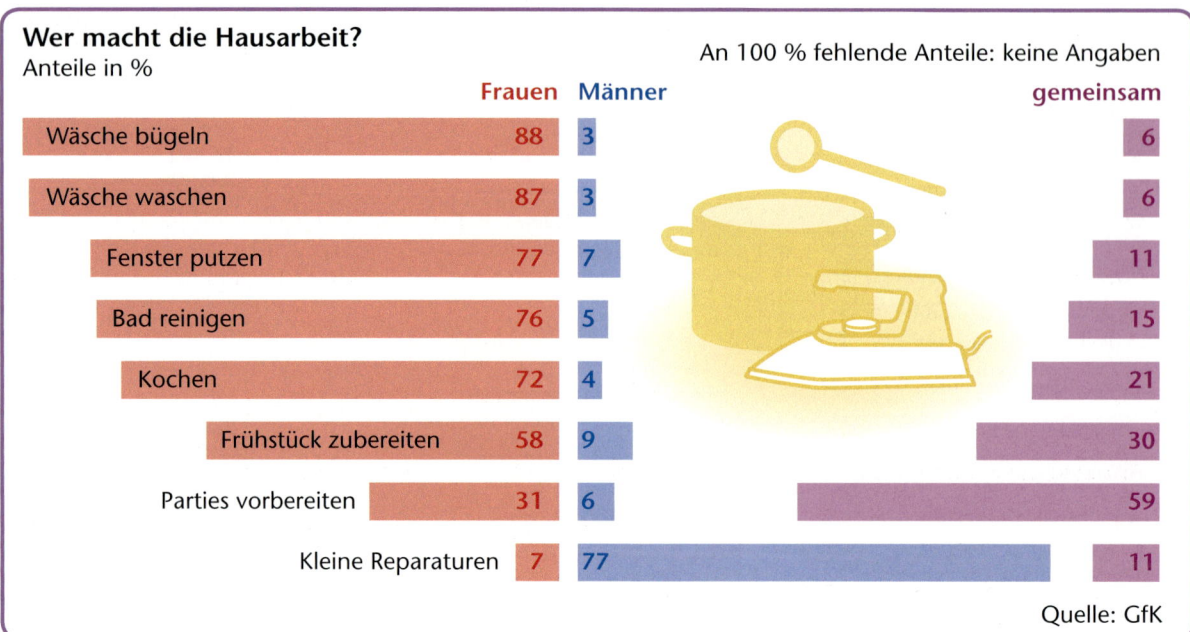

Wer macht die Hausarbeit?
Anteile in %

An 100 % fehlende Anteile: keine Angaben

	Frauen	Männer	gemeinsam
Wäsche bügeln	88	3	6
Wäsche waschen	87	3	6
Fenster putzen	77	7	11
Bad reinigen	76	5	15
Kochen	72	4	21
Frühstück zubereiten	58	9	30
Parties vorbereiten	31	6	59
Kleine Reparaturen	7	77	11

Quelle: GfK

Arbeitsbelastung im Haushalt

Die Verteilung der Aufgaben im Haushalt

Frauenarbeit – Männerarbeit

Früher hat sich die Frau allein um die Hausarbeit und die Kindererziehung gekümmert. Der Mann verdiente das nötige Geld, damit der Haushalt eine solide ökonomische Basis hatte. Diese strenge Trennung der Zuständigkeiten ist heute fast überwunden. Die Trennung der Arbeitsbereiche ging einher mit tief verwurzelten Wertvorstellungen und Verhaltensmustern, die weit in die Geschichte zurückreichen. Schon Aristoteles schreibt, dass die Frau die im Haus anfallenden Arbeiten und der Mann die Arbeiten außerhalb des Hauses verrichten solle. Seit immer mehr Frauen erwerbstätig sind, muss die typische Rollenverteilung und die Arbeitsteilung im Haushalt neu überdacht werden. Hausarbeit ist unbezahlte Arbeit.

Heute erwartet die Gesellschaft von Frauen eine qualifizierte Berufsausbildung, die den erfolgreichen Berufseinstieg und eine lebenslange berufliche Tätigkeit ermöglicht. Familien werden durch die Politik unterstützt. Frauen mit Familie können oder möchten nicht dauerhaft auf die Ausübung ihres Berufes verzichten. Die Arbeit nimmt für sie – genauso wie für Männer – einen hohen Stellenwert im Leben ein. Entsprechend engagiert bringen sie sich nach der Rückkehr aus z. B. der Elternzeit im Unternehmen ein.

Hausarbeit fällt regelmäßig an – Hausarbeit im Team erledigen

Die Arbeit in einem Familienhaushalt ist mehr als ein Vollzeitjob. Die verschiedensten Tätigkeiten sind zu erledigen. Wie viele Arbeiten jedes Mitglied der Familie übernimmt, hängt ab von

- der Anzahl der Haushaltsmitglieder,
- ihrem Alter,
- ihrem Können und Wissen,
- ihrer Berufstätigkeit,
- dem Freizeitbedarf.

> Ob Mann oder Frau, Junge oder Mädchen, alt oder jung – jeder muss seinen Beitrag zur Hausarbeit leisten.

Gesamtarbeitszeit		
Vorarbeiten	**Hauptarbeiten**	**Nacharbeiten**
z. B. • Gesamtarbeitszeit feststellen • Garzeiten berücksichtigen • Lebensmittel und Arbeitsgeräte bereitstellen • Backbleche oder Formen fetten	z. B. • Arbeitsschritte ausführen (Lebensmittel verarbeiten, zubereiten, anrichten) • auf sachliche Richtigkeit achten • gegebenenfalls technische Hilfsmittel einsetzen • Garzeiten überwachen und einhalten	z. B. • Lebensmittel wegräumen • benutzte Geräte reinigen • alles an seinen Standort zurückstellen
Arbeitsplatz organisieren (Kontrolle)	**Arbeitsfluss beachten**	**Arbeitsplatz reorganisieren**

Vorüberlegungen zur Berechnung des Zeitaufwandes

Um rationell zu arbeiten und die Arbeit verantwortungsvoll aufzuteilen, sollten für die zu erledigenden Haushaltsarbeiten Arbeitspläne erstellt werden. Auch bei der Zubereitung eines Gerichtes arbeitest du nach einem Plan. Man kann solche Pläne für einen Tag, eine Woche oder einen Monat erstellen. Manchmal lohnt es sich sogar, für komplizierte Arbeitsabläufe einen eigenen Plan zu entwickeln. Ein Arbeitsplan umfasst folgende Teilschritte:

- Das Ziel, das ich erreichen will,
- das Zusammenstellen der Arbeitsschritte,
- die Festlegung der Reihenfolge und
- die Verteilung auf die Personen.

Organisation von Arbeitsabläufen

Ihr kennt aus der Schulküche das Planen, Herstellen und Zubereiten von einfachen Gerichten. Wenn ihr in der Schulküche Speisen zubereitet, müsst ihr euch nach den Schulstunden richten, die euch einen zeitlichen Rahmen geben. Innerhalb dieser Zeit sind die Lebensmittel vorzubereiten und zu garen. Die Speisen müssen zu einer bestimmten Zeit fertig sein, damit ihr noch Zeit zum Essen und Aufräumen habt.

Für die Zubereitung kleinerer Speisen lassen sich die Arbeitsabfolgen und der Zeitbedarf leicht überschauen, doch bei umfangreicheren Menüabfolgen ist es wichtig, nach einem Plan zu arbeiten.

> Eine überlegte Zeit- und Arbeitsplanung verhindert Hetze, Unzufriedenheit und fehlerhafte Ergebnisse.

Vorarbeiten – Hauptarbeiten – Nacharbeiten

Zu den Vorbereitungsarbeiten gehören das Bereitstellen der Geräte und das Herrichten der Zutaten. Alles sollte so vorbereitet werden, dass kurze Wege zurückgelegt werden. Zu den Hauptarbeiten gehören das Zubereiten und das Anrichten der Nahrungsmittel. Diese Arbeitsschritte können wieder in verschiedene Teilschritte untergliedert werden. Die Nacharbeiten beinhalten das Aufräumen, Abwaschen und Wegräumen des Geschirrs und der Arbeitsmittel.

1 Analysiere die Haushaltstätigkeiten in deinem Haushalt. Schreibe dazu die Tätigkeiten auf, die täglich verrichtet werden.

2 Ordne die Tätigkeiten den Personen zu, die sie ausführen, und schreibe Möglichkeiten auf, um die Arbeiten rationeller zu verteilen. Sprich mit deinen Eltern darüber.

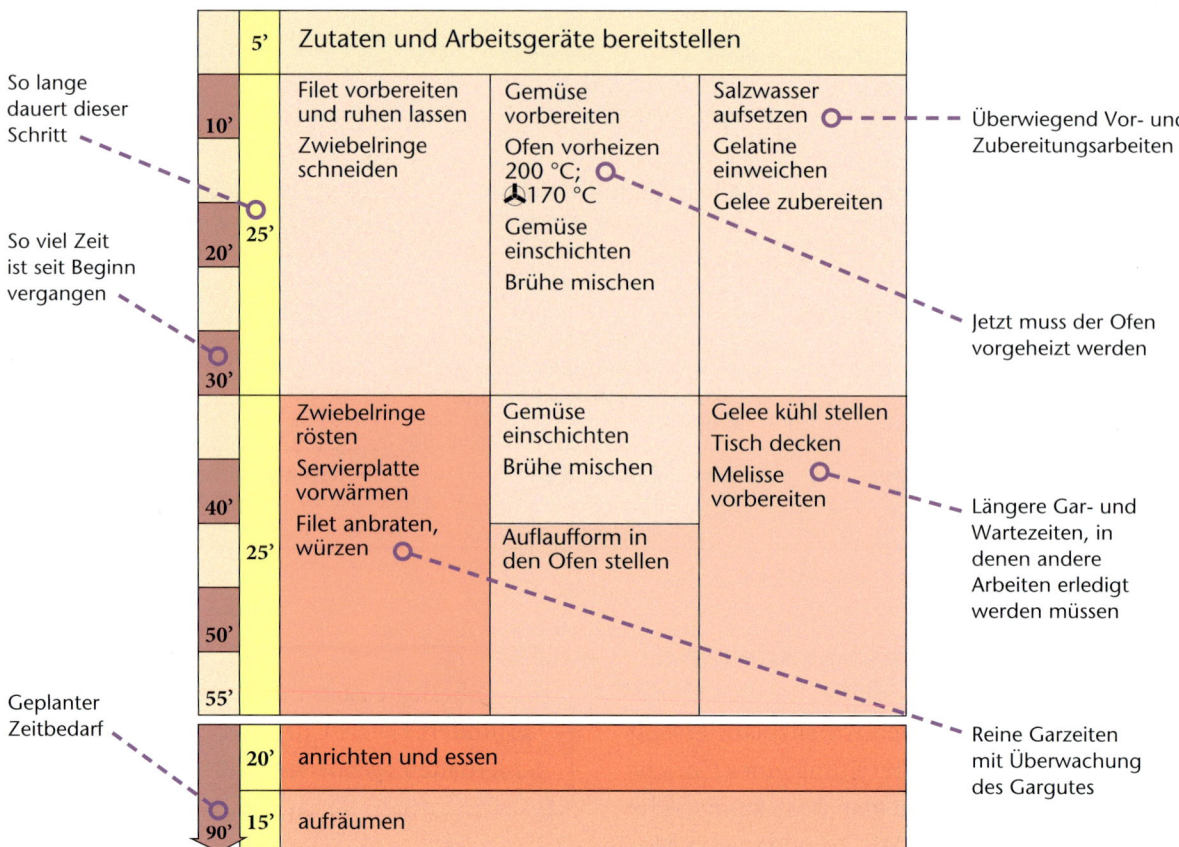

5'	Zutaten und Arbeitsgeräte bereitstellen		

So lange dauert dieser Schritt

So viel Zeit ist seit Beginn vergangen

Geplanter Zeitbedarf

10' · 25' · 20' · 30'

Filet vorbereiten und ruhen lassen
Zwiebelringe schneiden

Gemüse vorbereiten
Ofen vorheizen 200 °C; 170 °C
Gemüse einschichten
Brühe mischen

Salzwasser aufsetzen
Gelatine einweichen
Gelee zubereiten

Überwiegend Vor- und Zubereitungsarbeiten

Jetzt muss der Ofen vorgeheizt werden

40' · 25' · 50' · 55'

Zwiebelringe rösten
Servierplatte vorwärmen
Filet anbraten, würzen

Gemüse einschichten
Brühe mischen
Auflaufform in den Ofen stellen

Gelee kühl stellen
Tisch decken
Melisse vorbereiten

Längere Gar- und Wartezeiten, in denen andere Arbeiten erledigt werden müssen

Reine Garzeiten mit Überwachung des Gargutes

20'	anrichten und essen
90' · 15'	aufräumen

Beispiel eines Arbeitsplans: Drei Schüler bereiten im Team Schweinefilet – Überbackene Gemüseplatte – Fruchtgelee

Der Arbeitsplan

Bei der Arbeitsplanung müssen die einzelnen Arbeitsschritte in eine sinnvolle Reihenfolge gebracht werden. Bei einer guten Planung werden Arbeitsschritte so miteinander verzahnt, dass keine Leerlaufzeiten (Wartezeiten) entstehen. Dafür muss man wissen, was mit welchem Verfahren hergestellt werden soll und welche *Arbeitsschritte* dafür notwendig sind. Schließlich ist die Frage zu klären, zu welchem Zeitpunkt die Arbeit vollendet werden muss.

Die Spaltenschreibweise in einem Arbeitsplan hilft, Arbeiten in Gruppen aufzuteilen. Durch geschickte Organisation und überlegtes Ineinanderarbeiten wird erheblich Zeit eingespart.

Ordnungsarbeiten wie Abwaschen und Aufräumen werden am besten nach einem Ämterplan, beispielsweise Spülamt, Trockenamt, Herdamt, Ordnungsamt, auf die Schüler einer Kochgruppe verteilt.

Tipps zum Erstellen eines Arbeitsplans

- Aufgabe in Arbeitsschritte einteilen und benötigte Zeit abschätzen.
- Arbeitsweise überlegen (im Sitzen oder Stehen).
- Günstige Reihenfolge festlegen.
- Zubereitung in Stichpunkten erklären.
- Einsatz technischer Geräte überlegen (Hand oder Maschinenarbeit; Elektroherd: Funktions- und Temperaturschalter).
- Arbeitsmittel und Geräte bereitstellen, z.B. Backform für Kuchen.
- Arbeitsgänge kombinieren (Wartezeiten während der Garzeit nutzen).
- Möglichkeiten für Reinigungs- und Aufräumarbeiten mit einbeziehen.
- Arbeitspausen einplanen.
- Gesamtarbeitszeit berechnen und daraus den Arbeitsbeginn festlegen.

Uhrzeit	Jan	Sandra	Antonia
5.30	Aufstehen und persönliche Hygiene	Aufstehen und persönliche Hygiene	
6.00	Frühstückvorbereiten		Aufstehen und persönliche Hygiene
6.15	Gemeinsames Frühstück		
6.30	Verlassen des Hauses Erwerbsarbeit		
7.00		Aufräumen	Schulsachen überprüfen und Schulfrühstück einpacken
7.15		Verlassen des Hauses Erwerbsarbeit	Verlassen des Hauses Schule

Beispiel für einen Teil eines Tagesplans

Tag	Jan	Sandra	Antonia
Montag		Wäsche waschen	
Dienstag	Wäsche bügeln	Behördengang	Wäsche zusammenlegen Musikschule
Mittwoch			

Wochenplan

Der Arbeitsplan ist ein Hilfsmittel zur Beschreibung von Arbeitsabläufen. Er dient dazu, eine Arbeit termingerecht zu beenden.

Planung ist das richtige Verteilen von Arbeit und Zeit.

Tages- und Wochenpläne entwickeln

Kein Tag ist wie der andere, viele Arbeiten müssen in Kombination und möglichst gleichzeitig erledigt werden. Anforderungen und die Bedürfnisse wechseln. Chaotisch ist ein Haushalt, wenn niemand ihn plant oder steuert, wenn sich niemand verantwortlich fühlt und jeder nur kommt und geht, nach Belieben Dinge nimmt und liegen lässt. Eine gute Planung ist die beste Voraussetzung für ein gutes Ergebnis, egal ob es um den Bau eines Hauses oder das Kochen eines Menüs geht. Sind Arbeitsabläufe schlecht geplant, können unter Umständen Termine nicht eingehalten werden.

1 Erstelle selbst einen Arbeitsplan anhand einer aus dem Unterricht bekannten Speisenabfolge und untersuche, wie viel Zeit du für die einzelnen Arbeitsschritte einplanen musst.

★ 2 Erstelle einen persönlichen Tagesablaufplan und vergleiche diesen mit deinen Mitschülern. Begründe Gemeinsamkeiten und Unterschiede.

★★ 3 Erstelle einen Wochenplan und analysiere, welche Arbeitsabläufe optimiert werden können. Schlage eine bessere Verteilung der Arbeiten vor.

Einkaufen mit Köpfchen

Das Einkaufen von Gütern ist aufgrund der Vielfalt der angebotenen Waren für den Verbraucher heute schwieriger als es früher war. Kenntnisse über Qualitätsmerkmale, Preisbildung und Rechte des Verbrauchers sind notwendige Voraussetzungen für eine überlegte Kaufentscheidung. Bei einem planlosen Einkaufsverhalten werden die Entscheidungen oft spontan getroffen. Man unterliegt den Verlockungen der Werbung und gibt mehr Geld aus, als man eigentlich möchte.

Planvolles Einkaufen umfasst alle Kaufentscheidungen. Nicht nur der Lebensmitteleinkauf muss überlegt werden, sondern auch die Einkäufe aller anderen Gegenstände des täglichen Bedarfs. Dazu gehören u. a. Hygieneartikel, Schulsachen, Haushaltswaren usw. Bei teuren Anschaffungen ist der Informationsbedarf höher. Hier muss man außerdem genau überlegen, ob das vorhandene Geld ausreicht.

Wo und was eingekauft wird, ist vor allem von der Struktur des Haushalts abhängig. Ein Single hat andere Bedürfnisse als eine Familie mit Kindern. Je nach persönlicher Einstellung, finanziellen und örtlichen Gegebenheiten werden verschiedene Einkaufsstätten genutzt.

Gut geplant – Geld gespart

Bei Lebensmitteln sollte man genau hinsehen. Hier sind die Qualitätsunterschiede oft nicht so leicht zu erkennen. Eine bunte Verpackung und ein niedriger Preis verleiten vielleicht zum Kauf, sind aber keine Garantie für Qualität.

> Überlege vor jedem Einkauf, was du zu welchem Zweck und in welcher Menge einkaufen willst, damit zu Hause keine Lebensmittel verderben.

Rationell einkaufen – der Einkaufszettel
- Fehlende Lebensmittel sofort notieren.
- Lebensmittel nach Warengruppen sortieren.

Käseschaschlik

Zutaten	Zubereitung
200 g Edamer Käse, gewürfelt 150 g Zervelatwurst gewürfelt 200 g Weintrauben, 8 kleine Tomaten 1 Gemüsepaprika, gewürfelt	abwechselnd auf kleine Spieße stecken, mit einer Tomate beginnen und enden
1 Ei	vorsichtig aufschlagen, Eiklar und Eigelb in zwei Tassen trennen, Eiklar auf einen Teller geben, Spieße darin wenden, damit der Käse nicht zerläuft
	Backzeit: 10 Minuten bei 180 °C Umluft auf dem Rost

Tipp: Als Beilagen Butterbrote und Salat der Saison reichen.

Buttermischungen

Zutaten	Zubereitung
300 g Butter in weicher Konsistenz	mit einem Schneebesen geschmeidig rühren und die verschiedenen Geschmacksträger einrühren
Currybutter 1 Tl. Currypulver, 1 Msp. Salz und 1 Tl. Apfelmus	in 100 g weicher Butter verrühren
Meerrettichbutter 1 El. geriebener Meerrettich, 1 Prise Salz ½ Tl. Zucker, wenige Tropfen Essig	in 100 g weicher Butter verrühren
Kräuterbutter 1 El. gehackte Kräuter (Dill, Petersilie, Kresse) ein paar Tropfen Zitrone 1 Msp. Knoblauchsalz	vermischen, der restlichen weichen Butter zugeben

- Einen Großeinkauf pro Woche planen, nur frische Waren täglich und in Maßen kaufen.

Preisbewusst einkaufen
- Preisvergleiche anstellen.
- Aufpassen bei Lockangeboten.
- Mengenangaben beachten und nicht auf Mogelpackungen hereinfallen.
- Möglichst mit Bargeld bezahlen.

Umweltbewusst und sozial einkaufen
- Saison geht vor ganzjährlich – kurze Transportwege sichern einen geringeren CO_2-Ausstoß.
- Nachfüllverpackungen bevorzugen.
- Mehrwegpackungen bevorzugen – die Glasflasche ist wesentlich umweltfreundlicher als die PET-Einwegflasche.

- Öko statt konventionell – ökologische Lebensmittel sind weniger oder gar nicht schadstoffbelastet.
- Transfair geht vor – es ist die Grundlage für sozial faire Preise für die Hersteller.

Der Einkaufszettel hilft dir, sparsam und zielgerichtet einzukaufen. Du kaufst nur das, was auch wirklich benötigt wird. Gehe zielstrebig einkaufen, schlendere nicht zu langsam durch die Gänge.

1 Schreibe einen Einkaufszettel für die Zutaten des Rezepts „Käseschaschlik". Kaufe ein und probiere das Rezept aus. Überprüfe vor dem Einkauf, welche Zutaten noch vorrätig sind.

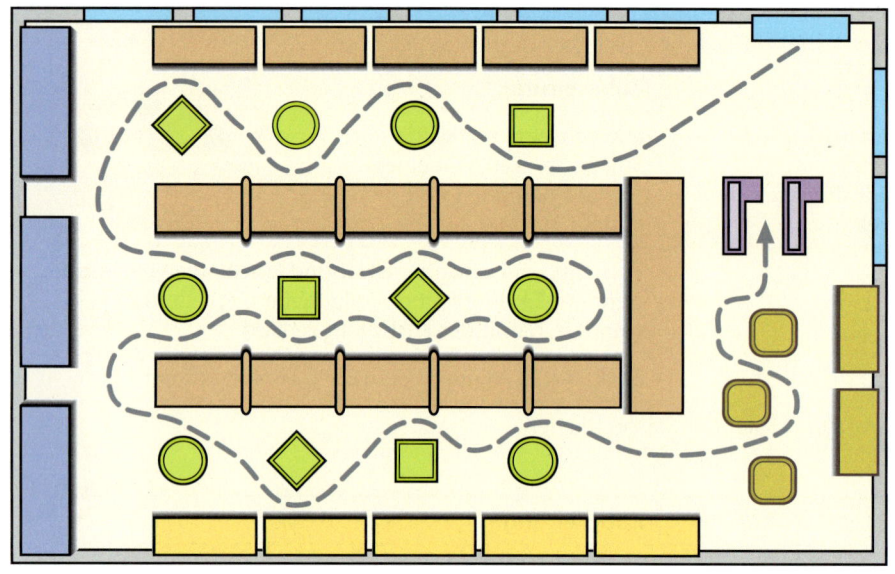

Der Weg des Konsumenten durch den Supermarkt

Legende:
- ● Gefragte Artikel wie Käse, Fleisch, Wurst, Milchprodukte
- ● Artikel, die fast täglich eingekauft werden, wie Brot + Gebäck, Obst + Gemüse
- ● Stopper und Schüttkörbe mit Sonderangeboten
- ● Gondeln im Kassenraum

Verführung Supermarkt

Mehr Umsatz durch lange Wege
Für den Käufer ist im Supermarkt ein ganz bestimmter Weg vorgesehen. Er soll an möglichst vielen Produkten vorbeikommen. Dadurch soll er zum Kauf weiterer Produkte angeregt werden.

Der Trick mit dem Wagen
Im Laufe der Zeit wurden die Einkaufswagen immer größer – damit der Kunde der Illusion erliegt, es befänden sich erst wenige Waren darin, und weitere Waren einlädt. Planst du nur einen kleinen Einkauf, dann nutze einen Korb. Der große Wagen verführt dazu, mehr als nötig zu kaufen.

Augenhöhe ist gewinnbringend
So wie die Anordnung der einzelnen Abteilungen im Laden, so ist auch die Aufteilung der einzelnen Waren in den Regalen keinesfalls dem Zufall überlassen. Produkte in Augenhöhe werden am meisten gekauft und sie sind meist teuer. Die günstigen Produkte stehen im Regal nicht nur ganz unten, wohin wir uns nur ungern bücken, sondern oft auch ganz am linken Rand, wo wir sie eher übersehen. Auch Produkte für Kinder sind so platziert, dass sie in deren Blickfeld sind und Aufmerksamkeit erregen.

Bremszonen stoppen den Käuferstrom
Verbringen Kunden mehr Zeit im Supermarkt, dann kaufen sie auch mehr. Deshalb müssen Leute, die einen Supermarkt betreten, erst einmal abgebremst und auf den Einkauf vorbereitet werden. Das geschieht durch Dreh- oder Schiebetüren, die sich erstaunlich langsam bewegen. Damit man die Regalgänge nicht zu schnell passiert, wird man durch so genannte Schüttkörbe aufgehalten. Angebote in Schüttkisten kritisch prüfen. Oft sind es keine Preiskracher. Schnell ist der Korb voll und der Geldbeutel leer.

Der Trick mit dem Spiegel
Ein reiches Angebot erhöht die Kauflust. Spiegel täuschen uns eine gar nicht vorhandene Warenfülle vor. Vor allen in Obst- und Gemüseabteilungen sind häufig Spiegel angebracht.

Spiegelnder Boden
Damit sich die Kunden schön langsam durch das Geschäft bewegen und mehr kaufen, werden ihnen nicht nur Truhen und Körbe in den Weg gestellt, sie müssen mitunter auch auf spiegelnden Böden laufen. Denn was glatt aussieht, bremst das Tempo.

Einkaufsstätten im Vergleich

Die Nase kauft mit

Der Duft von frischen Backwaren regt Appetit und Kauflust an. Manche Supermärkte leiten daher die Abluft des Brotbackautomaten in den Verkaufsraum. Andere Läden setzen sogar künstliche Aromen ein, um die Kauflust zu fördern.

Wer kostet, kauft

Wie nett von den Verkäufern, dass wir hier auch mal probieren können. Das ist raffiniert, denn viele Kunden fühlen sich danach verpflichtet, die Waren zu kaufen.

Rot gleich billig. Oder?

Ist ein Produkt mit einem roten Preisschild gekennzeichnet, hält man es automatisch für günstiger. Das muss aber nicht so sein.

> Die Einrichtung eines Supermarktes ist so gestaltet, dass möglichst viel gekauft wird.

Einkaufsstätten

Unsere Lebensmittel kaufen wir häufig im Supermarkt, beim Discounter oder auf dem Wochenmarkt. Für andere Güter des täglichen Bedarfs, zum Bespiel Bekleidung oder Haushaltsartikel, gibt es noch weitere Einkaufsquellen:

- Einkaufszentren
- Warenhäuser
- Versandhandel
- Fachgeschäfte
- Internet

Bei so vielen unterschiedlichen Einkaufsmöglichkeiten ist es unerlässlich, zu vergleichen und die jeweils am besten geeignete Einkaufsquelle für sich zu nutzen. Dabei sollten nicht nur der Preis der Ware, sondern auch der Service, wie Beratung, Kundendienst und Kundennähe, sowie Garantieleistungen miteinander genau verglichen werden.

1 Begründe, weshalb oft mehr als nötig eingekauft wird.

2 Recherchiere Verkaufsstrategien unterschiedlicher Einkaufsstätten. Erläutere, warum sich die Strategien unterscheiden.

★ 3 Lege dar, was unter Zielgruppenwerbung zu verstehen ist.

★ 4 Führe eine Erkundung in einem Supermarkt durch und überprüfe die Verkaufsstrategien.

★★ 5 Untersuche verschiedene Werbeprospekte: Werte nach den Kriterien Werbemittel, Verkaufsversprechungen, Preisangaben aus.

6 Formuliere weitere Aspekte von Verkaufsstrategien der Supermärkte.

7 Entwickle Gegenstrategien, die du als Käufer umsetzen kannst.

Vorratshaltung im privaten Haushalt

Vorratshaltung im Privathaushalt meint die Bevorratung oder das Lagern von Lebensmitteln aller Art. Gelagert werden sowohl frische als auch konservierte Produkte, die eine lange Lagerfähigkeit haben. Viele Menschen denken bei der Haushaltsführung viel zu wenig über den Sinn einer Vorratshaltung nach. Dabei besitzt sie eine enorme Bedeutung. Bei den Vorräten unterscheidet man prinzipiell zwischen Trockenbevorratung, also den Lebensmitteln, die bei Zimmertemperatur in Vorratsschränken lagern können, und den zu kühlenden Lebensmitteln, die in den Kühlschrank oder die Tiefkühltruhe gehören. Einen Überblick findest du auf Seite 17.

In früheren Jahrhunderten diente die Vorratshaltung als Vorsorge für Notzeiten, in denen wenig oder keine Lebensmittel vorhanden waren. Vorratshaltung war lebensnotwendig, denn sie bewahrte vor dem Verhungern. Zusätzlich sorgte die Vorratshaltung dafür, dass man während des Winters, aber auch im Frühjahr auf genügend Lebensmittel zurückgreifen konnte, die in dieser Zeit im Garten oder im Handel nicht vorhanden waren. Der Zweck der Vorratshaltung hat sich heute gewandelt. Lebensmittel aller Art werden das ganze Jahr über angeboten und die Wahrscheinlichkeit, in unserer Gesellschaft zu verhungern, ist äußerst gering. Dennoch hat die Vorratshaltung im Privathaushalt weiterhin einen hohen Stellenwert: Zum einen erleichtert sie die Organisation im eigenen Haushalt enorm, zum anderen lässt sich durch eine organisierte Vorratshaltung auch viel Geld sparen. Dieser Aspekt gewinnt gerade in wirtschaftlich schwierigen Zeiten mehr und mehr an Bedeutung.

> Ein Vorrat spart Wege, Zeit und Geld. Er bringt Abwechslung in den täglichen Speisezettel und macht unabhängig von Markt und Saison.

Vorratshaltung gut organisieren

Über eine gezielte Vorratshaltung sollte man also durchaus nachdenken. Werden Vorräte zentral an einem Ort der Küche, z. B. in einem geräumigen Schrank oder sogar in einem Keller gelagert, hat man einen guten Überblick über die gesamten Vorräte. So kann es eher selten vorkommen, dass Lebensmittel gekauft werden, die schon im Schrank stehen und somit gar nicht gebraucht werden.

Vorratsarten			
Trockenvorrat und Konserven	**Frischvorrat**	**Tiefkühlvorrat**	**Saisonvorrat**
Reis, Nudeln, Mehl Hülsenfrüchte, Haferflocken Knäckebrot und Zwieback Fischkonserven, Gemüsekonserven, Obstkonserven	Obst, Gemüse, Salat, Milch, Milchprodukte Eier, Butter, Fleisch und Wurst Fisch und frische Speisen	Gemüse, Obst, Fleisch, Fisch zubereitete und portionierte Speisen Brot und andere Backwaren	Äpfel, Kartoffeln, Karotten, Zwiebeln
Lagerung			
Ohne Energieaufwand Vorratsschrank, Regal, Speisekammer Kühl, trocken, dunkel, luftig	Energie erforderlich Kühlschrank mit richtiger Temperatureinstellung	Energie erforderlich Tiefkühlschrank oder Tiefkühltruhe mit einer Lagertemperatur von minus 18 °C Es darf sich keine Eisschicht bilden.	Ohne Energieaufwand Vorratsschrank oder Keller Kühl, trocken, frostfrei, luftig
Zwischen 6 Monaten und einem Jahr haltbar	Nur kurzfristig haltbar	Lagerzeit abhängig vom Produkt	Bei regelmäßiger Kontrolle Wochen bis Monate haltbar

Ist genügend Platz vorhanden, können günstige Sonderangebote besser genutzt werden. Durch Bevorraten und Einlagern kann man so auch außerhalb der Saison die Vielfalt regionaler Lebensmittel nutzen und muss nicht auf Produkte aus Übersee zurückgreifen, was aus ökologischer Sicht positiv ist.

Der größte Sparfaktor ist aber sicher der, dass man bei einer gezielten und zentralisierten Vorratshaltung viel besser im Blick hat, welche Mengen noch vorhanden sind, wann das Mindesthaltbarkeitsdatum erreicht ist, sodass weitaus weniger Lebensmittel weggeworfen werden müssen.

Vorratsarten und Lagerung

Vorratshaltung schafft Freiräume durch Zeitverlagerung: Einmal kochen und einfrieren, mehrmals essen mit wenig Vorbereitungszeit. Selbsteingefrorene Vorräte lassen sich gut vorportionieren.

Eine umfangreiche Vorratshaltung reduziert die Häufigkeit von Einkäufen.

Vorratshaltung verlangt überlegte Planung und zweckmäßigen Einkauf sowie eine sachgerechte Lagerung und Überprüfung der Lebensmittel.

> Ein sachgerecht gelagerter Vorrat spart Zeit, Kraft und Geld.

1 Überprüfe in deinem Haushalt die Bevorratungsmöglichkeiten. Schreibe auf, welche Lebensmittelgruppen bevorratet wurden. Nutze als Beispiel dazu die Tabelle auf dieser Seite.

2 Gibt es Lebensmittel, die zu lange gelagert sind? Schreibe sie auf.

3 Welche Konsequenzen habt ihr aus dem Ergebnis der Überprüfung gezogen? Begründe.

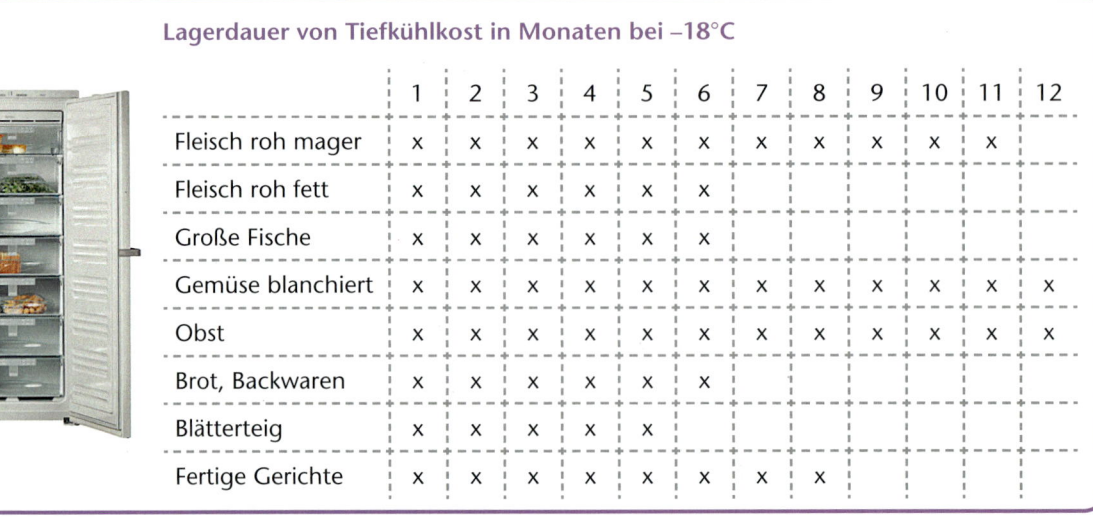

Lagerdauer von Tiefkühlkost in Monaten bei –18°C	1	2	3	4	5	6	7	8	9	10	11	12
Fleisch roh mager	x	x	x	x	x	x	x	x	x	x	x	
Fleisch roh fett	x	x	x	x	x	x						
Große Fische	x	x	x	x	x	x						
Gemüse blanchiert	x	x	x	x	x	x	x	x	x	x	x	x
Obst	x	x	x	x	x	x	x	x	x	x	x	x
Brot, Backwaren	x	x	x	x	x	x						
Blätterteig	x	x	x	x	x							
Fertige Gerichte	x	x	x	x	x	x	x	x				

Sachgerechtes Tiefgefrieren hilft sparen

Die Mehrzahl der Haushalte verfügt über einen Kühlschrank, die meisten besitzen auch ein Tiefkühlgerät. Die Vorratshaltung eines privaten Haushaltes besteht heute hauptsächlich aus gekühlten und tiefgefrorenen Lebensmitteln, die meist im Supermarkt günstig gekauft wurden. Diese werden beim Haltbarmachen schockgefroren.

Schockgefrieren in der Industrie

Tiefkühlkost wird industriell und weitgehend auch maschinell gefertigt und gelangt über verschiedene Vertriebswege, wie dem Handel oder Heimdienste, zum Verbraucher.

> Schockgefrieren heißt, dass die Lebensmittel sehr schnell eine Temperatur von –25 °C bis –40 °C erreichen.

Es entstehen winzige Eiskristalle in den Zellen und in den Zellzwischenräumen. Damit wird erreicht, dass die Zellwände des Lebensmittels nicht zerstört werden. Das Lebensmittel verliert damit nicht seine Konsistenz, wird nicht matschig und auch andere Eigenschaften, z. B. die Aromaentwicklung, sind mit denen frischer Lebensmittel durchaus vergleichbar. Deshalb schmecken schockgefrorene Lebensmittel ähnlich wie das frische Produkt.

Das Tiefgefrieren ist eines der schonendsten Haltbarmachungsverfahren, denn die Nähr- und Wirkstoffe in tiefgefrorenen Lebensmitteln, wie z. B. Vitamin C, bleiben größtenteils erhalten. Die Lagertemperatur in heimischen Tiefkühltruhen, aber auch Tiefkühlfächern im Kühlschrank, beträgt –18 °C. Damit ist gewährleistet, dass die Lebensmittel nicht verderben können. Mikroorganismen stellen bei dieser Temperatur ihr Wachstum ein. Bei höheren Temperaturen werden sie jedoch sofort wieder aktiv. Deshalb sollte man die Temperatur regelmäßig kontrollieren.

Schockfrosten zu Hause mit dem eigenen Tiefkühlgerät

Um im Haushalt schockfrosten zu können, wird ein Gerät mit dem Vier-Sterne-Symbol benötigt. Das Frostfach sollte leer sein und eine Temperatur von mindestens –30 °C haben. Das Produkt wird in dieses Fach gelegt und bis zum Kern durchgefroren. Jetzt reicht wieder die Lagertemperatur von –18 °C. Die Lagerzeit ist unterschiedlich. Sie kann je nach Art des tiefgefrorenen Lebensmittels wenige Monate bis zu einem Jahr betragen.

Gratinierte Gemüsesuppe der Saison

Zutaten	Zubereitung
1 kleine Stange Lauch	längs halbieren, waschen, in feine Streifen schneiden
2–3 Karotten 1 Petersilienwurzel ¼ Sellerieknolle	putzen, waschen, schälen und in Würfel schneiden
2 El. Öl	erhitzen und Gemüse andünsten
1 l Brühe	angießen
½ Tasse Tiefkühlerbsen 2 El. Tomatenmark	zugeben
	Garzeit ca. 20 Minuten
	Suppe in eine Tasse füllen
100 g geriebenen Käse	aufstreuen
	kurz überbacken bei 200 °C, bis der Käse leicht braun ist
2 Scheiben Toastbrot	würfeln
10 g Butter	leicht anrösten (Croûtons)
1 kleine Zwiebel	in Ringe schneiden, rösten
Kräuter nach Wahl	mit Zwiebel auf die fertige Suppe geben, sofort servieren

Tipp: Doppelte Menge herstellen und die Hälfte tiefgefrieren. Das spart Zeit!

Verdampferfach mit: ⚹
(mindestens – 6 °C)
Lagerdauer von Gefriergut und Eis
1 bis 3 Tage

Verdampferfach mit: ⚹⚹
(mindestens – 12 °C)
Lagerdauer von Gefriergut und Eis
3 bis 14 Tage

Verdampferfach mit: ⚹⚹⚹
(mindestens – 18 °C)
Lagerdauer von Gefriergut und Eis
2 bis 3 Monate

Verdampferfächer, die mit: ⚹⚹⚹⚹ gekennzeichnet sind, eignen sich nicht nur zum Lagern, sondern auch zum Einfrieren kleiner Mengen von Lebensmitteln.

Weiterverarbeiten der Lebensmittel

Tiefkühlgeräte erlauben es, verderbliche Lebensmittel für lange Zeit und nahezu ohne merkliche Qualitätseinbußen aufzubewahren. Dennoch ist richtiges Auftauen entscheidend für die Qualität und den Geschmack. Viel zu oft kommen nach dem Auftauen matschige Früchte, zähes Fleisch und trockenes Brot zum Vorschein.

Als Regel gilt: Der Kühlschrank ist der beste Ort zum Auftauen. Er sichert die durchgängige Kühllagerung verderblicher Lebensmittel.

Aufgetaute Lebensmittel sind sofort zu verarbeiten. Werden sie gegart, können sie noch einmal tiefgefroren werden.

1 Charakterisiere Haushaltssituationen, in denen die Verwendung von Tiefkühlprodukten sinnvoll ist.

★ 2 Teste ein Lebensmittel deiner Wahl. Vergleiche das frische Produkt, das tiefgefrorene Produkt und das eingeweckte Produkt. Lege neben Geschmack und Preis weitere Prüfkriterien fest. Fünf Mitschüler/-innen führen den gleichen Test durch und werten ihn aus.

Planung und Organisation eines Haushalts

Kompetent planen und einkaufen

A **Aufbau von Regalen im Supermarkt**

Regale werden nach einem bestimmten Prinzip aufgebaut: Oben befinden sich nur schwer erreichbare Artikel (*Streckzone*), in der Mitte befinden sich Produkte, die bestmöglich verkauft werden sollen (*Sichtzone*) und ganz unten stehen Artikel, die nicht in großen Mengen verkauft werden sollen (*Bückzone*).

Die Sicht- und die Greifzone sind den ertragsstärksten Waren vorbehalten.

Bezeichnung	Höhe
Streckzone	Größer 180 cm
Sichtzone	140–180 cm
Greifzone	60–140 cm
Bückzone	Kleiner als 60 cm

B **Verkaufsstrategien**

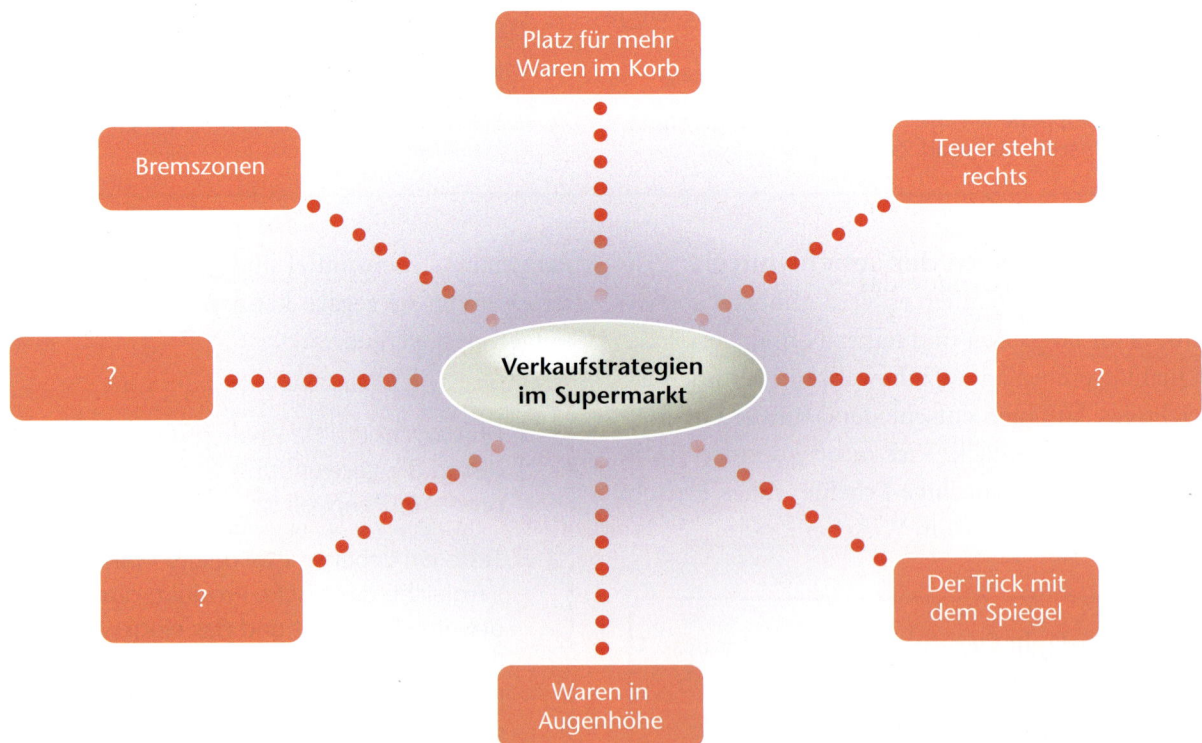

C Werbung

Werbung dient der gezielten Beeinflussung des Menschen, um mehr Produkte zu verkaufen.

Dabei werden oftmals Bedürfnisse geweckt, an die man bei der Planung des Einkaufszettels noch gar nicht gedacht hat. Wenn das gelingt, wird der Absatz des Händlers steigen und das Ziel der Werbung ist erfüllt. Aber Vorsicht, du gibst mehr Geld aus, als du geplant hast. Das kann deine Kasse stark belasten, wenn es keine finanziellen Reserven gibt. Erst nachdenken – dann zugreifen!

Werbebotschaften erreichen uns auf verschiedenen Wegen. Werbeträger sind Plakate, Tageszeitungen, Zeitschriften, Radio, TV-Werbung und andere Medien. Viele Produkte, die beworben werden, finden wir im Supermarkt wieder.

D Stimmungen verführen

(1) „Mit Geruch kann man uns wie mit einer Fernbedienung steuern. So sollen etwa leichte Vanilledüfte bei Frauen und würzige Aromen bei Männern den Konsum fördern."

(2) „ Studien belegen, was viele ahnen: Menschen nutzen das Einkaufen gezielt, um ihre Gefühle zu regulieren – um Ängste oder miese Stimmung zu vertreiben, aber auch um gute Momente zu erleben. Die Industrie nutzt das einerseits, um uns Produkte zu verkaufen. Auf der anderen Seite macht Einkaufen an sich, zumindest kurzfristig, glücklich. Es regt das Belohnungszentrum im Gehirn an. Manche Menschen werden sogar süchtig danach."

(Alexander von Hennig, Professor für Betriebswirtschaftslehre und Handelsmanagement)

Wichtige Begriffe

Privater Haushalt	Einkaufsregeln
Haushaltsplanung	Einkaufsstätten
Hausarbeit	Werbung
Arbeitsplan	Vorratshaltung

Wissen und erklären

1 Erklärt euch gegenseitig die wichtigen Begriffe und notiert diese im Heft.

2 Nennt die Aufgaben im privaten Haushalt.

3 Finde drei versteckte Verkaufsstrategien für die Felder mit Fragezeichen (B). Erläutere, warum es wichtig ist, Verkaufsstrategien von Supermärkten und anderen Einkaufsstätten zu kennen.

4 Begründe, warum eine geplante Vorratshaltung Zeit und Geld spart.

Informationen beschaffen und auswerten

5 Bereitet eine Supermarkterkundung vor. Erarbeitet nach einem Rezept, das ihr in der Schulküche zubereiten wollt, einen Einkaufszettel. Vergleicht in einem Supermarkt und einem Discounter die Preise für die benötigten Produkte. Begründet das Ergebnis.

6 Analysiert in beiden Einkaufsstätten die Anordnung der Produkte in verschiedenen Regalen. Vergleicht eure Beobachtungen mit den Hinweisen unter (A): Treffen die Hinweise zu?

7 Benennt mögliche Schlussfolgerungen für einen nächsten Einkauf.

8 Stellt dar, mit welchen Werbeträgern und Werbebotschaften für Produkte im Supermarkt geworben wird. (C)

9 Beurteilt, ob Sparangebote, die beworben werden, den eigenen Geldbeutel schonen. (C)

Beurteilen, entscheiden und handeln

10 Interpretiere und bewerte die beiden Zitate in der linken Spalte (D).

Planung und Organisation eines Haushalts

M **Wir erkunden eine Einkaufsstätte**

Um genau zu verstehen, wie ein Supermarkt aufgebaut ist, eignen sich am besten ein direkter Besuch im Supermarkt und die Befragung eines Mitarbeiters.

Die Erkundung muss gut geplant sein. Hierzu gehört die Absprache mit der Supermarktleitung. Dafür kann eine Schülergruppe die Verantwortung übernehmen. Damit die Erkundung erfolgreich ist, werden geeignete Methoden eingesetzt. Das sind z. B. das gezielte Beobachten, das Führen eines Interviews, das Protokollieren von Erfahrungen. Auch die Nachbereitung ist unerlässlich. Sie beinhaltet den Austausch über die unterschiedlichen Eindrücke.

1

Vorbereitung
- Zielbestimmung: Was wollen wir mit der Erkundung erreichen?
- Was können wir beobachten und was müssen wir erfragen?
- Erkundungsfragen formulieren, evtl. Fragebogen vorbereiten.
- Bei Supermarkt: Erlaubnis des Filialleiters einholen.
- Höflichkeitsformen einüben und anwenden. Wie wollen wir uns bedanken?

2

Durchführung
- Erkunden, ohne die Abläufe zu stören!
- Skizzen anfertigen.
- Wenn es erlaubt ist, Fotos anfertigen.
- Festhalten und dokumentieren der Ergebnisse in einem Protokoll.

3

Auswertung
- Beobachtungen und Ergebnisse zusammentragen und auswerten.
- Sind noch Fragen offen geblieben?
- Wie sollen die Ergebnisse dargestellt werden (Plakat, Galeriegang, …)?
- Was war gut? Was sollte beim nächsten Mal verbessert werden?

Der DGE-Ernährungskreis (© Deutsche Gesellschaft für Ernährung e.V., Bonn)

10 Regeln zur vollwertigen Ernährung (DGE 2010)

1. Vielseitig essen
2. Reichlich Getreideprodukte – und Kartoffeln
3. Gemüse und Obst – „Nimm 5 am Tag"
4. Täglich Milch und Milchprodukte, ein- bis zweimal in der Woche Fisch; Fleisch, Wurstwaren sowie Eier in Maßen
5. Wenig Fett und fettreiche Lebensmittel
6. Zucker und Salz in Maßen
7. Reichlich Flüssigkeit
8. Schmackhaft und schonend zubereiten
9. Sich Zeit nehmen und genießen
10. Auf das Gewicht achten und in Bewegung bleiben

Vollwertig essen – aber wie?

Modelle geben Hilfe

Der Ernährungskreis und die Ernährungspyramide sind Modelle, die als Orientierungshilfe bei der Auswahl von Lebensmitteln dienen. Die richtige Wahl ist wichtig, denn nur durch eine abwechslungsreiche Kost in der richtigen Zusammensetzung erhält der Körper genau die Menge an Nährstoffen und Wirkstoffen, die er für Wohlbefinden, Gesundheit und Leistungsvermögen benötigt.

Der zentrale Innenkreis symbolisiert die Flüssigkeiten bzw. Getränke, die die Grundlage der Ernährung darstellen. Der ihn umgebende Kreisring ist in sechs verschiedene Segmente eingeteilt, die für die verschiedenen Lebensmittelangebote stehen. Die Segmentgröße symbolisiert die Bedeutung der einzelnen Lebensmittelgruppen für eine vollwertige Ernährung. Lebensmittel in den großen Feldern sollen häufiger verzehrt werden. Auf den ersten Blick wird klar, dass pflanzliche Kost eindeutig zu bevorzugen ist. Tierische Produkte sollten hingegen eher ergänzend eingesetzt werden. Lebensmittel aus der 1. Gruppe haben eher Vorrang. Sie enthalten viel Stärke sowie Eisen, Magnesium, Vitamine und Ballaststoffe. Die Lebensmittel aus der Gruppe 6 (Fette) sollen zwar nur mäßig verwendet werden, dennoch sind sie wichtig.

Extras: Knabbereien, Süßes, fette Snacks

Fette und Öle

Milch und Milchprodukte, Fisch, Fleisch, Wurst, Eier

Brot, Getreide und Beilagen

Gemüse, Salat und Obst

Getränke

Idee: Sonja Mannhardt, © aid infodienst

Die aid-Ernährungspyramide (© aid infodienst. Idee: S. Mannhardt)

Die Ernährungspyramide ist eine andere Darstellungsform für Ernährungsempfehlungen. Ebenso wie beim Ernährungskreis werden Verzehrmengen empfohlen. Dabei ist nichts verboten – allein die Menge ist entscheidend. Die breite Basis der Pyramide lässt auf einen Blick erkennen, welche Lebensmittel die Grundlage unserer Ernährung bilden und deshalb reichlich verzehrt werden können. Die schmale Spitze macht darauf aufmerksam, welche Lebensmittel nur begrenzt aufgenommen werden sollen. Getränke, vor allem Mineralwasser, sind das Fundament einer gesunden Ernährung. Gefolgt werden sie von Gemüse und Obst, die vor allem Vitamine, Mineralstoffe, Wasser und Ballaststoffe enthalten. Getreide und Getreideprodukte – bevorzugt aus Vollkornmehl werden besonders herausgehoben. Diese Lebensmittel sind sehr kohlenhydratreich und enthalten neben lebenswichtigen Vitaminen noch einen hohen Anteil an Ballaststoffen. Milch, Milchprodukte, Fleisch, Geflügel, Wurst, Fisch und Eier auf der vierten Ebene sind meist sehr fettreich und sollten daher eher sparsam verwendet werden. Milch und Milchprodukte dürfen reichlich verzehrt werden, dabei sollte man aber auf den Fettgehalt achten. In der Spitze befinden sich Fette, Öle, Süßigkeiten und andere Lebensmittel mit hohem Fettgehalt. Sie sollten nur in geringen Mengen verzehrt werden. Die Augenzahl der Würfel zeigt, wie viele Portionen von jeder Lebensmittelgruppe täglich gegessen werden sollen.

Um sich vollwertig zu ernähren, sollen täglich aus allen Gruppen, die in den Modellen zu erkennen sind, Lebensmittel verzehrt werden. Dabei ist auf Abwechslung und Frische zu achten.

★ 1 Analysiere deinen Tagesspeiseplan und ordne die Lebensmittel in die Ernährungspyramide ein. Schätze ab, wie viele Portionen du von den einzelnen Lebensmittelgruppen gegessen hast. Bewerte deinen Tagesspeiseplan.

2 Stelle mithilfe der Ernährungspyramide einen Tagesspeiseplan zusammen.

Wasserverlust (in Prozent) des Körpergewichts	Symptome	Wasserverlust in Liter	
		Kinder 10 Jahre, 30kg	Kinder 15 Jahre, 60kg
1%	Leichter Durst	0,3	0,3
2%	Verminderung der Ausdauerleistung Neigung zu Muskelkrämpfen	0,6	1,2
3–5%	trockene Haut und Schleimhäute, verminderter Speichel- und Harnfluss, Verminderung der Kraftleistung, Hautrötung	0,9–1,5	1,8–3

Symptome von Wassermangel

Wasser – Ursprung und Grundlage des Lebens

Für den Menschen ist Wasser – neben Licht und Sauerstoff – die kostbarste Lebensgrundlage. Menschen können bis zu 40 Tage ohne feste Nahrung auskommen, aber, je nach Außentemperatur, nur drei bis vier Tage ohne Wasser. Der Ernährungskreis und die Ernährungspyramide zeigen dir, dass du täglich ausreichend trinken sollst.

Der Wasserbedarf

Ein Flüssigkeitsverlust von 15 % des Gesamtwassergehaltes des menschlichen Körpers führt bereits zum Tod. Besonders Säuglinge reagieren sensibel auf Wasserverlust. Auch bei Krankheiten wie Durchfall oder Fieber muss auf eine erhöhte Flüssigkeitszufuhr geachtet werden. Wird Sport getrieben, der mit starkem Schwitzen verbunden ist, steigt der Flüssigkeitsbedarf auf bis zu ca. vier Liter an. Täglich verliert der Körper ca. 2,5 Liter Flüssigkeit, die möglichst schnell wieder ausgeglichen werden müssen – möglichst noch bevor sich ein Durstgefühl einstellt.

Täglich sollen zwei bis drei Liter Flüssigkeit zugeführt werden: mindestens eineinhalb Liter als Getränk, der Rest mit der Nahrung.

Empfehlenswerte Durstlöscher sind vor allem Mineralwasser, Saftschorlen, ungesüßte Früchte- und Kräutertees.

Das Durstempfinden

Durst ist immer ein Zeichen dafür, dass der Körper nicht genug Flüssigkeit bekommen hat. Wenn dem Körper Flüssigkeit fehlt, ist das Wohlbefinden beeinträchtigt. Müdigkeit, Gedächtnisstörungen, Konzentrationsschwäche und Reizbarkeit sind die Folge. Bereits bei einem Verlust von einem Prozent des Gesamtkörperwassers dickt das Blut ein. Die Fließfähigkeit wird verringert und das Gewebe nicht mehr optimal versorgt. Der Blutdruck sinkt und die Durchblutung der Haut

Man nehme …	Was siehst du?	Merke
Gib in ein Glas mit kaltem Wasser und in ein Glas mit kochendem Wasser je 1 Teelöffel gehackte Petersilie. Streue ebenso jeweils einige Teeblätter in Gläser mit kaltem bzw. kochendem Wasser. Vergleiche nach 15 Minuten Aussehen und Geschmack.	Das Wasser hat Farbe und Geschmack der Lebensmittel angenommen, und zwar das kalte Wasser weniger als das kochende.	Wasser ist ein Lösungsmittel. Wasserlösliche Stoffe wie Zucker, Salze, Farbstoffe, Geschmacksstoffe werden aus Lebensmitteln „ausgelaugt". • Wenn dies erwünscht ist, z. B. bei Tee oder Fleischbrühe, wird das Lebensmittel in heißes Wasser gegeben oder gekocht. Wenn das Auslaugen einen Verlust bedeutet, z. B. beim Salatwaschen, wird das Lebensmittel unzerkleinert kurz in kaltes Wasser gegeben.
Lege einen El. Linsen etwa 12 Stunden in kaltes Wasser und vergleiche sie dann mit einem El. trockener Linsen	Die Linsen sind größer und weicher geworden. Sie haben Wasser aufgenommen.	Wasser ist ein Quellmittel. Manche Lebensmittel brauchen zum Garen reichlich Flüssigkeit, z. B. getrocknete Gemüse und Reis.

Versuche mit Wasser

verschlechtert sich. Auch der Sauerstofftransport in die Muskelzellen ist vermindert.

Der Flüssigkeitshaushalt des Körpers

Der menschliche Körper besteht zu 50 bis 80 Prozent seines Gesamtgewichts aus Wasser. Der prozentuale Wasseranteil ist abhängig von Alter und Geschlecht, aber auch vom Anteil an Körperfett und Muskelmasse.

> Bei Kindern und Jugendlichen liegt der Wasseranteil je nach Alter und Geschlecht zwischen 60 und 70 Prozent.

Ein ausgeglichener Wasserhaushalt ist Voraussetzung dafür, dass alle wichtigen Körperfunktionen reibungslos ablaufen. Innerhalb von 24 Stunden durchströmen 1.400 Liter Blut das Gehirn. Die Nieren setzen sogar fast 2.000 Liter täglich um.

Aufgaben von Wasser im Körper

Wasser hat im Körper vielfältige Aufgaben. Es ist

• *Baustoff*
Wasser ist Bestandteil aller Körperflüssigkeiten wie Blut, Lymphe, Verdauungssäfte, Tränen und der Zellen.

• *Lösungsmittel*
Nahrungsbestandteile und Mineralstoffe werden in Wasser gelöst und so in die Zellen aufgenommen.

• *Quellmittel*
Ballaststoffe saugen sich mit Wasser voll. Sie erleichtern die Verdauung und den Transport durch die Därme.

• *Transportmittel*
Endprodukte des Stoffwechsels, wie z. B. Harnstoff, werden in Wasser gelöst und über die Nieren als Harn ausgeschieden.

• *Wärmeregulator*
Wasser wird in Form von Schweiß ausgeschieden und reguliert so die Körpertemperatur. Es schützt vor Überhitzung.

1 Führe die Versuche in der Tabelle oben durch.

★ 2 Begründe, warum zuckerhaltige Getränke nicht als Durstlöscher geeignet sind.

★ 3 Informiere dich über die verschiedenen Arten von Mineralwässern. Sammle die Etiketten verschiedener Wässer und vergleiche ihre Zusammensetzung.

Der Energiebedarf ist unterschiedlich groß

Menschen brauchen Energie

Unser Körper braucht ständig Energie – selbst im Schlaf; denn er muss rund um die Uhr arbeiten. Herz, Lunge, Verdauungsorgane, Niere usw. sind immer tätig, auch unsere Körpertemperatur muss aufrechterhalten werden, damit der Körper am Leben bleibt.

Der Körper holt sich die Energie, die er benötigt, aus der Umwandlung (Verbrennung) von Nährstoffen aus der Nahrung. Die Energie wird gemessen in Kilojoule (kJ) oder Kilokalorien (kca).

> 1 kcal = 4,2 kJ

Die Energiemenge, die wir zur Aufrechterhaltung der Körperfunktionen brauchen, nennt man Grundumsatz. Der Grundumsatz hat einen Anteil von ca. 60 % des täglichen Energieverbrauchs eines Schulkindes.

Die Energiemenge, die der Mensch täglich braucht, besteht jedoch nicht allein aus dem Grundumsatz. Für jede weitere Leistung, die ein Mensch vollbringt, benötigt der Körper zusätzliche Energie. Wir brauchen sie, um morgens aus dem Bett zu kommen, um zu essen, zu lernen und zum Denken. Wenn die Muskeln in Bewegung sind, wir zur Schule gehen, Sport treiben, Fahrrad fahren, wird Energie verbraucht. Lebhafte Kinder verbrennen mehr Energie als ruhige Kinder. Hier sprechen wir vom Leistungsumsatz. Der Leistungsumsatz ist die Energiemenge, die der Körper innerhalb eines Tages benötigt, um Arbeit verrichten zu können.

> Die tägliche Gesamtenergiemenge setzt sich aus dem Grundumsatz und dem Leistungsumsatz zusammen.

★ 1 Bestimme deinen Gesamtenergiebedarf. Nutze dazu auch die Kompetenzseite auf Seite 92.

Einfachzucker	Zweifachzucker	Vielfachzucker
Traubenzucker (Glucose) Vorkommen z. B. Obst, Honig	Malzzucker (Maltose) Vorkommen z. B. keimende Gerste	Stärke Vorkommen z. B. Getreide, Kartoffeln
Fruchtzucker (Fructose) Vorkommen z. B. Obst, Honig	Rohrzucker (Saccharose) Vorkommen z. B. Zuckerrübe, Zuckerrohr	Zellulose Vorkommen z. B. Pflanzen als Gerüst
Schleimzucker (Galaktose) Vorkommen z. B. Milch	Milchzucker (Laktose) Vorkommen z. B. Milch	Glykogen Vorkommen z. B. Leber, Muskeln

Einteilung der Kohlenhydrate

Kohlenhydrate – die Kraftwerke für den Körper

Am einfachsten kann unser Körper die Energie verwerten, die er aus Kohlenhydraten gewinnt. Aber Kohlenhydrate sind nicht gleich Kohlenhydrate! Es gibt Einfachzucker, Zweifachzucker und Mehrfachzucker in Form von Stärke und Ballaststoffen – sie alle zählen zu den Kohlenhydraten. Aber nicht alle liefern Energie.

Die kleinsten Bausteine der Kohlenhydrate, die uns Energie liefern, heißen Einfachzucker. Sie gelangen aus dem Darm sehr schnell über das Blut in die Körperzellen. Dort können sie sofort als Energiequelle genutzt werden. Beispiele sind Traubenzucker und Fruchtzucker.

Einfachzucker schmecken, wie auch die Zweifachzucker, süß. Sie sind in süßen Lebensmitteln, z. B. Honig, Obst und Fruchtsäften, aber auch in Süßigkeiten und Haushaltszucker zu finden. Wenn es darum geht, leere Energiespeicher rasch zu füllen und Leistungseinbußen zu vermeiden, können Einfach- und Zweifachzucker gute Dienste leisten. Deshalb greifen Sportler im Wettkampf gerne zu Traubenzucker und Energie-Riegeln.

Energie, die lange satt macht

Lebensmittel, die für ein langes und ausgeglichenes Sättigungsgefühl sorgen, sind ein guter Garant für Durchhaltevermögen und einen ausgeglichenen Blutzuckerspiegel. Einen besonders günstigen Einfluss haben Vollkornprodukte, Hülsenfrüchte und Gemüse. Denn diese Lebensmittel enthalten so genannte Vielfachzucker. Sie entstehen, indem sich viele Einfachzucker miteinander verbinden. Bevor sie ins Blut gelangen können, müssen sie vom Körper erst zerlegt werden. Deshalb steigt der Blutzuckerspiegel langsamer an als bei der Zufuhr von Einfach- und Zweifachzuckern und die Energie steht länger zur Verfügung.

> Kohlenhydrate sind die Energiegaranten in der täglichen Ernährung.
> Es werden täglich 4–5 g Kohlenhydrate je kg Körpergewicht empfohlen. Sie liefern je Gramm ca. 17 KJ.

> **1** Finde heraus, in welchen Lebensmitteln welche Art Kohlenhydrate vorhanden sind. Finde zu jeder Art drei Lebensmittel. Ordne sie in einer Tabelle wie oben.

Eine gute Eiweißkombination erhalten wir, wenn wir diese Lebensmittel zusammen essen

Eiweiß – der Stoff des Lebens

Milch, Käse, Fisch, Eier und Fleisch sind wichtige tierische Eiweißlieferanten. Ebenso bedeutend sind pflanzliche Eiweißlieferanten wie z. B. Linsen, Erbsen, Haferflocken und Vollkornbrot sowie alle Sojaprodukte.

Bausteine aller Eiweiße, in der Fachsprache Proteine genannt, sind Aminosäuren. Diese Aminosäuren verbinden sich zu langen Ketten, die verschiedene Formen annehmen können.

Der Eiweißbedarf

Damit der Körper wachsen kann, braucht er Eiweiß als Baustoff, denn die Zellen müssen ständig erneuert und die Muskeln aufgebaut werden.

Aus Eiweiß bestehen z. B. Muskeln, Haare, Nägel oder Haut. Im menschlichen Organismus kommen ca. 50.000 verschiedene Eiweißstoffe vor, die ständig erneuert werden müssen.

> Eiweiße (Aminosäuren) sind die Bausteine des Lebens. Sie sind wichtig für den Aufbau von Organen (z. B. Muskulatur) und haben steuernde Funktionen für das Leben.

Eiweiß müssen wir täglich mit der Nahrung aufnehmen. Denn die essenziellen Aminosäuren, die in den Eiweißen enthalten sind, kann der Mensch nicht selbst herstellen und muss sie daher täglich mit der Nahrung in ausreichender Menge zuführen.

Dabei ist es wichtig, dass das Eiweiß zu zwei Dritteln aus pflanzlichen und zu einem Drittel aus tierischen Lebensmitteln zugeführt wird. Denn es liefern nicht alle eiweißhaltigen Lebensmittel ausreichend Eiweißbausteine, die unser Körper täglich benötigt.

Es wird empfohlen, dass 0,8–1 g Eiweiß je kg Körpergewicht täglich zugeführt wird. Ca. 15 % des Gesamtenergieanteils der Nahrung sollten mit Eiweiß gedeckt werden. 1 g Eiweiß liefert 17 kJ.

> 1 Ermittle im Internet, zu welchen Erkrankungen eine massive Eiweißunterversorgung führen kann.
>
> ★ 2 Beurteile, ob eine fleischlose Kost zu einer Eiweißunterversorgung führen kann.

Nahrungsfette

Tierische Fette	Pflanzliche Fette
Butter, Butterschmalz	Pflanzenöle raffiniert oder nativ aus z. B. Sonnenblumen, Soja, Raps, Oliven
Schlachtfette • Schweineschmalz, -speck • Gänseschmalz • Rindertalg	Pflanzenfette Kokosfett
Seetieröle, Fischöle	Margarine

Fett – nicht zu viel und nicht zu wenig

Fette sind neben den Kohlenhydraten die zweitwichtigste Energiequelle. 1 g Fett liefert dem Körper 38,9 kJ – ca. doppelt so viel wie 1 g Kohlenhydrate.

Im Körper wirkt Fett als Schutzpolster vor Druck und Stoß (z. B. bei Nieren und Augen). Das Unterhautfettgewebe dient als Energiespeicher. Zu viel Fett im Körper belastet jedoch Wohlbefinden und Gesundheit.

> Fett ist ein lebenswichtiger Nährstoff, bei dessen Verwendung auf die Art und vor allem auf die Menge geachtet werden muss.

Bedarf an Fett

Der Mensch benötigt am Tag pro Kilogramm Körpergewicht durchschnittlich 0,8 g Fett. Das sind bei einem Körpergewicht von 50 kg 40 g Fett pro Tag. Verteilt auf die Tagesmahlzeiten sollte maximal die Hälfte davon aus sichtbarem Fett (z. B. Butter) bestehen. Der Rest des Bedarfs wird unwissentlich mit versteckten Fetten (z. B. Wurst) gedeckt.

Woraus bestehen Fette?

Die wichtigsten Bestandteile der Fette sind die Fettsäuren. Der Chemiker unterscheidet gesättigte Fettsäuren und ungesättigte Fettsäuren. Die ungesättigten Fettsäuren sind für den Menschen lebensnotwendig. Da sie der Körper nicht selbst aufbauen kann, müssen sie mit der Nahrung zugeführt werden. Sie werden deshalb auch essenzielle Fettsäuren genannt. Ungesättigte Fettsäuren sind vor allem in verschiedenen Fischsorten, in pflanzlichen Fetten (Öl) und sogar in Nüssen enthalten.

1 Nenne verschiedene Beispiele für fettreiche Lebensmittel, die in der Ernährungspyramide abgebildet sind.

2 Benenne weitere fettreiche Lebensmittel und schreibe diese auf.

3 Überlege dir fettärmere Alternativen zu den Lebensmitteln, die du benannt hast.

Schonende Garverfahren

Dämpfen	Dünsten	Dampfdruckgaren	Garen im Mikro- wellenherd

Dämpfen ist Garen in strömendem Wasser- dampf. Das Gargut liegt in einem Siebein- satz	Dünsten ist Garen mit wenig Fett. Fett kurz erhitzen, bis sich etwas Flüssigkeit gebildet hat. Gargut mit niedriger Temperatur fertig ga- ren.	Garen in Wasser oder Wasserdampf bei Über- druck (1,3–1,5 bar)	Garen durch Mikro- wellen, die die Wasser- moleküle im Innern des Gargutes erhitzen
Beachte:	*Beachte:*	*Beachte:*	*Beachte:*
Das Gargut darf nicht mit dem Wasser in Be- rührung kommen. Auf einen gut schlie- ßenden Deckel achten oder einen Dampf- drucktopf mit Siebein- satz verwenden	Flacher Topf, fest schließender Deckel	½ Liter Wasser in den Dampfdrucktopf ge- ben, nicht weiter als bis zur Kennzeich- nungsmarke füllen	Lebensmittel zuge- deckt in die Mikrowelle einstellen; mikrowel- lengeeignetes Geschirr verwenden
Temperatur:	*Temperatur:*	*Temperatur:*	*Temperatur:*
100 °C	90 °C–100 °C	105 °C–120 °C	200 °C
Anwendungsbereich:	*Anwendungsbereich:*	*Anwendungsbereich:*	*Anwendungsbereich:*
Fleisch, Geflügel, Ge- müse, Kartoffeln, Ge- treide, Reis, Klöße	Fisch, kleinstückiges Gemüse, Obst	Lebensmittel mit lan- ger Garzeit wie Fleisch, Kartoffeln	Kleine Portionen von Lebensmitteln Aufwärmen von Resten Auftauen von Tiefkühl- kost
Bewertung:	*Bewertung:*	*Bewertung:*	*Bewertung:*
Nährstoffschonendes Garverfahren Garzeit etwas länger als beim Kochen	Nährstoffschonendes Garverfahren Garzeit etwas länger als beim Kochen	Nährstoffschonend und energiesparend, verkürzte Garzeit	Nährstoffschonend und energiesparend, verkürzte Garzeit

Vitalstoffe

Einzelne Vitamine und Mineralstoffe können vom Körper und den Zellen nicht optimal verarbeitet werden. Erst im Zusammenspiel aller natürlichen Vitalstoffe, also von Vitaminen, Mineralstoffen und vor allem den sekundären Pflanzenstoffen, entfaltet sich die volle Wirkung der Nahrung für unsere Gesundheit.

Vitamine

Obwohl Vitamine keine Energie liefern, sind sie für den Stoffwechsel außerordentlich wichtig. Sie beeinflussen alle Körperfunktionen. Bei einer ausgewogenen Vitaminzufuhr fühlst du dich fit und unternehmungslustig. Ein Mangel an Vitaminen kann krank machen. Wir fühlen uns müde und unglücklich, denn nahezu alle Körperprozesse werden durch Vitamine beeinflusst.

Mineralstoffe

Mineralstoffe sind an vielen Stoffwechselvorgängen im Körper beteiligt, indem sie z. B. unseren Zähnen und Knochen Festigkeit geben. Der Nährstofftransport und die Nährstoffeinlagerung in Muskel und Leberzellen werden durch die Mineralstoffe ermöglicht.

Mineralstoffe sind z. B. Natrium, Kalium, Magnesium, Phosphor und Calcium. Diese Stoffe werden in größeren Mengen benötigt. Nur in Spuren werden Eisen, Fluor, Jod, Selen oder Zink benötigt. Deshalb heißen diese Spurenelemente.

Der Anteil an Mineralstoffen im menschlichen Körper beträgt etwa 4 % des Körpergewichts. Täglich gehen etwa 15–20 g Mineralstoffe durch Ausscheidungen verloren, die durch eine mineralstoffreiche Ernährung wieder ersetzt werden müssen.

> Vitamine und Mineralstoffe sind lebensnotwenig, um die Körperfunktionen zu garantieren.

★ 1 Begründe, warum Sportler sehr genau auf ihren Mineralstoffbedarf achten müssen. Schreibe die Begründung in dein Heft.

Kompetent Lebensmittel bewerten

A Gedünstete Fischpfanne international für 2 Personen

Garart: Dünsten

Zutaten	Zubereitung
400 g frisches Seelachsfilet	säubern und in mundgerechte Stücke schneiden
1 Zitrone	auspressen und den Saft über die Fischstücke gleichmäßig verteilen
2 El. Öl	in eine Tasse geben
1 Bd. Petersilie 1 Bd. Dill	fein hacken und und in das Öl geben, kräftig umrühren und über die Fischstückchen gießen, ca. 15 Minuten ziehen lassen
2 El. Öl	in einen Topf geben und leicht erhitzen
100 g Möhren 100 g Lauch 100 g Zucchini 100 g rote Paprika 100 g frische Tomaten	würfeln, in den Topf geben und andünsten
	nach 10 Minuten den Fisch zugeben, mit Gemüse bedecken und bei mittlerer Hitze noch 10 Minuten garziehen lassen
1 Bd. Petersilie	hacken, darüber streuen
Sprossen	garnieren

Tipp: Dazu frisch gegarten Reis (ca. 400 g) servieren.

B Menschen brauchen Energie

Leichte Tätigkeit	Mittelschwere Tätigkeit	Schwere Tätigkeit	Schwerste Tätigkeit
Büroangestellte/-er	Maler/-in	Maurer/-in	Stahlarbeiter/-in
Schüler/-in	Gärtner/-in	Masseur/-in	Bergmann
Lehrer/-in	Verkäufer/-in	Dachdecker/-in	Hochofenarbeiter
Schneider/-in	Automechaniker/-in	Zimmermann	Waldarbeiter
Kraftfahrer/-in	Schornsteinfeger/-in	Leistungssportler/-in	Hochleistungssportler/-in

PAL-Faktor (siehe S. 35)	Aktivität	Beispiel
1.2	nur sitzend oder liegend	gebrechliche Menschen
1.4–1.5	sitzend, kaum körperliche Aktivität	Büroarbeit am Schreibtisch
1.6–1.7	sitzend, gehend und stehend	Studenten, Schüler, Taxifahrer
1.8–1.9	hauptsächlich stehend und gehend	Verkäufer, Kellner, Handwerker
2.0–2.4	körperlich anstrengende Arbeit	Landwirte, Hochleistungssportler

C

„Als Koch ist es für mich besonders wichtig, bewusst einzukaufen. Bei einer gesunden und ausgewogenen Ernährung sollte auf frische, saisonale Produkte aus der Umgebung zurückgegriffen werden. Dadurch tut man nicht nur seinem Körper etwas Gutes, sondern unterstützt zudem die Umwelt und die Wirtschaft in der Region."

TV-Koch

TV-Koch

D PAL-Faktor (Physical Activity Level)

Der PAL-Faktor gibt an, mit welcher Zahl der Grundumsatz multipliziert werden muss, damit man den Gesamtenergiebedarf erhält.

E

Wichtige Begriffe

Ernährungskreis
Ernährungspyramide
Durstempfinden
Kohlenhydrate

Eiweiße
Fette
Vitamine, Mineralstoffe

Wissen und erklären

1 Erklärt euch gegenseitig die aufgelisteten Begriffe.

2 Zeichne eine Ernährungspyramide so wie sie im Buch abgebildet ist in dein Heft. Ordne die Zutaten aus dem Rezept auf Seite 13 den Lebensmittelgruppen zu.

3 Zeichne in die Kästchen der Pyramide ein, wie viele Portionen du aus den einzelnen Gruppen zu dir nimmst, wenn du eine Mahlzeit für dich anrichtest.

Informationen beschaffen und auswerten

4 Bestimme die Lebensmittel im Rezept (A), die vorwiegend Eiweiß, Fett und Kohlenhydrate enthalten.

5 Im Internet findest du Nährwerttabellen oder sogar Nährwertrechner. Bestimme damit den Gesamtenergiegehalt der verwendeten Nahrungsmittel in Rezept (A).

6 Welche Energiemenge wird damit für deinen Körper bereitgestellt? Berechne die Differenz zu deinem Tagesbedarf.

7 Wie viel Energie solltest du noch zuführen, wenn du von einer leichten körperlichen Tätigkeit ausgehst? Berechne mithilfe des PAL-Wertes (B) deinen Energiebedarf.

8 Interpretiere Abbildung (E). Aus welchen Energiespendern versorgt sich der Fahrradfahrer? Welche Schlussfolgerungen müssen gezogen werden, falls die Waage nicht ins Gleichgewicht kommt?

Beurteilen, entscheiden und handeln

9 Was meint der TV-Koch damit, dass er Lebensmittel der Saison empfiehlt (C)? Erarbeitet eine Argumentation.

M Richtig oder falsch?

Mit dieser Methode könnt ihr den Stoff des Kapitels wiederholen oder euch gemeinsam auf eine Klassenarbeit vorbereiten.

1 Klasse in Gruppen einteilen
Teilt die Klasse in Gruppen ein (maximal vier Schüler/-innen pro Gruppe). Jeder Gruppe wird ein Teil des Kapitels „Vollwertige Ernährung" zugeordnet.

2 Text lesen und Kerngedanken finden
Der Schüler/die Schülerin liest den Text im Lehrbuch aufmerksam und schreibt Behauptungen auf, die entweder richtig oder falsch sind, oder stellt Fragen.

3 Fragen formulieren und auf Kärtchen schreiben
Diese Behauptungen/Fragen können auf Kärtchen oder Folie notiert werden. Die richtige Antwort steht darunter. Eine Abwandlung der Methode kann darin bestehen, dass drei bis vier Antworten vorgegeben werden. Nur eine Antwort sollte richtig sein.

4 Tische wechseln
Die Kärtchen bleiben auf den Tischen, die Schüler/Schülerinnen wechseln den Tisch. Jetzt kann ein anderer Schüler/eine andere Schülerin die Spielleitung übernehmen.

Wenn alle Fragekärtchen gespielt sind, kann der Lehrer Fragen auswählen, die alle beantworten müssen.

Butter enthält nur wenig mehr Fett als Margarine.
Richtig: Was den Fettgehalt betrifft ist der Unterschied zwischen Butter und Margarine nicht groß. Dieses Kriterium spielt bei der Entscheidung, was ich esse, keine große Rolle. Insgesamt sollte die tägliche Fettzufuhr 30%-35% nicht überschreiten, weswegen du generell mit Streichfetten sparsam umgehen solltest.

Kaugummi verklebt den Magen.
a) **Stimmt,** denn er hat eine sehr lange Verweildauer und kann den Magenausgang verschließen
b) **Stimmt nicht,** denn Unverdauliches jeglicher Art, so auch der Kaugummi, braucht nur wenige Tage, um wieder ausgeschieden zu werden.
c) **Stimmt,** denn er bläht sich im Magen auf.

Welches Lebensmittel besitzt den höchsten Ballaststoffgehalt?
a) Kopfsalat   b) Spargel   c) grüne Erbsen   d) Radieschen

In welchem Lebensmittel stecken die meisten Vitamine?
a) Erdbeerjoghurt   b) Erdbeermarmelade   c) Erdbeerfrucht

Was ist der beste Durstlöscher?
a) Mineralwasser   b) Apfelsaft   c) Apfelschorle   d) Fruchtlimonade

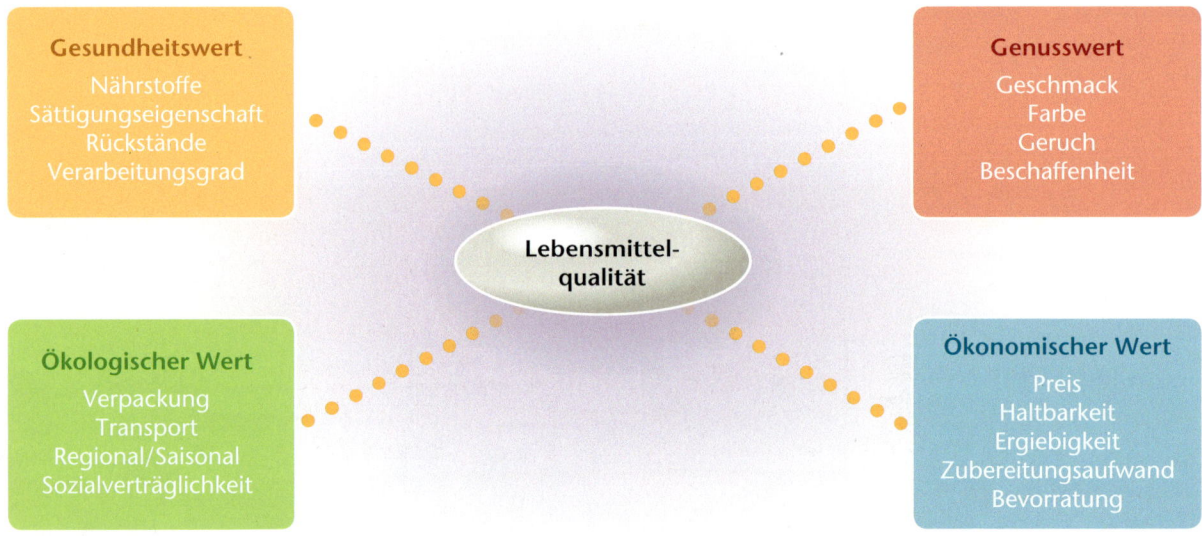

Gesundheitswert
Nährstoffe
Sättigungseigenschaft
Rückstände
Verarbeitungsgrad

Genusswert
Geschmack
Farbe
Geruch
Beschaffenheit

Lebensmittel-
qualität

Ökologischer Wert
Verpackung
Transport
Regional/Saisonal
Sozialverträglichkeit

Ökonomischer Wert
Preis
Haltbarkeit
Ergiebigkeit
Zubereitungsaufwand
Bevorratung

Qualitätsmerkmale von Lebensmitteln

Es ist nicht immer einfach, die richtige Entscheidung bei der Auswahl von Lebensmitteln zu treffen. Unterschiedliche, auch sehr persönliche Kriterien werden bei der Auswahl bestimmend sein. Diese können sich aufgrund individueller Erfahrungen verändern. Bei der Bewertung bieten die in der Abbildung dargestellten Kriterien eine Entscheidungshilfe.

> Unter der Qualität von Lebensmitteln ist die Summe ihrer sämtlichen bewertbaren Eigenschaften zu verstehen.

Qualität ist also ein sehr umfassender Begriff, der sich auf viele verschiedene Aspekte bezieht.

Der Genusswert

Der Genusswert eines Lebensmittels oder seine sensorische Qualität umfasst alle Eigenschaften des Lebensmittels, die mit den Sinnen wahrnehmbar sind. Dazu gehören u. a. das Aussehen, der Geruch, der Geschmack und die Konsistenz. Mithilfe des Genusswertes kann eine Aussage über die Frische oder Reife des Lebensmittels getroffen werden.

Der Gesundheitswert

Der Gesundheitswert oder der Nährwert wird durch den Gehalt an Nährstoffen und die Energiemenge bestimmt. Ist das Lebensmittel reich an Vitaminen, Mineralstoffen und Ballaststoffen und gleichzeitig arm an Kalorien und Schadstoffen, dann ist der Gesundheitswert hoch.

Der ökonomische Wert

Der ökonomische Wert beschreibt das Lebensmittel als Ware. Hersteller und den Verkäufer interessiert der Verkaufspreis. Wichtige Kriterien sind Lagerfähigkeit, Haltbarkeit und Transportfähigkeit. Der Käufer möchte ein Lebensmittel, das preiswert und gut ist. Dabei interessieren die Haltbarkeit und Ergiebigkeit.

Der ökologische Wert

beschreibt die Produktionsweise, den Energieverbrauch und die Umweltbelastung bei der Herstellung eines Lebensmittels. Regionale und saisonale Produkte haben kürzere Transportwege. Das ist gut für das Klima. Schädliche Treibhausgase werden reduziert. Mit deiner Kaufentscheidung hast du die Möglichkeit, Einfluss auf die Produktionsbedingungen zu nehmen.

EU-Bio-Logo (1. Juli 2010)

Der Blaue Engel

Siegel – ein Hinweis für Qualität

Siegel, auch „Label" genannt, helfen bei einer bewussten Auswahl von umwelt- und sozialverträglichen Produkten. Sie geben einen Hinweis darauf, dass die Waren und Dienstleistungen ökologisch verantwortlich und nachhaltig produziert wurden. Qualitätsmerkmale werden für den Verbraucher so schnell sichtbar. Auch Unternehmen haben Siegel als Vermarktungsstrategie erkannt und eigene Zeichen und Siegel entworfen, die allerdings nicht immer für hohe Standards stehen. Somit wird es immer schwieriger, anerkannte Siegel von betrieblichen Eigenkreationen zu unterscheiden.

> Siegel sind grafische Zeichen, die Aussagen über die Qualität bzw. die besondere Beschaffenheit eines Produktes treffen.

Vertrauenswürdig sind vor allem Zeichen und Siegel, die von unabhängigen Stellen vergeben und kontrolliert werden.

Der Blaue Engel ist das erste und bekannteste Umweltzeichen der Welt. Seit 1978 setzt das Label Maßstäbe für umweltfreundliche Produkte und Dienstleistungen. Es wird fortwährend weiterentwickelt und nach strengen Kriterien an Produkte und Dienstleistungen vergeben.

Das *EU-Bio-Logo* ist ein Umweltzeichen der Europäischen Union. Gekennzeichnet werden Lebensmittel, die nach den EU-Rechtsvorschriften für den ökologischen Landbau erzeugt wurden.

Eingeführt wurde das blattförmige EU-Bio-Logo bereits im Juli 2010. Es muss nun verpflichtend auf jedem verpackten Bioprodukt, das in der Europäischen Union hergestellt wird, stehen.

Das deutsche Bio-Siegel gibt es bereits seit 2001. Im Gegensatz zum EU-Bio-Logo ist die Verwendung freiwillig. Es garantiert, dass der Hersteller die Vorgaben der EG-Öko-Verordnungen einhält. So darf ein Produkt mit Biosiegel höchstens fünf Prozent nicht-ökologische Bestandteile enthalten. Verboten ist unter anderem der Einsatz von Gentechnik und Pflanzenschutzmitteln. Zudem schreibt die Verordnung eine artgerechte Haltung der Tiere vor.

Siegel von ökologischen Anbauverbänden

Ihre Produkte sollen möglichst zu 100 Prozent aus Bio-Zutaten bestehen. Im Vergleich zum EU-Standard gelten bei ihnen unter anderem strengere Kriterien für die Tierhaltung, die Futterbeschaffung sowie die Bewirtschaftung der Biohöfe. Die Produkte der Anbauverbände erkennt man an besonderen Siegeln.

> 1 Benenne unterschiedliche Qualitätsmerkmale von Lebensmitteln und erkläre sie.
>
> ★ 2 Finde heraus, welche Anbauverbände spezielle Label haben. Dokumentiere deren Qualitätsanforderungen.

Verkehrsbezeichnung eines verpackten Lebensmittels

Die vorgeschriebene Mindestschriftgröße von verpflichtenden Angaben auf Lebensmitteln beträgt 1,2 mm

Lebensmittelsicherheit ist gesetzlich festgeschrieben

Alle Lebensmittel, die in Deutschland verkauft werden, müssen sicher sein. Dazu gibt es Gesetze und Rechtsvorschriften, die die Konsumenten vor gesundheitlichen Gefahren und vor Täuschung schützen. Zutaten müssen zugelassen und erkennbar sein. Sichere Lebensmittel zu gewährleisten, ist eine anspruchsvolle Aufgabe, denn sie werden zunehmend global gehandelt. Neue Zutaten und Produkte werden entwickelt, deren Wirkungen nicht immer sofort sichtbar werden. Lebensmittelüberwachungsbehörden setzen sich dafür ein, dass die Gesetze eingehalten werden. Alle Verordnungen, Gesetze und Entscheidungen, auf denen die Maßnahmen zur Lebensmittelsicherheit basieren, dienen drei Hauptzielen:

1. Dem Schutz der Gesundheit: Nur sichere Lebensmittel dürfen angeboten werden.
2. Dem Schutz der Verbraucherinnen und Verbraucher vor Täuschung.
3. Der sachgerechten Information der Öffentlichkeit.

Diese Ziele sind sowohl im deutschen als auch im europäischen Recht verankert.

Lebensmittelkennzeichnung

Wenn du Lebensmittel einkaufst, musst du erkennen können, was du essen wirst. Dabei helfen klare rechtliche Regelungen. Viele Fragen, die sich zu einem Produkt ergeben, beantwortet die Verpackung. Hier finden wir als Orientierungs- und Entscheidungshilfe viele gesetzlich vorgeschriebene Angaben. Die Hersteller sind verpflichtet, diese auf dem Etikett in gut lesbarer Form anzubringen. Einige Hersteller drucken noch andere freiwillige Informationen auf die Verpackung, wie z. B. Siegel.

> Eine europaweit einheitliche Kennzeichnung von Lebensmitteln erleichtert es dem Verbraucher, sich über die Qualität der Lebensmittel zu informieren.

Mindesthaltbarkeitsdatum
Es sagt aus, wie lange ein Lebensmittel sicher haltbar ist.

Name oder Firma des Herstellers
oder des Verpackers oder eines in der Europäischen Union niedergelassenen Verkäufers.

Verkehrsbezeichnung
Klare Bezeichnung, die aussagt, was drin steckt.

Mengenangabe
Gewicht (g, kg), Liter (ml, l) oder Stückzahl

Zutatenliste
Zutaten in absteigender Reihenfolge ihres Gewichtes, auch Zusatzstoffe.

Kennzeichnung verpackter Lebensmittel

Die Kennzeichnung von Lebensmitteln ist durch EU-Recht vorgegeben, sodass in allen Mitgliedstaaten der Europäischen Union einheitliche Maßstäbe gelten. Ab dem Jahr 2014 tritt die neue EU-Verordnung zur Kennzeichnungspflicht in Kraft. Die Lesbarkeit der Informationen auf den Verpackungen wird durch die Vorgabe einer Mindestschriftgröße verbessert. Alle verpflichtenden Informationen müssen mindestens in 1,2 mm großer Schrift auf der Verpackung aufgedruckt sein.

Verpflichtende Informationen für den Verbraucher

Bei Lebensmitteln in Dosen, Flaschen, Schalen oder Kartons sind Verbraucher immer auf Informationen auf der Verpackung angewiesen. Gesetzlich vorgeschrieben sind Verkehrsbezeichnung, Zutatenliste, Mindesthaltbarkeitsdatum, Angabe des Herstellers, Preis und Menge.

1 Vergleiche verschiedene Lebensmittelverpackungen miteinander: Welche Angaben hast du gefunden? Wie werden diese notiert? Markiere die gesetzlich vorgeschriebenen Angaben in rot, die freiwilligen in grün. Welche Angaben helfen dir beim Preisvergleich?

★ 2 Vergleiche zwei verschiedene Ketchup-Sorten anhand der Angaben auf dem Etikett. Begründe, für welche du dich entscheiden würdest. Stelle eine Liste der für dich wichtigen Kriterien auf und begründe dann deine Kaufentscheidung.

★ 3 Stellt einen Fruchtquark her. Entwerft für euer Produkt ein Etikett. Führt alle Pflichtangaben auf. Entscheidet euch für freiwillige Angaben.

Abfallmengen von Lebensmitteln im privaten Haushalt

Wasserbedarf ausgewählter Lebensmittel	
Rindfleisch (mit Kraftfutter gemästet)	mind. 15 m³/kg
Lamm	10 m³/kg
Huhn	6 m³/kg
Getreide	0,4–3 m³/kg
Palmöl	2 m³/kg
Zitrusfrüchte	1 m³/kg

So viel Wasser wird für die Produktion dieser Lebensmittel aufgewendet

Weniger ist mehr

Zu Beginn dieses Buches hast du etwas über das Planen von Einkäufen erfahren. Richtige Planung spart nicht nur Geld und Zeit, sondern vermeidet auch Lebensmittelabfall. Häufig kaufen wir mehr ein als wir benötigen, weil alles so lecker aussieht und ein Einkaufszettel fehlt.

In einem Jahr wandern bei uns pro Person Lebensmittel im Wert von rund 235 Euro in die Tonne. Jeder von uns wirft im Jahr durchschnittlich ca. 82 kg Lebensmittel weg. Oft sind es Lebensmittel, die uns nicht mehr appetitlich erscheinen. Vor allem Obst und Gemüse gehören dazu. Häufig trägt nur eine falsche Lagerung dazu bei, dass die Lebensmittel unansehnlicher werden.

> Die wenigsten Lebensmittel, die im Müll landen, gehören dorthin.

Die Probleme mit der Haltbarkeit

Jeder kann dazu beitragen, die Abfallmenge zu reduzieren. Oft sind auch Unkenntnis und Unsicherheit die Ursachen für falsches oder übervorsichtiges Verhalten. So haben die Angaben zum Mindesthaltbarkeitsdatum (MHD) auf verpackten Lebensmitteln zu Verwirrung in der Bevölkerung geführt. Ist das MHD überschritten, werden Lebensmittel ohne nachzudenken entsorgt. Aber ist das immer nötig und richtig? Sind Lebensmittel dann ungenießbar?

Dazu sollte man wissen, dass nach Ablauf des Mindesthaltbarkeitsdatums die Ware nicht automatisch verdorben ist und durchaus noch verwertet werden kann. Hier sollte man prüfen und sich auf seine Sinne verlassen.

Lebensmittelproduktion verbraucht Ressourcen

Zu sorglos wird mit den Lebensmitteln umgegangen, die eine lange Produktionskette hinter sich haben. Die Produktion von einem Kilogramm Rindfleisch belastet das Klima z. B. so stark wie 250 Kilometer Autofahrt. Es fließen allein 700 Liter Wasser, bis ein Kilo Äpfel geerntet ist. 1.300 Liter Wasser sind nötig, um ein Kilogramm Brot herzustellen.

Auch die Entsorgung der zu viel produzierten und eingekauften Lebensmittel kostet Geld und Energie. Lebensmittelabfälle, die sich nicht vermeiden lassen, was durchaus normal ist, sollten möglichst sinnvoll weiterverwertet werden. Kompostanlagen, Biogasanlagen stellen gegenwärtig alternative Verwertungsmöglichkeiten dar.

Lebensmittelabfälle in Deutschland

Vermeidbar
3,14 Mio. t
Backwaren15 %
Speisereste 12 %
Milchprodukte 8 %

Teilweise vermeidbar
1,2 Mio. t
Gemüse 26 %
Obst 18 %
Fleisch und Fisch 6 %

Nicht vermeidbar
2,34 Mio. t

Umfang und Entstehung von Lebensmittelabfällen in der Gesellschaft

Die Menge vermeidbarer und teilweise vermeidbarer Lebensmittelabfälle aus Haushalten in Deutschland entspricht einem Geldwert von ca. 21,6 Milliarden EUR pro Jahr. Hauptverursacher sind die privaten Haushalte mit 61 % gefolgt von der Lebensmittelindustrie mit 17 %.

Der private Haushalt (61 %): Die gesellschaftliche Entwicklung und sich wandelnde Trends bei den Ernährungsgewohnheiten sowie ständige Verfügbarkeit und Überangebot befördern die Abfallmenge. Auch die meist günstigen Preise tragen dazu bei, dass die Lebensmittel bedenkenlos entsorgt werden.

Die Lebensmittelindustrie (17 %): Lebensmittel, die bestimmte Produkt- bzw. Qualitätseigenschaften nicht erfüllen, werden aussortiert. Hierunter fallen z.B. Produkte mit einer unregelmäßigen Form oder Größe. Auch bei der Qualitätssicherung fallen Lebensmittelabfälle an, die nach der Prüfung entsorgt werden. Darüber hinaus wird der Verlust von genießbaren Lebensmitteln oft auch durch eine Überproduktion erzeugt.

Der Handel (5 %): Die Hauptursache für Lebensmittelabfälle im Handel sind die nicht mehr verkaufsfähigen Waren. Sowohl hohe Anforderungen an die Qualität und Frische als auch an das Aussehen solcher Lebensmittel beeinflussen häufig die Kaufentscheidung der Kunden.

Die *Großverbraucher (17 %):* Im Bereich der Großküchen werden mangelhafte Lagerung oder falsche Kalkulationen für die Anzahl von herzustellenden Speisen als Ursache angesehen. Mit steigendem Einsatz von frischer Rohware steigen auch die Putz- und Zubereitungsabfälle.

> Keiner kann abfallfrei produzieren und verwerten. Verantwortungsvoller mit den Lebensmitteln umgehen kann jeder.

1 Benenne Gründe für ein vermehrtes Aufkommen an Lebensmittelabfällen.

2 Abgelaufen ist nicht gleichbedeutend mit schlecht. Erkläre den Unterschied zwischen Mindesthaltbarkeitsdatum und Verbrauchsdatum.

3 Beschreibe, wie du in deinem Haushalt Lebensmittel aufbewahrst, damit sie möglichst lange halten.

★4 Oft hört man, dass der Einzelne keine Chance hat, etwas gegen die Lebensmittelabfälle zu tun. Informiere dich über verschiedene Argumente und bewerte diese.

★5 Findet Rezepte, die eine Resteverwertung begünstigen. Schreibt diese auf und probiert sie in der Schulküche aus.

Schadstoffe in Lebensmitteln

Zwar schützen zahlreiche Vorschriften und Gesetze (wie z. B. die Festsetzung von zulässigen Höchstmengen bestimmter Stoffe in Lebensmitteln) den Verbraucher. Dennoch ist es nicht vermeidbar, dass Schadstoffe in die Lebensmittel gelangen. Diese können sich in der Nahrungskette anreichern. Presseberichte wie „Gift in der Nahrung" und „Hohe Schadstoffbelastung von Lebensmitteln" beunruhigen viele Menschen. Deshalb ist es natürlich sinnvoll, sich um gesunde Lebensmittel und eine gesunde Umwelt zu sorgen und sich dafür einzusetzen.

Schadstoffe können im menschlichen Körper entweder durch die Substanz selbst, deren Abbauprodukte oder das Zusammenwirken mit anderen Substanzen bereits in geringer Konzentration gesundheitliche Schäden verursachen.

> Als Schadstoffe werden Substanzen bezeichnet, die abhängig von ihrer Konzentration und Einwirkungsdauer einen negativen Einfluss auf Menschen, Tiere und Pflanzen haben.

Entscheidend für eine gesundheitliche Belastung durch Schadstoffe ist aber immer die Menge und Häufigkeit der Aufnahme.

Das Problem mit den Grenzwerten

Grenzwerte beziehen sich immer nur auf eine einzelne Substanz. Der Mensch ist aber laufend einer Vielzahl an Schadstoffen ausgesetzt. Grenzwerte gelten zudem immer nur für durchschnittliche Menschen. Einzelne Individuen können aber in einigen Bereichen erheblich vom Durchschnitt abweichen.

Schadstoffbelastungen verringern

Vor Schadstoffen aus der Luft und aus dem Wasser können wir uns nur bedingt schützen. Selbst Bio-Produkte sind nicht frei von Schadstoffen aus der Umwelt. Deshalb gilt es einige Regeln zu beachten:

- Obst und Gemüse gründlich waschen,
- äußere Blätter bei Salaten entfernen,
- Strünke herausschneiden,
- frische Bio-Lebensmittel kaufen und selbst zubereiten – das schmeckt und ist gesund.

Natürliche Gifte in Lebensmitteln

Manche Gifte sind in bestimmten Lebensmitteln von Natur aus vorhanden. Diese können unter Umständen lebensgefährlich sein.

Pilzgifte kommen z. B. im Knollenblätterpilz und im Fliegenpilz vor. Ihr Verzehr führt zu schweren gesundheitlichen Schäden oder sogar zum Tod.

- Nur bekannte Pilze sammeln und verzehren,
- Pilze offen und luftig transportieren,
- bei Unkenntnis Zuchtpilze bevorzugen.

Häufig sind die Gifte aber nur in geringen Mengen enthalten, sodass bei normalem Verzehr keine Vergiftungserscheinungen auftreten.

Blausäure ist z. B. in bitteren Mandeln, Kernen und Steinen von Obst und in rohen grünen Bohnen enthalten. In größeren Mengen verzehrt erzeugt sie Atemnot und Angstzustände. Grüne Bohnen werden deshalb erhitzt und nicht roh verzehrt.

Solanin bildet sich in unreifen, gekeimten oder dem Licht ausgesetzten Kartoffeln und in grünen Tomaten. Es verursacht Kopfschmerzen und Erbrechen. Grünstellen und Stilansatz herausschneiden.

Oxalsäure kommt in Rhabarber, Stachelbeeren, Spinat und Mangold vor. Sie kann zu Nierenfunktionsstörungen oder zu Wachstumsstörungen bei Kindern führen. Deshalb diese Obst- und Gemüsesorten nur selten essen.

Verdorbene Lebensmittel

Eine Gefahr für die Gesundheit besteht beim unkontrollierten Verschimmeln von Lebensmitteln.

Den *Schimmel* auf Brot, Käse, Marmelade und Früchten isst keiner. Doch giftig ist nicht der sichtbare Pilz, sondern die unsichtbaren Pilzgifte. Sie durchdringen das Lebensmittel und schaden dem Menschen. Sie können Organen wie Leber und Nieren schaden, die Abwehr schwächen, das Nervensystem schädigen und Magen-Darm-Störungen hervorrufen. Schimmelbildung wird vermieden, wenn

- Lebensmittel beim Einkauf sorgfältig geprüft werden,
- im Sommer nur geringe Mengen an leicht verderblichen Waren eingekauft werden,
- Lebensmittel kühl und dunkel gelagert werden.

> Im Zweifelsfall verschimmelte oder angeschimmelte Lebensmittel immer wegwerfen.

★ 1 Verfolge aufmerksam die Tagespresse oder recherchiere im Internet und finde heraus, ob es Berichte zu schadstoffbelasteten Lebensmitteln gibt. Schneide oder drucke diese aus und ordne sie in die Übersicht auf Seite 102 ein.

★ 2 Recherchiere im Internet zu den Angaben der Höchstmengen von Schadstoffen. Begründe, warum auf die Nitratmenge von Nahrungsmitteln zu achten ist. Erarbeite dazu eine Argumentation.

Lebensmittel bewusst auswählen

Lebensmittelkennzeichnungen verstehen

A Belastung von Lebensmitteln

Das Gift auf unserem Teller

Darauf ist Verlass: Der nächste Lebensmittelskandal kommt bestimmt. Aktuell sind es Dioxin-Eier, vor kurzem waren es antibiotika-belastete Hähnchen und letztes Jahr EHEC. …

Kürzlich entdeckten Kontrolleure des Verbraucherschutzministeriums Dioxin in Bio-Eiern eines Erzeugers in NRW und in den Eiern zweier Direktvermarkter in Duisburg. Die Belastung war sechsmal höher als die gesetzlich vorgeschriebene Höchstgrenze. Neu ist das nicht. Der giftige Stoff ist allgegenwärtig. Seit Jahren gibt es regelmäßig Skandale mit Dioxin in Fisch, Milch, (Bio-)Eiern, Fleisch, Öl und sogar in der Muttermilch.

(Monika Preuk, „Dioxin-Eier, Antibiotika-Hähnchen, Gammelfleisch: Das Gift auf unserem Teller" FOCUS online, 13.04.2012)

B Herkunft von Obst und Gemüse: Kennzeichnung oft unklar

„Ob schadstoffbelastete Paprika aus Spanien oder weit gereiste Kiwis aus Neuseeland – Verbraucher, die solche Produkte von vornherein meiden wollen, haben häufig das Nachsehen. Beim Kauf von Obst und Gemüse wird die Kundschaft oft nicht korrekt über die Herkunft informiert: Acht von zehn Händlern verstoßen gegen die vorgeschriebene Kennzeichnung des Ursprungslandes – so das Ergebnis einer Stichprobe der Verbraucherzentrale NRW. Entweder fehlt die vorgeschriebene Herkunftskennzeichnung komplett, oder die Angabe auf dem Hinweisschild an der Ware stiftet Verwirrung. ‚Verbraucher haben jedoch ein Recht auf eine exakte Angabe der Herkunft. Nur so können sie eine für sie richtige Kaufentscheidung treffen', rügt Klaus Müller, Verbraucherzentrale NRW, die nachlässige Praxis des Handels."

(http://www.vz-nrw.de/Herkunft-von-Obst-und-Gemuese-Kennzeichnung-oft-unklar; Stand: 31.01.2011)

C Inhaltsstoffe herausfinden

D Einen Gesetzestext interpretieren

In der VERORDNUNG (EU) Nr. 1169/2011 DES EUROPÄISCHEN PARLAMENTS UND DES RATES vom 25. Oktober 2011 heißt es in Absatz 20:

„Das Lebensmittelinformationsrecht sollte die Verwendung von Informationen verbieten, die die Verbraucher irreführen würden, insbesondere in Bezug auf die Merkmale des Lebensmittels, seine Wirkungen oder Eigenschaften, oder die den Lebensmitteln medizinische Eigenschaften zuschreiben. Um wirksam zu sein, sollte dieses Verbot auch auf die Lebensmittelwerbung und auf die Aufmachung der Lebensmittel ausgedehnt werden."

Wichtige Begriffe

Lebensmittelqualität
Siegel
Lebensmittelkennzeichnung
Zutatenverzeichnis
Mindesthaltbarkeitsdatum
Lebensmittelabfälle

Wissen und erklären

1 Erkläre die wichtigen Begriffe.

2 Kläre die Frage: Sind Lebensmittelzusatzstoffe Schadstoffe? Erarbeite eine begründete Argumentation und trage diese vor.

Informationen beschaffen und auswerten

3 In Abbildung C siehst du den Produktnamen und Zusatzangaben auf der Verpackung. Dich interessieren aber alle verpflichtenden Angaben. Recherchiere dazu im Internet unter „maccheroni alla bolognese" und ordne die Angaben den Informationen im Schulbuch auf S. 99 zu.

4 Immer wieder wird von Schadstoffbelastungen in Lebensmitteln berichtet. Lies den Text unter A und informiere dich auf der Internetseite der Verbraucherzentrale NRW zur Dioxinbelastung in Lebensmitteln. Erarbeite dazu eine Sachinformation und trage sie in der Klasse vor.

Beurteilen, entscheiden und handeln

5 Lies den Text unter (B) und informiere dich unter vz-nrw.de/Verkehrsbezeichnung über die Vorschriften der Lebensmittelkennzeichnungspflicht. Untersuche in Lebensmittelgeschäften, ob die Kritik von Herrn Müller noch Gültigkeit hat.

6 Kann die Landwirtschaft auf Pestizide verzichten, wenn die Bevölkerung eines Landes ernährt werden muss? Erarbeite dazu eine Pro-und-Kontra-Diskussion und nimm in der Argumentation unterschiedliche Standpunkte ein.

7 Lies den Gesetzestext (D). Begründe die Aussagen im Text. Welche Konsequenzen hat das für die Verbraucherinformation?

M Wir führen eine Pro-und-Kontra-Diskussion

1 **Vorbereitung**
Wir wählen ein Thema.
„Lassen sich Schadstoffe in Lebensmitteln vermeiden?"

2 Wir bilden vier Gruppen: die Gesprächsleitung, die Pro-Gruppe, die Kontra-Gruppe, die Zuschauer

3 Die beiden Gruppen sammeln Material. Die wichtigsten Argumente werden aufgeschrieben. Die Zuschauer-Gruppe und die Gesprächsleitung notieren Kriterien, nach denen die Gruppen bewertet werden sollen, und sprechen diese mit den Gruppen ab.

4 Die Gruppen bestimmen je einen Sprecher.

5 **Durchführung**
Eine geeignete Sitzordnung wird hergestellt. Die Tische werden so gestellt, dass sich die Gruppen ansehen können. Es sollten alle Gruppenteilnehmer zu Wort kommen. Die Redezeit für die Gruppen wird festgelegt. Die Gesprächsleitung eröffnet die Diskussion.

6 Die Zuschauer beobachten die Diskussion und notieren ihre Beobachtungen.

7 Die Gesprächsleitung achtet darauf, dass kein Redner dem anderen ins Wort fällt und kontrolliert die Redezeit.

8 Die Gesprächsleitung fasst die Ergebnisse zusammen.

9 **Auswertung**
Die Zuschauer stimmen darüber ab, welche Gruppe und welche Argumente sie überzeugt haben, und nennen die Gründe.
1. Wie überzeugend waren die Argumente?
2. Wie waren der Ausdruck und die Sprache?
3. Konnte die gegnerische Seite zuhören?
4. Wie hat die Gruppe zusammengearbeitet?

Ernährung und Esskultur

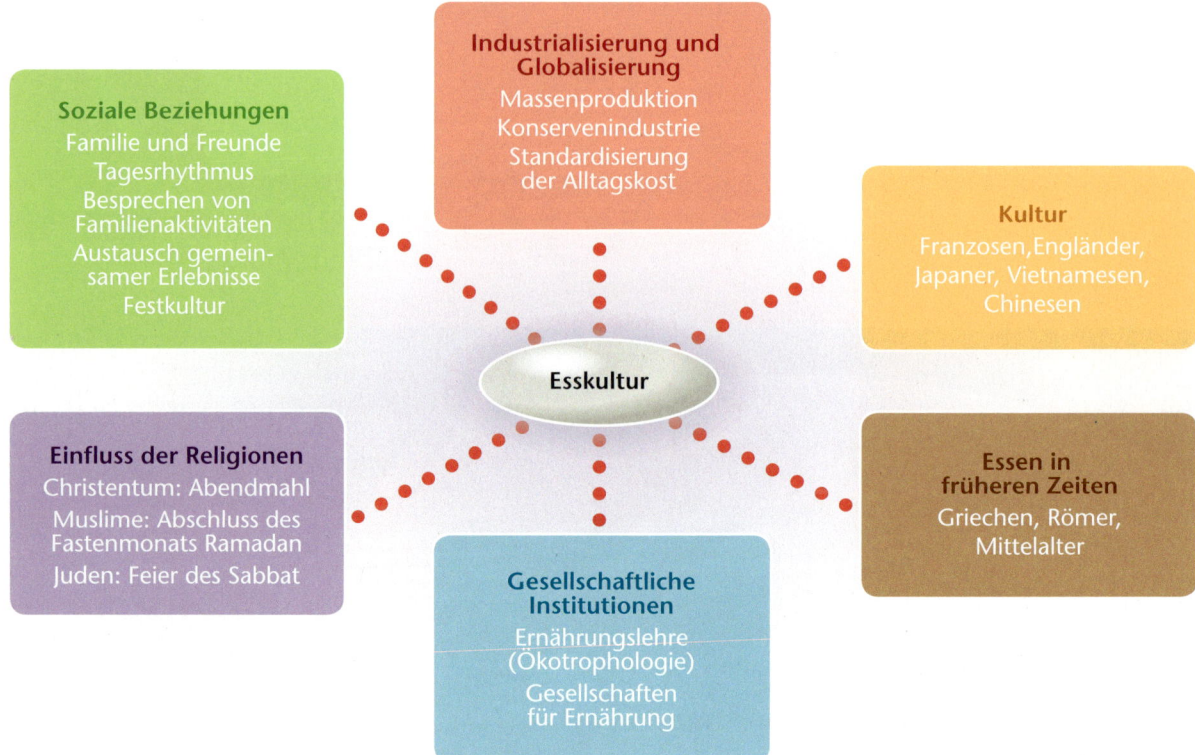

Soziale Beziehungen
Familie und Freunde
Tagesrhythmus
Besprechen von
Familienaktivitäten
Austausch gemein-
samer Erlebnisse
Festkultur

**Industrialisierung und
Globalisierung**
Massenproduktion
Konservenindustrie
Standardisierung
der Alltagskost

Kultur
Franzosen, Engländer,
Japaner, Vietnamesen,
Chinesen

Esskultur

Einfluss der Religionen
Christentum: Abendmahl
Muslime: Abschluss des
Fastenmonats Ramadan
Juden: Feier des Sabbat

**Essen in
früheren Zeiten**
Griechen, Römer,
Mittelalter

**Gesellschaftliche
Institutionen**
Ernährungslehre
(Ökotrophologie)
Gesellschaften
für Ernährung

Essen prägt das Leben

Wie das soziale Miteinander sind auch die Gewohnheiten der Nahrungsaufnahme von kulturellen und technischen Veränderungen geprägt. Nahrungsaufnahme hat nicht nur physiologische, sondern auch in starkem Maße symbolische Bedeutung.

Seit der Antike hatte das Essen stets mit sozialem Status, politischer und religiöser Macht zu tun. Über die Nahrungsaufnahme haben sich Menschen identifiziert, aber auch untereinander abgegrenzt. Was und wie ich esse zeigt, zu welcher Gruppe ich gehöre.

Verschiedene gesellschaftliche Gruppen unterscheiden sich durch Speisen, Getränke und Mahlzeiten. Das gemeinsam eingenommene Mahl als Zeichen der Freundschaft und Zusammengehörigkeit hat in vielen Kulturkreisen einen besonderen, oft sogar religiösen Charakter.

Bestimmt kennst du den Begriff der „Mahlzeit". Er weist darauf hin, dass ein Mahl zu bestimmten Zeitpunkten eingenommen werden soll. Unser Alltag ist häufig durch drei Mahl-Zeiten geprägt.

Vergleicht man die Tischkultur der heutigen Zeit mit den Gewohnheiten früherer Zeiten wie beispielsweise der Antike oder dem Mittelalter, so wird man auf Gemeinsamkeiten, aber auch auf Unterschiede treffen.

Dabei sind die Lebensmittel, die damals verwendet wurden, vergleichbar mit unseren heute. Viele davon finden wir noch heute auf unserem Teller. Dazu gehören Getreide und Brot, verschiedene Fleischsorten, Fisch und Meeresfrüchte, Milch und Eier sowie viel Gemüse.

> Esskultur umfasst das gesamte Umfeld der Ernährung des Menschen. Dazu gehören Tischsitten, Rituale, Traditionen und Speisen als Symbole.

Die Ess- und Tischkultur, wie wir sie heute erleben, hat sich mithilfe der zahlreichen Einflüsse früherer Epochen und anderer Länder immer weiter entwickelt.

Essen in der Familie

Mahlzeiten strukturieren unseren Tag, Festzeiten mit ihren speziellen Speisen das Jahr. Meist wird im Alltag anders gegessen als am Sonntag oder am Feiertag.

Was und wie gegessen wird, ist in jeder Familie unterschiedlich. Diese Erfahrungen werden in der Familie gepflegt und weitergegeben. Hier lernt man, wie ein Tisch gedeckt wird und welche Regeln gelten.

Damit ist die Mahlzeit mehr als das Verzehren von Lebensmitteln. Sie dient dem Austausch gemeinsamer Erlebnisse, Probleme werden besprochen. Der Tag beginnt mit einem Frühstück, das Mittagessen wird häufig in der Schule eingenommen und am Abend sitzen alle Familienmitglieder gemeinsam am Tisch. Weil nicht mehr häufig gemeinsam zu Mittag gegessen wird, finden die Familiengespräche beim Abendessen statt. Oft wird in diesem Zusammenhang ein Verlust der Esskultur kritisiert. Häufig gibt es keine festen Mahlzeiten mehr. Sie werden ersetzt durch kleine Snacks unterwegs. Fast Food – die schnelle Mahlzeit – fügt sich besser in den Alltag ein.

Traditionen bewahren

Wie in vielen anderen Ländern werden auch in Deutschland die Feste durch den Rhythmus des Jahres geprägt.

> Der Tagesrhythmus und das Jahr bestimmen das Besondere an Mahlzeiten.

In den Familien haben sich besondere Traditionen ausgeprägt, die sehr unterschiedlich gestaltet werden, z. B. Ostern, Weihnachten, Geburtstage, Silvester.

1 Informiere dich in Büchern oder im Internet über verschiedene Bräuche in deiner Region und bereite eine Präsentation vor.

★ 2 Stelle Rezepte zusammen, die für spezielle Festanlässe typisch sind. Plant in der Gruppe ein Fest damit und bereitet die Gerichte zu.

Gastmahl im antiken Griechenland (Gravur von Piringer nach einer griechischen Vase)

Essen in früheren Zeiten

Ägypten – Festmahl mit Tanz und Spiel

(ca. 5000–300 v. Chr.)

Bereits um 2800 v. Christus waren Festmahle üblich. Auf die Harmonie von Speisen und Getränken wurde viel Wert gelegt. Bei einem Festmahl saß man auf Kissen rings um das Wasserbecken im Innenhof des Hauses. Die Speisen wurden von mit Blumen bekränzten Dienerinnen gereicht.

Auch die Unterhaltung bei Tisch spielte eine wichtige Rolle. Neben Musikanten und Flötenspielern zeigten Akrobaten und Tänzerinnen abwechslungsreiche Darbietungen.

Das klassische Griechenland – Anfänge des Finger-Food

(ca. 500–30 v. Chr.)

Im frühen Griechenland waren die Sitten einfach. Man aß an kleinen Tischen und lag dabei auf Liegen, die als Klinen bezeichnet wurden. Decken und Kissen sorgten für Bequemlichkeit. Es gab noch kein Besteck, daher griff man mit den Fingern in die aufgetragenen Schüsseln. Serviert wurden durch Sklaven hauptsächlich Breigerich-

te, Oliven, Kräutergerichte und Fleisch. Suppe und Soße schöpfte man mit einem ausgehöhlten Stück Brot oder einem Löffel. Teller und Becher aus Ton oder Metall waren bereits bekannt. Zur Unterhaltung wurden Kunst und Tanz dargeboten.

Ausschweifende Festgelage in Rom

(ca. 300 v. Chr.–500 n. Chr.)

Die reichen Römer übernahmen diese Tischkultur. Die Festmahle wurden im Lauf der Zeit immer üppiger und verschlangen viel Geld. Vor allem Gewürze waren sehr teuer und um seinen Reichtum zu zeigen, galt es auch als schicklich, die Lebensmittel durch die Zubereitung zu verfremden. So heißt es z. B. in einem römischen Kochbuch: „Wenn du das Gericht auf die Tafel bringst, so soll niemand erkennen, was er zwischen den Zähnen hat". Zum Essen wurden Löffel und Finger, zum Tranchieren Messer und Gabeln verwendet. Die Römer kannten jedoch bereits Trinkbecher aus Glas und aßen von Tellern aus Gold und Silber.

Speisesaal mit Wärmöfen, Daimler-Motoren-Gesellschaft in Stuttgart-Untertürkheim, Anf. 20. Jahrhundert

Die Einflüsse der Industrialisierung

Im 19./20. Jahrhundert wurde die Ess- und Tischkultur immer weiter verfeinert. Davon zeugen nicht nur umfangreichere Service- und Besteckteile. Man erfand auch neue Materialien und verfeinerte die Kochkunst aufgrund eines größeren Nahrungsmittelangebotes oder durch neue Gar- und Zubereitungsmethoden.

Zudem beeinflusste der Prozess der Industrialisierung und Verstädterung die Esssitten und Ernährungsgewohnheiten. So veränderte z. B. die Fabrikarbeit die Beständigkeit der Tischgemeinschaft. Festgelegte Arbeitszeiten unterteilten den Tag nun in Freizeit und Arbeit.

> Besonders einschneidend haben sich mit der Industrialisierung nicht nur Verzehr- sondern auch Zubereitungsgewohnheiten weltweit verändert.

Die räumliche Trennung zwischen häuslich-familiären und beruflichen Lebensräumen sowie die Entwicklung der Nahrungsmittelindustrie machte eine Verpflegungsart wie das Kantinenessen erst möglich. Die Fabrikarbeiter waren gezwungen, ihre Hauptmahlzeit auf dem Fabrikgelände unter den Augen ihrer Arbeitskollegen zu essen. Das führte häufig zu Neid, da sich nicht

alle ein reichhaltiges Essen leisten konnten. Deshalb ließen sich viele Arbeiter ihr Essen von Familienangehörigen bringen und aßen dann abseits von den anderen Arbeitskollegen. Seit den 1870er-Jahren errichteten einzelne Fabriken die ersten Kantinen, um die Arbeiterschaft zu verköstigen. Industriell gefertigte Nahrungsmittel hielten Einzug in die Kantinen. Diese Nahrungsmittel waren ärmer an Vitaminen, sie waren fett- und salzhaltiger.

Wachsende Bevölkerung und ein gestiegener Lebensstandard hatten in den entwickelten Industrieländern zu einem Buttermangel geführt. In Frankreich kam 1869 ein neues Produkt, die Margarine, auf den Markt. Das Kunstprodukt Margarine wurde planmäßig wissenschaftlich entwickelt. Damit konnte der Fettbedarf der Bevölkerung gedeckt werden.

★ **1** Recherchiere nach Lebensmitteln, denen Mythen und Geschichten zugeschrieben werden. Werte die Ergebnisse aus. Nutze dazu verschiedene Medien.

★ **2** Informiere dich über die französische Esskultur und vergleiche sie mit der deutschen. Stelle dein Ergebnis in einer Präsentation vor.

Das Eigene, das Fremde, das Interkulturelle

Das Besondere an unserer heutigen Ess- und Tischkultur ist das bunte Nebeneinander vieler Kulturen und Lebensstile. Diese zahlreichen Einflüsse bestimmen heute die Art, wie wir Esskultur leben. Gegenwärtig prägen jedoch nicht mehr nur angrenzende Nachbarstaaten, sondern auch Einwanderer aus der ganzen Welt das Leben in Deutschland mit.

Mit dem im Jahr 1955 geschlossenen, ersten Abkommen Deutschlands mit Italien und den im Jahr 1960 geschlossenen Abkommen mit Griechenland und Spanien begann die Zahl ausländischer Arbeitnehmer zu wachsen. In den Folgejahren kam es vermehrt zu Einwanderungen aus der Türkei und Jugoslawien und somit auch zu einem höheren Anteil an ausländischen Arbeitskräften aus diesen Ländern. Einfluss hatte diese Entwicklung natürlich auch auf die deutsche Esskultur.

Damit verbunden war eine Ausweitung des Lebensmittelangebotes, das Kennenlernen von neuen Zubereitungsmethoden und das Entstehen neuer Restaurants. Nicht nur neue Speisen wurden eingeführt, auch die jeweiligen Kulturtechniken, wie z. B. das Essen mit Stäbchen, konnten erlernt und praktiziert werden.

> Jede Kultur hat eigene Essgewohnheiten, Speisen Geschmacksrichtungen und Zubereitungsarten.

„Ethnic food" gewinnt heute zunehmend an Bedeutung und bewirkt deutliche kulturelle Veränderungen. Gegenwärtig findet man vorwiegend in den Großstädten ausländische Lebensmittelgeschäfte, die Spezialitäten des jeweiligen Landes zum Verkauf anbieten. Obwohl die Anzahl der türkischen Lebensmittelläden noch dominiert, nimmt die Zahl asiatischer oder russischer Geschäfte zu, wodurch das internationale Speisenangebot für den Verbraucher erweitert wird.

Die internationale Küche

Nachdem zunächst europäische Spezialitätenrestaurants, wie italienische oder griechische Gaststätten in Deutschland vorherrschend waren, eröffneten im Zuge der Globalisierung nun auch Spezialitätenrestaurants wie Chinesen, Thailänder oder Inder.

Asiatische Garküchen und die mexikanische Küche erfreuen sich zunehmender Beliebtheit. Denn die Gerichte werden nicht nur in kleinen Portionen serviert, sondern sind zugleich schmackhaft, leicht verdaulich und für den Großteil der Bevölkerung auch erschwinglich. Etwas teurer sind japanische Sushi-Bars. Hier lässt man sich zum Feierabend oder in der Mittagspause die eine oder andere Besonderheit schmecken.

Heute ist es üblich, bei besonderen Familienanlässen oder auch nur mal zwischendurch solche Spezialitätenrestaurants aufzusuchen.

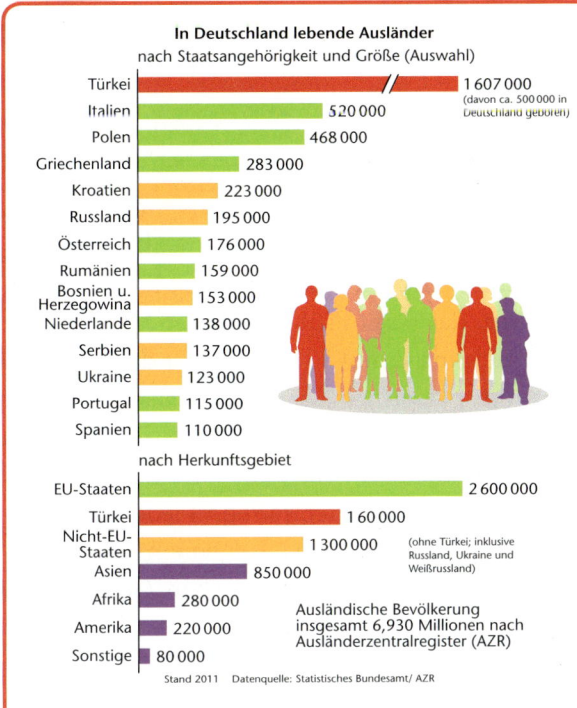

In Deutschland lebende Ausländer
nach Staatsangehörigkeit und Größe (Auswahl)

Türkei	1 607 000 (davon ca. 500 000 in Deutschland geboren)
Italien	520 000
Polen	468 000
Griechenland	283 000
Kroatien	223 000
Russland	195 000
Österreich	176 000
Rumänien	159 000
Bosnien u. Herzegowina	153 000
Niederlande	138 000
Serbien	137 000
Ukraine	123 000
Portugal	115 000
Spanien	110 000

nach Herkunftsgebiet

EU-Staaten	2 600 000
Türkei	160 000
Nicht-EU-Staaten	1 300 000 (ohne Türkei; inklusive Russland, Ukraine und Weißrussland)
Asien	850 000
Afrika	280 000
Amerika	220 000
Sonstige	80 000

Ausländische Bevölkerung insgesamt 6,930 Millionen nach Ausländerzentralregister (AZR)

Stand 2011 Datenquelle: Statistisches Bundesamt/ AZR

In der Fremde zu Hause

Husnia und Safyah waren zehn und dreizehn Jahre alt, als sie mit ihrer Familie nach Deutschland kamen. Der Krieg hat sie vertrieben. In ihrem Dorf war alles anders, und Husnia denkt oft an ihre Heimat zurück. Vieles muss sie neu begreifen – vieles ist ihr fremd. Nur zu Hause bei ihren Eltern und ihrer Schwester findet sie noch die alten Lebensgewohnheiten. Die passen so gar nicht in ihre neue Welt.

Die Gründe für bestimmte Ernährungsweisen sind sehr unterschiedlich. Husnia und Safyah essen kein Schweinefleisch. Sie gehören der islamischen Religionsgemeinschaft an, in der besondere Regeln gelten. Erlaubt sind grundsätzlich alle pflanzlichen Lebensmittel, die verträglich sind.

Auch der Fastenmonat Ramadan wird in ihrer Familie streng eingehalten. Für alle Familienmitglieder ist es unvorstellbar, alleine oder nur nebenbei zu essen. Der Tag beginnt mit einem typischen Frühstück. Das Abendessen beginnt, wenn alle Familienmitglieder zu Hause sind. Bei Tisch wird über die Ereignisse des Tages gesprochen.

Auch kleine Snacks werden als „Take-away", zum Mitnehmen, für unterwegs angeboten. Die Palette der unterschiedlichen Gerichte ist sehr vielfältig und wird gern angenommen.

Selbst in der heimischen Küche sind Gerichte aus anderen Ländern keine Seltenheit mehr. Viele Kochbücher stellen fremdländische Gerichte vor.

Religiöse Einflüsse auf die Esskultur

So vielfältig wie die Kulturen sind auch die Religionen. Neben dem Christentum, das die deutsche Kultur prägt, ist auch der Islam eine große Kulturgemeinde. Festgelegte Riten im Koran oder der Sunna bestimmen den täglichen Lebensmittelkonsum oder den Umgang mit Lebensmitteln in den Familien.

In der Regel gibt es zwei warme Mahlzeiten am Tag, wobei das Abendessen meist umfangreicher ausfällt als das Mittagessen.

Auch der Ramadan, die Fastenzeit, hat eine große Bedeutung. Alljährlich während des Monats Ramadan haben sich die Gläubigen nach dem Koran einer etwa dreißigtägigen Fastenzeit zu unterwerfen. Die erste Mahlzeit kurz nach Sonnenuntergang ist für viele Fastende jeden Tag etwas Besonderes und wird oft mit der ganzen Familie und mit Freunden gemeinsam eingenommen. In jedem Land gibt es Gerichte, die nur in diesen Wochen verzehrt werden.

> Die Vermeidung oder Bevorzugung bestimmter Speisen und Speisengesetze zählen zu Normen und Sitten verschiedener Kulturen.

1 An welchen Traditionen und Nahrungsmitteln würdest du in einem fremden Land gerne festhalten wollen? Stelle sie in einer Mindmap dar und präsentiere diese deinen Mitschülern.

★ 2 Auch in eurer Klasse wird es Jungen und Mädchen geben, die aus anderen Ländern stammen. Erörtert mit ihnen ihren Tagesablauf und die bevorzugten Nahrungsmittel bei den einzelnen Mahlzeiten. Schreibt diese in euer Heft und vergleicht mit euren Gewohnheiten.

Ernährung und Esskultur

Kompetent Essgewohnheiten beurteilen

A Das Nouruzfest im Iran

Ich heiße Safyah und bin 14 Jahre alt. Mein Heimatland ist der Iran. Jedes Jahr im März feiern wir Nouruz, das heißt Frühlings- oder Neujahrsfest. Es dauert insgesamt 13 Tage. Bevor das neue Jahr beginnt, putzen wir das ganze Haus, alles muss schön sauber sein. Am letzten Mittwoch des alten Jahres zünden wir ein Feuer an, das Tschahar Schanbe Suri. Am wichtigsten ist jedoch die Vorbereitung des Haft Sin. Auf einem festlich geschmückten Tisch werden sieben Gegenstände dekoriert, die alle mit einem „S" beginnen müssen. Das sind Sabze, Samanu, Sir, Serke, Somagh, Sib und Senjed. Besonders schön finde ich es, wenn wir am Abend vor Nouruz meine Großeltern besuchen, dort trifft sich dann die ganze Familie. Alle sind fröhlich und wir essen gemeinsam Sabsi-Polo ba Ma´hi, das ist geräucherter Fisch mit Dillreis. Geschenke gibt es auch. Am dreizehnten Tag machen wir dann einen Ausflug ins Grüne und picknicken gemeinsam.

B Das deutsche Frühstück

Jan berichtet von seinem letzten Aufenthalt im Hotel. Er freut sich immer auf das reichhaltige Frühstück. Sehr wichtig sind: Brot und Brötchen, Wurst, Käse, Eier, Marmeladen, Saft, Milch, Kaffee oder Tee. Das gehört zu einem guten Frühstück einfach dazu. Leider fehlt zu Hause dazu die Zeit.

C Das englische Frühstück

Zum englischen Frühstück gehören: Grapefruit, Frühstücksspeck, gebratene Würstchen, Rühroder Spiegelei, gegrillte Tomaten und warme Kartoffelscheiben. Tee mit Milch, Toast und Marmelade bilden den Abschluss.

D Gerichte aus aller Welt

Diese Gerichte kennst du bestimmt. Sie stammen aus unterschiedlichen Ländern.

Wichtige Begriffe

Esskultur
Rituale
Fast Food
Ethnic Food

Wissen und erklären

1 Erklärt euch gegenseitig die wichtigen Begriffe.

2 Betrachtet die Abbildungen (D). Benennt diese Gerichte und ordnet sie den Herkunftsländern zu.

Informationen beschaffen und auswerten

3 Sucht Rezepte und Zutaten für die abgebildeten Gerichte unter D. Entscheidet euch für die Zubereitung eines dieser Gerichte. Ordnet die Bestecke den Gerichten zu.

4 Informiert euch über die Bedeutung des „Haft sin". Findet mithilfe eines Lexikons oder im Internet heraus, mit welchen sieben Gegenständen der festliche Tisch geschmückt wird.

Beurteilen, entscheiden und handeln

5 Bildet Expertengruppen für die Länder Italien, Griechenland, China und Türkei. Findet heraus, welche Speisen dort bevorzugt gegessen werden. Stellt bedeutende Merkmale der Esskultur des jeweiligen Landes heraus. Nutzt für die Recherche das Internet und die Bibliothek.

6 Lies den Text unter (A) aufmerksam. Gestalte einen eigenen Textbeitrag zum Thema: „Neujahrsfeier in meinem Heimatland."

7 Unter (B) ist ein typisch deutsches Frühstück angerichtet. Vergleiche dieses mit einem französischen und dem englischen Frühstück (C). Schreibe Gemeinsamkeiten und Unterschiede heraus und bewerte sie nach den Prinzipien der Vollwertigkeit.

8 Bereitet gemeinsam ein Frühstück zu und richtet es traditionell an.

M Projekt: Gerichte aus anderen Ländern

1	**Problem** • Zu welchem Anlass können wir internationale Küche anbieten?	Klassenfest
2	**Vorbereitung** • Sich in jeder Kochgruppe für ein Land entscheiden. • Ideen sammeln, wie beim Angebot der Speisen auch die Kultur des gewählten Landes anschaulich gemacht werden kann.	Informationen aus Kochbüchern und Internet sammeln und auswerten Tischschmuck, Raumschmuck auf das gewählte Land abstimmen
3	**Durchführung** • Die Speisen planen, Zutaten zusammenstellen, die Kosten berechnen, Beschaffung besonderer Zutaten erkunden und einkaufen. • Gerichte herstellen.	Speisen beschriften, besondere Gewürze kennzeichnen und über deren Wirkung informieren Kriterienkatalog erstellen Speisen testen, bewerten und vergleichen
4	**Auswertung** Ergebnisse dokumentieren.	Arbeitsweise und Arbeitsgeräte aus dem Ursprungsland beurteilen Poster anfertigen

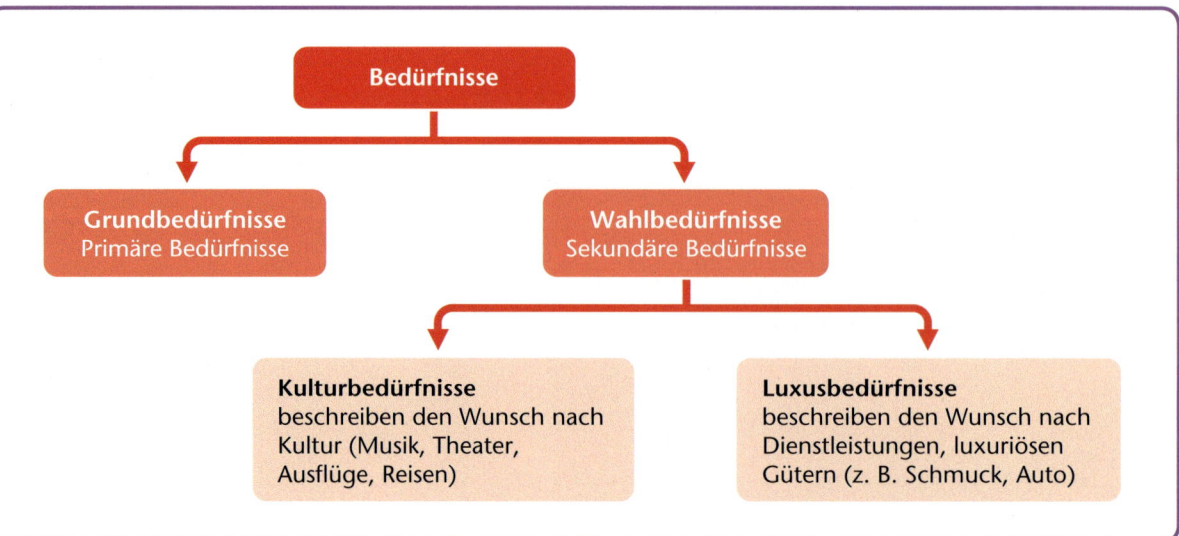

Wirtschaften, um Bedürfnisse zu befriedigen

Grundbedürfnisse

Jeder Mensch hat Bedürfnisse. Wer Durst hat, hat das Bedürfnis zu trinken, wer modebewusst ist, möchte sich modern kleiden. Andere meinen ohne die neueste Computertechnik nicht leben zu können. Allen Bedürfnissen, so unterschiedlich sie auch sein mögen, ist eines gemeinsam – das Empfinden eines Mangels.

> Bedürfnisse sind immer Ausdruck eines Mangels.

Ziel ist immer, dieses Mangelempfinden zu beseitigen, das heißt die Bedürfnisse zu befriedigen. Die Bedürfnisse, deren Befriedigung für uns lebensnotwendig ist, heißen Grund- oder Primärbedürfnisse.

> Grund- oder Primärbedürfnisse aller Menschen sind Ernähren, Kleiden, Wohnen und Schlafen.

Allen Menschen, egal wie alt sie sind, welche Nationalität sie haben oder unter welchen Umständen sie leben, sind bestimmte Bedürfnisse gemeinsam.

Wahlbedürfnisse

Die Wahl- oder Sekundärbedürfnisse sind von Person zu Person verschieden. Jedem fallen sehr schnell Beispiele dafür ein, was er über die Grundbedürfnisse hinaus gerne hätte. Das kann ein neues Mountainbike, ein Smartphone (materielle Bedürfnisse) oder ein Kino- oder Theaterbesuch sein (immaterielle Bedürfnisse).

Bedürfnisse sind immer personenbezogen und hängen im Wesentlich ab von:

- den Lebensbedingungen und den sozialen Beziehungen, die im Land, in der Region, in der Familie, im Freundes- oder Bekanntenkreis herrschen,
- dem Alter,
- dem Geschlecht,
- der Bildung,
- dem technischen Fortschritt.

> Als Wahl- oder Sekundärbedürfnisse werden Bedürfnisse bezeichnet, die über die Grundbedürfnisse hinausgehen.

Familie Heuer	Bedürfnisse	Rangfolge Vater	Rangfolge Mutter	Rangfolge Antonia	Rangfolge Ferenc
Vater Jan Berufstätig, Vollzeitjob und gut verdienend	Für den nächsten Urlaub benötigen wir eine neue Kamera, damit wir eine schöne Erinnerung haben.	1	4	4	4
Mutter Sandra Teilzeitbeschäftigt im öffentlichen Dienst	Die Familie benötigt einen neuen Wäschetrockner, da die Wäsche im Winter sehr langsam trocknet.	4	1	2	2
Tochter Antonia 17 Jahre, Schülerin	Alle Mädchen ihrer Klasse besuchen einen Tanzkurs, da muss sie mit dabei sein.	3	2	1	3
Sohn Ferenc 16 Jahre, Schüler	Er benötigt ein Mofa, da er demnächst eine Ausbildung beginnt und zu Berufsschule und Betrieb fahren muss.	2	3	3	1

Die Bedürfnisse von Familie Heuer

Aufstellen einer Bedürfnisstruktur

Bedürfnisse sind grenzenlos. Niemand kann alle sofort erfüllen, denn zur Befriedigung der Bedürfnisse benötigt man entsprechende Mittel. Das Familieneinkommen sichert die Grundbedürfnisse ab. Viele Wünsche aber bleiben immer Träume, da sie nicht finanziert werden können. Welche Wahlbedürfnisse man sich leisten kann, hängt von der Höhe des Familieneinkommens ab. Viele Schülerinnen und Schüler in den oberen Klassen nehmen einen Nebenjob an, um sich ihre persönlichen Wünsche erfüllen zu können.

Bei der Entscheidung darüber, welche Wünsche erfüllt werden und welche nicht, hilft das Aufstellen einer Bedürfnisstruktur für die in einem Haushalt lebenden Personen. Die vorhandenen Wünsche werden ermittelt und eine Rangfolge wird festgelegt. Eine demokratische Abstimmung in einer Familienkonferenz wäre wohl die gerechteste Form der Entscheidungsfindung. Das ist aber nicht immer einfach. Denn hier treffen unterschiedliche Ansprüche aufeinander. Nur in einem Single-Haushalt ist es einfach, eine Rangfolge festzulegen.

Trotz der unterschiedlichen Vorstellungen der Haushaltmitglieder muss schließlich ein Kompromiss gefunden werden. Das geht am besten so:

- Zuerst den Bedarf ermitteln.
- Eine Reihenfolge festlegen, begründen und in der Familie diskutieren.
- Das zur Verfügung stehende Geld prüfen und einteilen.
- Die Folgen für den Einzelnen abschätzen.
- Die Folgen für die Familie einschätzen (eventuell eine Kreditaufnahme erwägen).
- Entscheiden und handeln.

> Die Befriedigung der Bedürfnisse im privaten Haushalt ist Anlass zum wirtschaftlichen Handeln.

1 Beurteile die Rangfolge der Bedürfnisse, die die einzelnen Familienmitglieder im Fallbeispiel oben festgelegt haben. Nenne Gründe für ihre Entscheidung.

2 Lege nun selbst eine Rangfolge deiner Bedürfnisse fest und begründe deine Entscheidung.

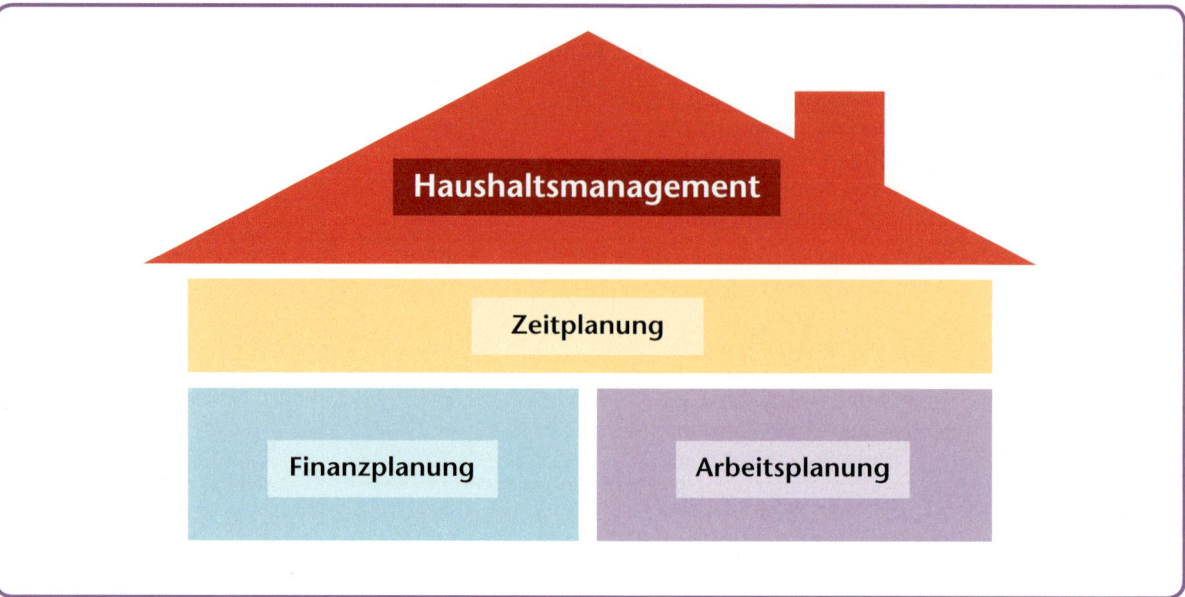

Arbeitsorganisation und Arbeitsplanung

Planung und Verteilung der Arbeit

Einen modernen Haushalt effizient und wirtschaftlich zu führen, erfordert ein hohes Maß an Wissen und Können. Die Vermittlung und das Beherrschen von Kenntnissen für die Alltagsbewältigung und Lebensführung sind dabei die Grundlagen zur Bewältigung der täglichen Haushaltsaufgaben. Dazu benötigt man Haushaltsführungskompetenzen.

Haushaltsführungskompetenzen sind z. B. Fähigkeiten

- zur Festlegung, Planung und Verteilung der anfallenden Arbeiten (Kenntnis der Arbeitsabläufe),
- zur Nahrungzubereitung,
- zur Wohnungspflege,
- zur Ausführung von Reparaturen im Haushalt,
- zum sparsamen und gerechtenUmgang mit Geld (Girokonten, Kredite),
- zur Auswahl sinnvoller Versicherungen,
- zum sozialen Umgang mit anderen,
- zur Beschaffung und Bewertung von Informationen.

Hausarbeit wird nicht bezahlt und bezieht sich auf alle Arbeiten, die unmittelbar zur Aufrechterhaltung des Haushalts gehören. Die Erwerbsarbeit hingegen ist die ökonomische Grundlage für die Befriedigung der Bedürfnisse.

> Hausarbeit heißt, Leistungen zu erbringen, die der Lebenserhaltung der Haushaltsmitglieder dienen und die zu ihrem Wohlergehen beitragen.

Wer macht die Hausarbeit?

Traditionell gibt es häufig noch eine geschlechtsspezifische Arbeitsteilung, die in den meisten Fällen eine Mehrbelastung für die Frauen bedeutet. Auch die Ansicht „Hausarbeit ist keine richtige Arbeit" ist in der Gesellschaft noch weit verbreitet. Seit immer mehr Frauen erwerbstätig sind, müssen aber die klassische Rollenverteilung und die Arbeitsteilung im Haushalt neu überdacht und geregelt werden.

Wie viele Arbeiten jedes Mitglied der Familie übernimmt, hängt ab von

- der Anzahl der Haushaltsmitglieder,
- ihrem Alter,
- ihrem Können und Wissen,

Rangliste der Hausarbeit

	notwendig	wünschenswert
Täglich		
Wöchentlich		
Monatlich		
Selten/bei Bedarf		

Tätigkeiten im Haushalt
Kochen, Müll entsorgen, einkaufen, Fenster putzen, bügeln, Kühlschrank säubern, Steuererklärung erstellen, putzen, Gardinen waschen, Post beantworten, Überweisungen tätigen, Wäsche waschen, Fahrrad reinigen …

Tagesablaufplan

Uhrzeit	Mutter	Vater	Antonia	Ferenc
6 Uhr	wecken			
7				
8		Erwerbsarbeit		
9			Unterricht	Unterricht
10				
11				
12				
.				
.	Erwerbsarbeit		Einkauf	
.				

Gut geplant ist halb getan!

- ihrer Berufstätigkeit,
- dem Freizeitbedarf: Jeder benötigt für die persönliche Regeneration angemessene Freizeit.

> Die Arbeitsorganisation im privaten Haushalt schafft eine gerechte Verteilung aller notwendigen Aufgaben mit dem Ziel, das Zusammenleben der Familie zu optimieren.

Um rationell zu arbeiten, sollten für alle Haushaltsarbeiten Arbeitspläne erstellt werden. Arbeitspläne sind bereits aus vielen Bereichen bekannt. Man kann sie für einen konkreten Tag, für eine Woche oder auch nur für einen etwas komplizierteren Arbeitsprozess erstellen.

Die Planung der Zeit

Zeit ist ein kostbares Gut, das vergeht und nicht wiederkehrt. Deshalb stellt die sinnvolle Verteilung und Nutzung der Zeit eine wesentliche Auf-

gabe der planerischen Tätigkeiten im Haushalt dar. Nicht nur was zu erledigen ist, sondern auch wann die Aufgaben zu erfüllen sind müssen die Haushaltsmitglieder wissen. Hierbei helfen insbesondere der Tagesablaufplan und der Wochenplan.

- Verrichte Arbeiten nicht aufs Geratewohl.
- Plane überlegt, was wann wie lange getan wird.
- Beende eine einmal begonnene Arbeit.

1 Ermittle den Zeitaufwand, der für Tätigkeiten im Haushalt in einer Woche (Mo – Sa) anfällt. Lege eine Tabelle an, in die du Art der Tätigkeit, Zeitpunkt und Dauer der Durchführung, ausführende Person einträgst.

★ 2 Diskutiert Möglichkeiten, wie durch bessere Arbeitsteilung und Arbeitsorganisation der Zeitaufwand für Tätigkeiten im Haushalt möglichst gering gehalten werden kann.

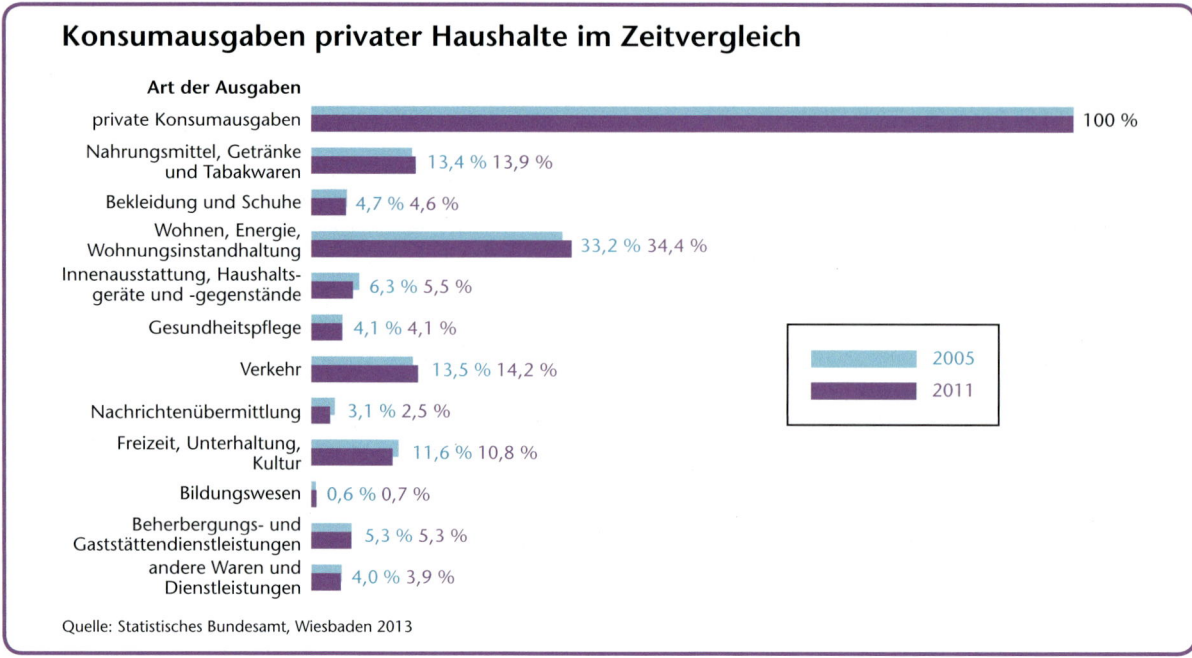

Konsumausgaben privater Haushalte im Zeitvergleich

Art der Ausgaben

private Konsumausgaben	100 %
Nahrungsmittel, Getränke und Tabakwaren	13,4 % 13,9 %
Bekleidung und Schuhe	4,7 % 4,6 %
Wohnen, Energie, Wohnungsinstandhaltung	33,2 % 34,4 %
Innenausstattung, Haushaltsgeräte und -gegenstände	6,3 % 5,5 %
Gesundheitspflege	4,1 % 4,1 %
Verkehr	13,5 % 14,2 %
Nachrichtenübermittlung	3,1 % 2,5 %
Freizeit, Unterhaltung, Kultur	11,6 % 10,8 %
Bildungswesen	0,6 % 0,7 %
Beherbergungs- und Gaststättendienstleistungen	5,3 % 5,3 %
andere Waren und Dienstleistungen	4,0 % 3,9 %

2005
2011

Quelle: Statistisches Bundesamt, Wiesbaden 2013

Wofür Haushalte ihr Geld ausgeben

Die Finanzplanung

Um alle finanziellen Anforderungen und Probleme zu meistern, ist eine solide Finanzplanung für den privaten Haushalt absolut notwendig.
Ohne finanzielle Mittel ist ein Haushalt nicht in der Lage, den Grundbedarf der Familie zu sichern. Erst dann können Wahlbedürfnisse diskutiert werden.

> Die Finanzplanung im privaten Haushalt gibt einen Überblick über anfallende Ausgaben für einen bestimmten Zeitraum. Sie unterscheidet zwischen festen und variablen Kosten.

Der finanzielle Bedarf eines Haushalts hängt von verschiedenen Bedingungen ab.
Dazu gehören:
- die Haushaltsgröße,
- die Bedürfnisse der im Haushalt lebenden Personen,
- das Alter der Haushaltmitglieder,
- der Familienstand,
- der Ort, an dem der Haushalt angesiedelt ist.

Ein Haushalt kostet Geld, das täglich, wöchentlich, monatlich und auch jährlich bereitzustellen ist. Sämtliche Ausgaben müssen durch die Haushaltseinnahmen gedeckt werden.
Haushaltseinnahmen über die Erwerbsarbeit wie der Lohn und das Gehalt gehören zu den häufigsten Einnahmequellen. Dem Haushalt steht dann der Nettolohn als Planungsgröße zur Verfügung. Eine zweite Bezugsquelle sind Transfereinkommen. Zu ihnen gehören z. B. Wohn- oder Kindergeld.
Aus all diesen Einnahmen kann der Lebensunterhalt bestritten werden. Da ist es oft schwer, den Überblick zu behalten. Klarheit verschafft die Aufteilung in feste und variable Kosten.

> Zu den festen Kosten gehören z. B. die Miete, Versicherungen, Tageszeitungen, Flatrate, Beiträge, Energiekosten, Sparbeiträge. Sie sind im voraus planbar.

Bei diesen Kosten werden die Monatsraten exakt erfasst. Sie können exakt geplant werden.

Ein Haushaltsbuch mit einem Tabellenkalkulationsprogramm erstellen

F4   ▼ f_x =F3+C4-E4

	A	B	C	D	E	F
1	Datum	Einnahmen		Ausgaben		Kassenbestand
2		Posten	€	Posten	€	
3	01.04.	Anfangsbestand				25,00
4	01.04.	Taschengeld	50,00			75,00
5	03.04.			Handykarte	12,00	63,00
6	05.04.			Kinokarte	7,50	55,50
7	09.04.			Fastfood	6,50	49,00
8	15.04.			Geburtstagsgeschenk	11,00	38,00
9	15.04.	Zuschuss Oma	5,00			43,00
10	22.04.			Fahrradschlauch	6,50	36,50
11	23.04.			Beitrag Klassenfahrt	25,00	11,50
12	28.04.			Bäcker	1,50	10,00
13	30.04.	Prospekte austragen	20,00			30,00
14	30.04.	Schlussbestand				30,00

Mit einem Haushaltsbuch behält man die Übersicht

Variable Kosten sind schwieriger zu überblicken und müssen deshalb besonders sorgfältig geplant werden. Sie sind abhängig von den jeweiligen Bedürfnissen der Haushaltsmitglieder und von besonderen Ereignissen, die immer wieder auch unvorhergesehen eintreten können.

> Variable Kosten sind schwer planbar. Sie decken viele Wahlbedürfnisse der Haushaltsmitglieder ab.

Bei der Festlegung von variablen Kosten hat der Haushalt die Möglichkeit, verschiedene Schwerpunkte zu setzen. Diese können auch monatlich variieren. Auch hier sind einige Ausgaben gut kalkulierbar, z. B. Ausgaben für Nahrung, Kleidung, Hygieneartikel. Schwieriger wird es, wenn die Kosten für ein Hobby und die Freizeit geplant werden sollen.

Aber auch bei den Ausgaben für Nahrung ist nicht jeder Haushalt gleich. Je nach Lebensstil werden unterschiedliche Schwerpunkte gesetzt. So sind Bio-Lebensmittel meist etwas teurer als konventionell erzeugte Lebensmittel oder Fair-trade-Produkte.

Rechnungswesen im Haushalt

Die Grundlage für das hauswirtschaftliche Rechnen bildet das Haushaltsbuch. In ihm werden alle Einnahmen, die zur Verfügung stehen, und alle Ausgaben genau erfasst. Nur so ist es möglich, den Überblick zu behalten.

> Die Planungsgrundlage für das Rechnungswesen im Haushalt stellt das gesamte zur Verfügung stehende Einkommen dar.

Mit der Haushaltsbuchführung ist es möglich, die Ausgaben mit den zur Verfügung stehenden Einnahmen zur Deckung zu bringen. Das regelmäßige Erstellen der Bilanz gibt einen schnellen Überblick über die gegenwärtige finanzielle Situation des privaten Haushaltes. Dies trägt dazu bei, Bedürfnisse den finanziellen Gegebenheiten anzupassen und eine Verschuldung zu vermeiden.

★ 1 Prüfe im Internet Angebote zur Führung eines Haushaltsbuches. Bewerte diese und stelle deine Ergebnisse in der Klasse vor.

123

Unter
ökologischen Gesichtspunkten
ist der Selbstversorgerhaushalt der umwelt-
freundlichste Haushaltstyp. Der Vergabehaushalt
verbraucht die meisten Ressourcen. Der Dienstleistungshaushalt
ist in modernen Gesellschaften der meistverbreitete Haushaltstyp.

Vergabehaushalt
Fast alle Hausarbeiten werden an Personen vergeben. Das kann die Pizza vom Pizzadienst, die Nachhilfe für die Kinder oder die Vergabe der Wäsche sein.
Der Vergabehaushalt ist der jüngste Haushaltstyp.

Dienstleistungshaushalt
Viele Güter und Lebensmittel werden durch den Kauf erworben. Hausarbeit wird in hohem Maße selbst ausgeführt. Der Anteil an Eigenarbeit beträgt ca. 50 %.

Selbstversorgerhaushalt
Benötigte Güter werden zu einem großen Teil selbst erzeugt. Der Anteil an Eigenleistung ist sehr hoch, der Geldfluss gering.
Diesen Haushaltstyp findet man heute noch vorwiegend in Entwicklungsländern.

Haushaltstypen

Versorgungsprinzipien von Haushalten

Der private Haushalt als Wirtschafts- und Lebensgemeinschaft

Für das Leben in einem privaten Haushalt haben sich je nach individuellen Lebensgewohnheiten, Lebensumständen und gesellschaftlichen Verhältnissen verschiedene Haushaltstypen herausgebildet. Eine mögliche Differenzierung ist die nach dem Versorgungsprinzip.

> Der private Haushalt ist eine wirtschaftliche und soziale Einheit, die sowohl Stätte des Verbrauchs als auch der Leistungserbringung ist.

Damit unsere Bedürfnisse befriedigt werden können, benötigen wir Sachgüter und Dienstleistungen. Je nach Struktur des Haushaltes werden Produkte selbst hergestellt (z. B. Marmelade) und es werden Dienstleistungen von der Familie erbracht (z. B. die Wohnung säubern, Reparaturarbeiten, Wohnungsrenovierung). In anderen Familien werden in Betrieben erzeugte Produkte gekauft oder Arbeiten von qualifizierten Handwerkern ausgeführt.

Der Selbstversorgerhaushalt

Noch vor ca. 200 Jahren war es für die Haushalte typisch, dass mehrere Generationen unter einem Dach lebten. Sie erzeugten ihre Nahrungsmittel, ihre Kleidung und alles zum Leben Notwendige selbst. Es standen viele Arbeitskräfte zur Verfügung, die vielfältige Tätigkeiten ausführen mussten.

Obwohl dieser Haushaltstyp heute vorwiegend in den Entwicklungsländern zu finden ist, bemühen sich verschiedene Familien, das Selbstversorgungsprinzip für sich neu zu entdecken. Je nach persönlichem Lebensstil wird aus dem Korn das Mehl selbst gemahlen und auch das Brot wird selbst gebacken. Wer kann, versorgt sich mit Lebensmitteln aus dem eigenen Garten. Aber ein kompletter Verzicht auf das Marktangebot scheint kaum möglich zu sein. Um dem Selbstversorgerprinzip näher zu kommen, werden verschiedene Hofläden genutzt. In ihnen findet man vielfältigste Angebote, die weitgehend selbst produziert wurden.

Typischer Dienstleistungshaushalt:
Das bisschen Haushalt

Moderner Haushalt (Vergabe)

Der Dienstleistungshaushalt

Die Bedürfnisse der Menschen verändern sich mit dem gesellschaftlichen und persönlichen Lebenszyklus. Historisch betrachtet veränderten sich die Lebensbedingungen sehr stark mit der industriellen Revolution. Viele Menschen wurden durch die technischen und wirtschaftlichen Veränderungen in die Städte gelockt. Das verdiente Geld musste für die am Markt angebotenen Produkte verwendet werden. Die am Produktionsprozess beteiligten Menschen hatten keine Zeit mehr zur Selbstversorgung.

Mit einer veränderten Bedürfnislage verändert sich auch die Gestaltung und Organisation des Familienlebens. Das bedeutet, dass die Haushaltsführung immer wieder neuen Ansprüchen unterliegt und angepasst werden muss.

Wenn nicht mehr alles selbst angebaut werden kann und immer mehr Dienstleistungen in Anspruch genommen werden, spricht man vom Dienstleistungshaushalt.

> Der Dienstleistungshaushalt liegt dann vor, wenn nicht mehr alles selbst angebaut wird, sondern viele Güter und Nahrungsmittel durch Kauf erworben werden.

Heute sind die meisten Menschen auf Dienstleistungen angewiesen. So bieten Steuerberater oder Heizungsmonteur ihr Wissen anderen an.

Der Vergabehaushalt

Der historisch betrachtet jüngste Haushaltstyp ist der Vergabehaushalt.

> Beim Vergabehaushalt werden viele Arbeiten durch fremde, nicht zum Haushalt gehörende Personen ausgeführt.

Der Vergabehaushalt setzt voraus, dass die finanziellen Mittel, die zur Bezahlung der Dienstleistungen notwendig sind, auch vorhanden sind. Solche Tätigkeiten können z. B. der Einkauf, die Haushaltsreinigung oder die Kindererziehung sein. Außerdem werden in größerem Maße vorgefertigte Lebensmittel wie Tiefkühlkost oder Dosenware erworben. Wer gar nichts zubereiten möchte, besucht ein Restaurant.

Die drei Haushaltstypen kommen gegenwärtig aber selten in ihrer reinen Form vor. Daher ist es nicht immer leicht zu bestimmen, welcher Haushalstyp gerade vorliegt. Die Realität zeigt verschiedene Mischtypen, die aus der jeweiligen konkreten Lebenslage einer Familie resultieren.

1 Erläutere an jeweils einem Beispiel aus dem eigenen Haushalt den Zusammenhang von Selbstversorgung, Dienstleistung und Vergabe.

Haushalte früher und heute

Einen Haushalt wirtschaftlich führen

A Der private Haushalt im Zentrum wirtschaftlichen Handelns

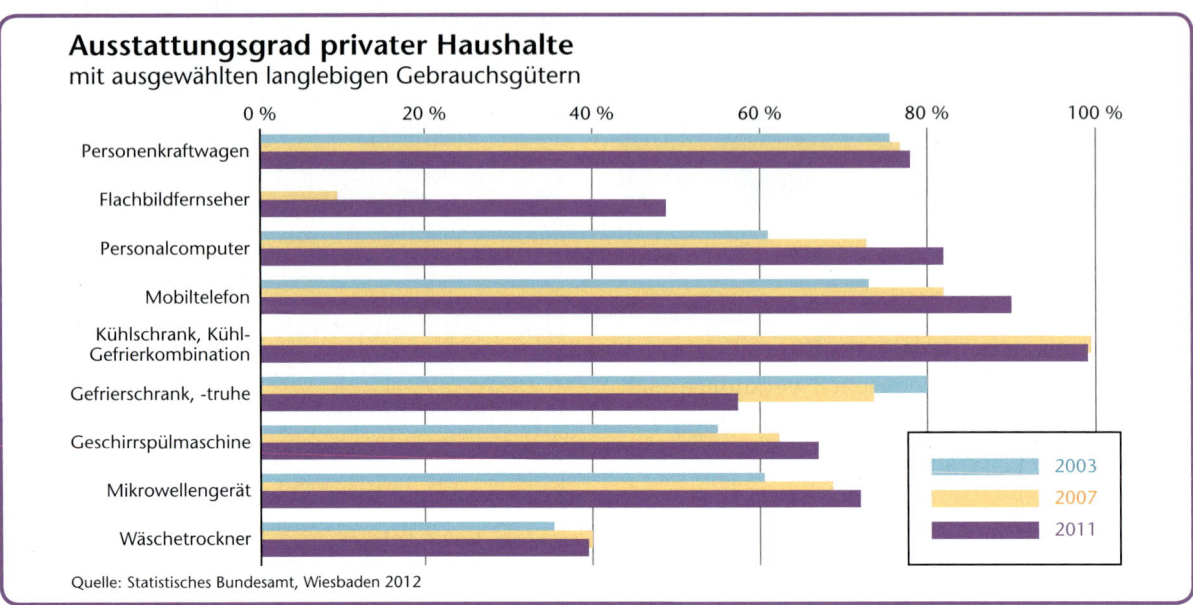

Ausstattungsgrad privater Haushalte
mit ausgewählten langlebigen Gebrauchsgütern

Legende:
- 2003
- 2007
- 2011

Quelle: Statistisches Bundesamt, Wiesbaden 2012

B Haushalte analysieren

Familie Gärtner hat ein Problem:

Vater:
Klaus, Alter 37 Jahre, Gas-Wasserinstallateur
Hobby: Fußball, Heimwerken, Wandern
Einkommen: 2.340,00 € monatlich

Mutter:
Gerlinde, Alter 36 Jahre, Steuerfachangestellte
Hobby: Gartenarbeit, Wandern
Einkommen: 1.800,00 € monatlich

Tochter:
Johanna, Alter 16 Jahre, Schülerin
Einkommen: 40,00 € (Prospekte austragen) monatlich

Sohn:
Björn, Alter 14 Jahre, Schüler
Hobby: Fußball, Basteln

Für den gemeinsamen Sommerurlaub sollen 2.300 € gespart werden. Mit dem Geld wollen sie gemeinsam nach Österreich reisen.

Im Januar wird der Motor des Autos stark beschädigt. Das bedeutet eine teure Reparatur oder den Kauf eines neuen Wagens. Die Situation im Betrieb von Gerlinde verschlechtert sich. Sie wird nur noch in Teilzeit beschäftigt und erhält 500 € weniger Gehalt.

Johanna möchte sich ein Smartphone kaufen – schließlich möchte sie immer erreichbar sein und auch von unterwegs ihre Mails abrufen können. Deshalb benötigt sie mehr Geld.

Björn hat die Möglichkeit, im Mai ins Trainingslager zu fahren. Das bedeutet, dass Reisekosten und Verpflegung in Höhe von 150 € aufzubringen sind.

C Verschiedene Haushaltstypen

Haushalte können nach unterschiedlichen Kriterien unterteilt werden. Diese Kriterien sind u. a. abhängig von der Art der Untersuchung und können sein:

Anzahl der Personen:
Einpersonenhaushalte, Zweipersonenhaushalte, Mehrpersonenhaushalte

Art des Einkommens des Hauptverdieners:
- Erwerbseinkommen
- Einkommen aus selbstständiger Arbeit
- Vermögenseinkommen

Das statistische Bundesamt unterscheidet nach:
Haushaltstyp I
Haushaltstyp II
Haushaltstyp III

Die Wissenschaft unterscheidet u. a. nach dem Lebenszyklus:
Jung und alleinstehend
Jung, verheiratet ohne Kinder
Verheiratet mit Kindern
Verheiratet ohne Kinder
Alleinstehend

D Haushaltsverständnis mal anders

Wichtige Begriffe

Bedürfnis
Grundbedürfnis
Wahlbedürfnis
Arbeitsplan
Haushaltsbuch

Selbstversorger-
haushalt
Dienstleistungs-
haushalt
Vergabehaushalt

Wissen und erklären

1 Erklärt euch gegenseitig die wichtigen Begriffe.

2 Bewerte die Haushaltssituation, die unter D dargestellt ist, und erarbeite eine Argumentation zur Planung und Organisation von Hausarbeit.

3 Erkläre, warum es so viele Kriterien für die Einteilung nach Haushaltstypen gibt. (C)

4 Was verbirgt sich hinter den Haushaltstypen I – III (C)? Erkläre ihre Bedeutung.

5 Interpretiere das Lebenszyklusmodell unter (C).

Informationen beschaffen und auswerten

6 Führt bei euren Mitschülern eine Befragung zum Ausstattungsgrad der Haushalte durch. Nutzt dazu die Statistik unter A und vergleicht die Ergebnisse. Bewertet den Ausstattungsgrad im Hinblick auf die Bedürfnislage der Haushaltsmitglieder.

7 Notiert alle Haushaltsarbeiten, die über einen Tag verteilt bei euch im Haushalt ausgeführt werden. Recherchiert, ob diese Leistungen auch vergeben werden könnten. Tragt mögliche Kosten dafür in einer Tabelle ein und vergleicht eure Ergebnisse.

Beurteilen, entscheiden und handeln

8 Analysiert die Haushaltsstruktur unter B und legt ein fiktives Haushaltsbuch an. Benennt Kosten, die immer anfallen, und erarbeitet einen Vorschlag, wie Familie Gärtner ihren Urlaubswunsch doch noch umsetzen könnte.

9 Erarbeitet Lösungsansätze zum Konflikt unter B und stellt diese vor.

M **Wir führen eine Befragung durch**

1

Wir planen eine Umfrage
- Das Thema benennen.
- Die Zielsetzung bestimmen.
- Benötigte Daten benennen.
- Die Personengruppe, die befragt werden soll, festlegen.
- Die Befragungsmethode oder -methoden festlegen (schriftliche Befragung, persönliches Interview, Expertenbefragung).

2

Wir entwickeln Fragen
- Fragen sammeln.
- Fragen durchdenken.
- Was ist wichtig? Nicht zu viele Fragen stellen.
- Fragen kurz und verständlich formulieren, sodass die Antworten kurz ausfallen.

3

Wir arbeiten einen Fragebogen aus
- Die Fragen ordnen.
- Den Fragebogen anwenderfreundlich, adressatengerecht und der Befragungsart entsprechend gestalten.
- Den Fragebogen genehmigen lassen.

4

Wir testen die Fragen
- Die Befragung wird mit Personen, die an der Entwicklung der Befragung nicht beteiligt waren, vorab getestet.
- Ihre Kritik (z. B. zur Verständlichkeit) führt zur Überarbeitung der Fragen.

5

Wir führen die Befragung durch
- Ein Informationsblatt zur Zielstellung der Befragung erstellen.
- Die Befragungstermine abstimmen.
- Bei der Befragung allgemeine Regeln der Höflichkeit beachten.

6

Wir werten die Ergebnisse aus
- In der Gruppe (eine Person diktiert, eine Person kontrolliert, die dritte gibt die Daten ein) arbeiten.
- Alle eingegebenen Daten kontrollieren.
- Strichlisten sind eine einfache und effiziente Methode zur Datenerfassung.
- Ein Tabellenkalkulationsprogramm zur Auswertung verwenden.

7

Wir präsentieren die Ergebnisse
- Für die Visualisierung geeignete PC-Programme nutzen.
- Erklärende und evtl. beurteilende Texte verfassen.

Lebensmittel produzieren

9

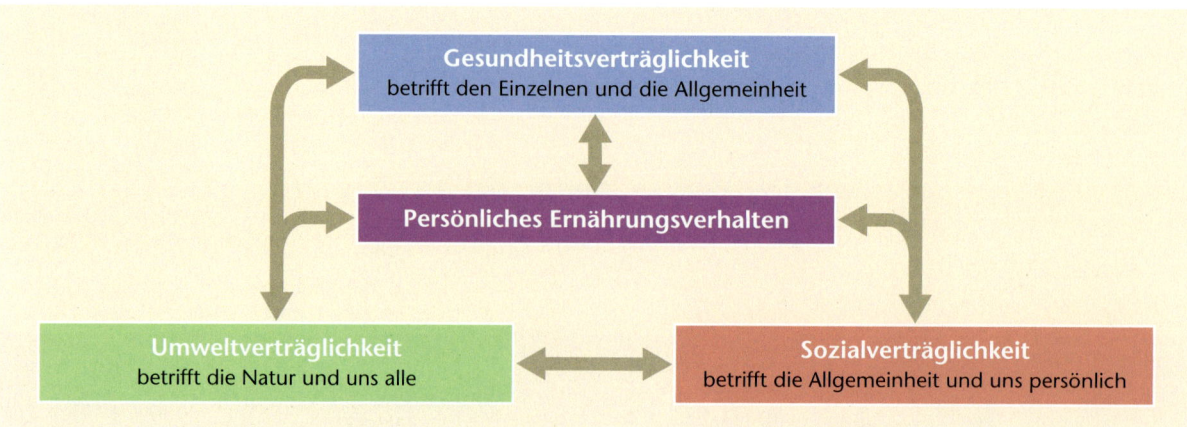

Wechselwirkungen zwischen Lebensmittelproduktion, Lebensmittelqualität und Ernährungsverhalten

Nachhaltige Ernährung – was ist das eigentlich?

Die Qualität von Lebensmitteln wird aus sehr unterschiedlichen Perspektiven beurteilt. Der eine schwört auf den guten Geschmack, die Frische und das schöne Aussehen (egal, was drin ist), für den anderen ist wichtig, wo das Lebensmittel herkommt, der dritte möchte nur naturbelassene Produkte und für den vierten soll es möglichst billig sein. Beim Einkauf von Lebensmitteln zählen für den Verbraucher in erster Linie die Frische mit ca. 86 % und der Preis mit ca. 56 %.

Weitere Entscheidungskriterien sind unter den Gesichtspunkten der Nachhaltigkeit zu sehen. Dazu zählen die Umweltverträglichkeit, die Sozialverträglichkeit und die Gesundheitsverträglichkeit.

Umweltverträglichkeit

Jedes Lebensmittel kann nur so gut sein wie die Umwelt, aus der es stammt. Es sollte so erzeugt, verarbeitet, verpackt und transportiert werden, dass der Verbrauch von Rohstoffen und Energie gering bleibt.

- Bevorzuge Erzeugnisse aus kontrolliert ökologischem Anbau.
- Bevorzuge Obst und Gemüse aus regionalem Anbau nach Jahreszeit.
- Bevorzuge unverpackte oder umweltschonend verpackte Lebensmittel.

Sozialverträglichkeit

Die Arbeitsverhältnisse und die Entlohnung der Menschen, die in der Erzeugung, im Handel und in der Verarbeitung der Lebensmittel tätig sind, sollten auf der ganzen Welt menschenwürdig sein. Religiose und kulturelle Aspekte sind zu beachten.

- Kaufe Waren bei kleinen bäuerlichen Betrieben.

Gesundheitsverträglichkeit

Das Ziel ist die optimale Versorgung des Körpers mit allen lebensnotwendigen Inhaltsstoffen und möglichst wenig Schad- und Zusatzstoffen, damit die Gefährdung der Gesundheit gering bleibt. Die Nahrung soll gut schmecken, sättigen und ein Genuss sein.

- Bevorzuge frische, pflanzliche Lebensmittel.

Überprüfe dein persönliches Ernährungsverhalten. Jeder Einzelne verantwortet selbst mit der Wahl des Produktes auch die Produktionsweise mit allen Vor- und Nachteilen für die natürliche und soziale Umwelt.

> Nachhaltige Ernährung heißt, Umwelt-, Sozial- und Gesundheitsverträglichkeit zu berücksichtigen.

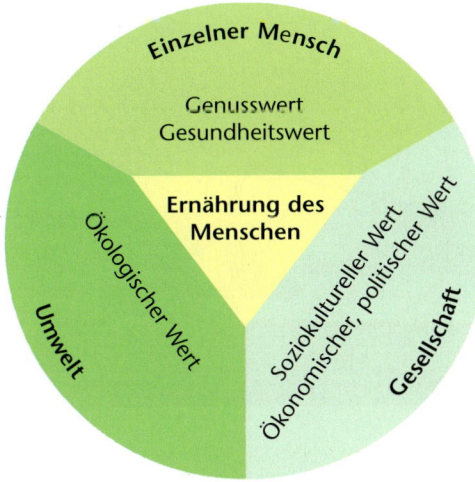

Kategorien der Lebensmittelqualität

Artgerechte Tierhaltung

Gesundheitswert

Der Gesundheitswert drückt auch die funktionale Qualität eines Lebensmittels aus. Damit ist die Wirkung der Lebensmittel im Körper gemeint. Dazu zählen z. B. Gehalt und Dichte an essentiellen Nährstoffen sowie gesundheitsförderlichen Inhaltsstoffen (Ballaststoffe, sekundäre Pflanzenstoffe), Energiegehalt, Sättigungswert, Verdaulichkeit, Gehalt an wertmindernden Rückständen und Schadstoffen. Ziele hierbei sind, die optimale geistige und körperliche Leistungsfähigkeit zu sichern sowie die Bildung von körpereigenen Abwehrkräften zu unterstützen.

Genusswert

Dazu gehören z. B. Aussehen, Farbe, Form, Geruch, Geschmack, Konsistenz, Temperatur, Reife- und Frischezustand. Aromen sind oft der entscheidende Faktor, wenn es um den Genusswert zubereiteter Lebensmittel geht. Industriell hergestellte Aromen sorgen dafür, dass ein zubereitetes Lebensmittel immer wieder gleich schmeckt. Bei den sensorischen Werten stehen persönliche Vorlieben im Vordergrund.

Ökologischer Wert

Artgerechte Tierhaltung, ökologischer Anbau, geringer Verarbeitungsgrad usw. folgen dem Leitgedanken „Wirtschaften im Einklang mit der Natur". Die ökologische Landwirtschaft zeichnet sich durch eine erheblich eingeschränkte Anwendung von Dünge-, Pflanzenschutz- und Tierarzneimitteln sowie durch eine artgerechte Tierhaltung aus.

Ökonomischer und soziokultueller Wert

Preis, Haltbarkeit, Zeit- und Energieaufwand bei der Zubereitung und Lagerung, sozialverträgliche Bedingungen bei der Produktion sowie bei der Verarbeitung und Vermarktung bestimmen den ökonomischen und soziokulturellen Wert eines Lebensmittels.

> Unter Lebensmittelqualität versteht man die Summe sämtlicher Eigenschaften eines Lebensmittels.

1 Führt zu der Bewertung von Lebensmitteln einen Test durch. Nutzt dazu die Methodenseite.

★ 2 In der industriellen Lebensmittelproduktion werden die sensorischen Eigenschaften von Lebensmitteln so beeinflusst, dass sie einen geschmacklichen Wiedererkennungswert haben. Diskutiert diese Aussage und stellt Vor- und Nachteile bezüglich der vier Qualitätsmerkmale gegenüber.

Ein Landwirt ernährt etwa 130 Mitbürger

Ein Landwirt erzeugte 1900 Nahrungsmittel in einem Umfang, um etwa vier Personen ernähren zu können. 1950 ernährte ein Landwirt 10 und 2006 sogar 127 Personen.

(Aus: Agrimente 2009. ZMP Zentrale Markt-und Preisberichtsstelle GmbH, S. 9)

Immer weniger Bauern bestellen immer mehr Land

Lebensmittelproduktion in der Landwirtschaft

Geschichte der Lebensmittelproduktion

Beim ersten Hahnenschrei aufstehen, das Vieh versorgen und so lange arbeiten, bis die Sonne untergeht, damit es gerade so zum Leben reicht: so lässt sich das Leben der Bauern über Jahrhunderte beschreiben. Die Abhängigkeit vom Wetter und der Fruchtbarkeit der Böden erschwerte den Anbau. Die Böden wurden mit der Hand und der Kraft der Tiere bearbeitet, um ihn fruchtbar und ertragreich zu machen. So kann man die Lebensweise des bäuerlichen Alltags bis weit in das 20. Jahrhundert beschreiben.

Die Erfindung des Mineraldüngers durch den Chemiker Justus von Liebig (um 1840) war ein erster Schritt zur modernen konventionellen Landwirtschaft. Durch den Einsatz von organischem Dünger und die Verwendung von künstlich hergestelltem Stickstoff konnten die Erträge deutlich gesteigert werden.

Liebigs Ziel war es, die zum Teil verheerenden Hungersnöte der damaligen Zeit zu lindern oder ganz zu verhindern.

Die konventionelle Landwirtschaft

Die Agrarpolitik und die schlechte Einkommensentwicklung seit den 1950er-Jahren zwangen die Landwirte zur Rationalisierung ihrer Betriebe. Die Landwirtschaft wurde zunehmend mechanisiert, Traktoren ersetzten die Arbeitskraft von Zugtieren. Ein ständig erweitertes Spektrum von hochspezialisierten Maschinen wurde entwickelt, die auf jedes Stadium des Pflanzenanbaus oder der Tierproduktion zugeschnitten waren.

Pflanzliche Erträge wurden durch den vermehrten Einsatz von Düngemitteln gesteigert. Die Anwendung von Pflanzenschutzmitteln führte zu einer weiteren Steigerung und erleichterte die Arbeit zusätzlich. Herbizide zur Vernichtung von Unkraut erwiesen sich als besonders erfolgreich.

Die konventionelle Landwirtschaft beinhaltet den gezielten Einsatz von Dünge- und Pflanzenschutzmitteln.

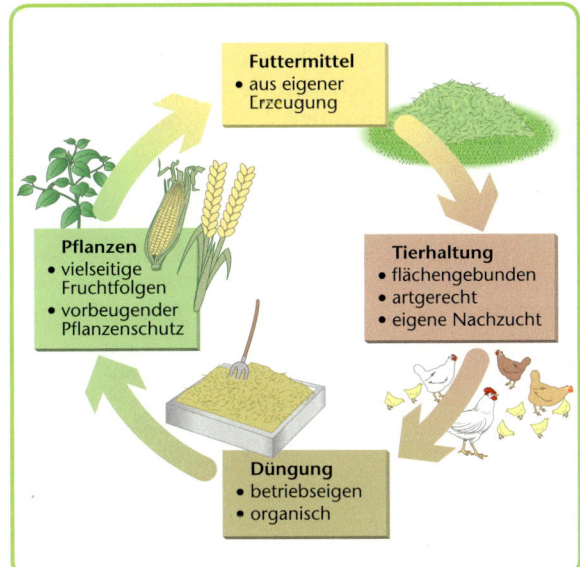

Ökologisch orientierte Landwirtschaft

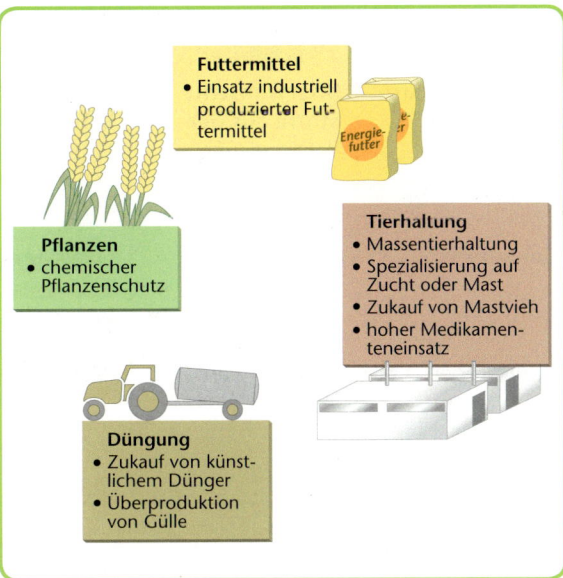

Konventionelle Landwirtschaft

Die Intensivierung der Landwirtschaft

Die Intensivierung der Landwirtschaft ging mit einer wachsenden Spezialisierung der Betriebe einher. Ausgedehnte Felder werden benötigt, um den Einsatz großer Maschinen rentabel zu gestalten. Der Anbau von Pflanzen und die Viehwirtschaft wurden räumlich getrennt.

Bei der Viehhaltung wurde die Rationalisierung hauptsächlich durch den Einsatz von Tierarzneimitteln bei großen Viehbeständen zur Krankheitsvorbeugung oder zur Bekämpfung von Krankheiten erreicht.

Der integrierte Landbau

Die konventionelle Landwirtschaft wirtschaftet heute überwiegend nach den Regeln des integrierten Landbaus. Darunter versteht man Anbaumethoden, die ökologischen und ökonomischen Erfordernissen in gleicher Weise Rechnung tragen sollen. Es werden Anbaumöglichkeiten gesucht, die den Ertrag sichern und die Umwelt weitgehend schonen. Dabei werden folgende Faktoren integriert aufeinander abgestimmt:

- schonende Bodenbearbeitung,
- sparsamer Einsatz von chemischen Mitteln,
- sorgfältige Standortwahl,
- Beachten der Fruchtfolge,
- Sortenwahl.

Integrierter Landbau ist eine Produktionsweise, die auf die natürlichen Gegebenheiten abgestimmt ist, den Boden schont und Dünger nur bedarfsgerecht einsetzt.

Ökologischer Landbau

Die ökologische Landwirtschaft betrachtet die Erzeugung von Lebensmitteln als Zusammenspiel zwischen Boden, Pflanze, Tier und Mensch. Das Hauptziel dieser Wirtschaftsweise ist, neben der Nahrungsmittelproduktion, die Gesunderhaltung des ökologischen Kreislaufs. Auf die Erreichung von Höchsterträgen und Höchstleistungen wird bewusst verzichtet, um eine möglichst umweltschonende Produktion von gesundheitlich unbedenklichen und biologisch hochwertigen Lebensmitteln zu gewährleisten. Die so erzeugten Produkte sind aber auch teurer.

1 Vergleiche die konventionelle Landwirtschaft mit der ökologischen Landwirtschaft. Überlege, ob das Welternährungsproblem über den ökologischen Landbau zu lösen ist. Trage deinen Standpunkt begründet vor.

Ursachen für Qualitätsminderung von Lebensmitteln					
Toxische Mikro-organismen	Unerwünschte Stoffe aus der Verarbeitung	Natür-liche Giftstoffe	Schadstoffe aus der Pflanzen-produktion	Schadstoffe aus der Tierhaltung	Industrie-gifte
Schimmelpilze	Acrolein	Solanin	Pflanzenschutz-mittel	Masthilfsmittel	Blei
Salmonellen	Acrylamid	Oxalsäure		Tierarzneimit-tel	Kadmium
Botulinus	Nitrit/Nitrosamine	Phasin	Anorganische Düngemittel	Antibiotika	Quecksilber
Eitererreger	Benz(a)pyren	Pilztoxine		Beruhigungs-mittel	Dioxin
					Radioaktive Substanzen

Lebensmittelproduktion und Lebensmittelqualität

Toxische Mikroorganismen, unerwünschte Stoffe aus der Verarbeitung und Lagerung, natürliche Giftstoffe sowie Schadstoffe aus der landwirtschaftlichen und industriellen Produktion können die Qualität unserer Lebensmittel erheblich beeinträchtigen, sodass nach dem Verzehr Krankheiten und lebensgefährliche Vergiftungen entstehen können.

Schadstoffe aus der landwirtschaftlichen Produktion

In der Pflanzenproduktion werden bei Bedarf Pflanzenschutzmittel (Pestizide) eingesetzt. Untersuchungen der letzten Jahre haben gezeigt, dass bei Obst- und Gemüsesorten außerhalb der Saison höhere Rückstände von Pflanzenschutzmitteln auftreten (z. B. Kopfsalat aus dem Treibhaus).

Anorganische Düngemittel haben große Bedeutung für die Landwirtschaft. Gelangt durch Stickstoffdüngung überdurchschnittlich viel Nitrat in den Boden, nehmen die Pflanzen zu viel davon auf und reichern es in ihrem Zellgewebe an.

Kein Land in Europa setzt so viel Antibiotika in der Tiermast ein wie Deutschland. Jährlich beträgt die verwendete Menge ca. 1,7 Millionen Kilogramm. Aufgrund der Rückstände in den Lebensmitteln verlieren viele Arzneimittel ihre Wirkung beim Menschen.

> Schadstoffe sind Stoffe, die in gewissen Mengen Menschen, Tiere, Pflanzen oder die Umwelt schädigen können.

Verunreinigung unserer Lebensmittel durch Industriegifte

Hierzu zählen Schwermetalle (Blei und Kadmium), Quecksilber, schwer abbaubare Organchlor-Verbindungen (Dioxin) und radioaktive Substanzen.

Kadmium z. B. entsteht bei der Verbrennung von Erdöl, Müll und Kohle. Es wird auch durch Abwässer auf unsere Pflanzen übertragen.

Dioxin entsteht als unerwünschtes Nebenprodukt von Verbrennungsprozessen (z. B. Müllverbrennung oder Metallgewinnung).

Radioaktive Substanzen gelangen durch den Einfluss des Menschen in Umwelt und Nahrung (z. B. Kernwaffenversuche). Sie können das Knochenmark schädigen und Krebserkrankungen auslösen. Radioaktive Bestrahlung dient auch zur Haltbarmachung von Lebensmitteln, wie z. B. Gewürzen, Zwiebeln, Schalentieren.

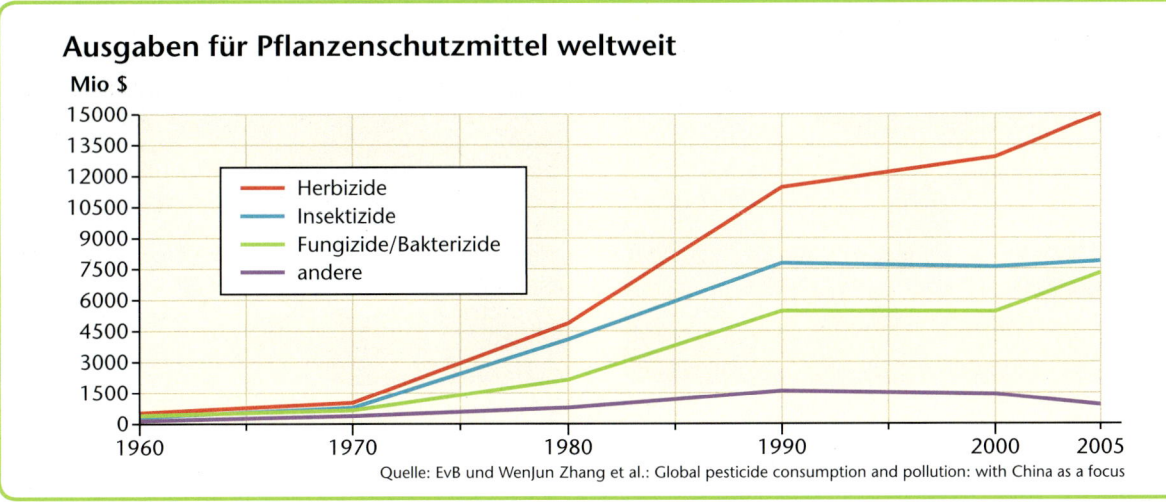

Ausgaben für Pflanzenschutzmittel weltweit

Quelle: EvB und WenJun Zhang et al.: Global pesticide consumption and pollution: with China as a focus

Stoffe, die bei der Verarbeitung entstehen

Auch bei der Verarbeitung von Lebensmitteln können unerwünschte Stoffe entstehen.

Acrolein entsteht beim Überhitzen von Fett. Es reizt die Schleimhäute und kann so bleibende Schädigungen, vor allem der Atmungsorgane, verursachen.

Nitrit entsteht im Lebensmittel oder im menschlichen Organismus durch Einwirkung von Bakterien aus Nitrat. Aus Nitrit werden krebserregende Nitrosamine gebildet.

Benz(a)pyren ist eine stark krebserregende Substanz aus der Gruppe der Kohlenwasserstoffe. In größeren Mengen entsteht Benz(a)pyren beim Grillen über offenem, rauchendem Feuer, aber auch über Holzkohleglut, wenn Fett in die Glut tropft.

Moderne Produktionsweisen – pro und kontra

Vor allem die Veränderung der landwirtschaftlichen Produktionsweise hat zum Einsatz von Stoffen wie Pflanzenschutzmitteln, Düngemitteln, Antibiotika etc. bei der Herstellung von Lebensmitteln geführt.

Diese Produktionsweise ist begründet in dem Zwang, eine wachsende Bevölkerung mit Lebensmitteln versorgen zu müssen. Die industrielle Entwicklung erforderte immer mehr Arbeitskräfte, die sich nicht mehr um ihre Selbstversorgung

mit Lebensmitteln kümmern konnten. Begünstigt wurde die Industrialisierung durch den allgemeinen Arbeitskräftemangel.

Im Laufe der Zeit wurden jedoch immer mehr Menschen die möglichen Gefahren bewusst, die der Einsatz von Chemikalien in der Lebensmittelproduktion für Gesundheit und Umwelt bedeutet. Somit war die Grundlage für den ökologischen Anbau als alternative Lebensmittelproduktion gegeben. Es entstanden ökologische Landbauverbände wie Demeter oder Bioland, die eine hochnormierte Produktionsweise garantieren. Daraus resultiert eine breite Akzeptanz für diese Produkte. Heute haben bereits 91 Prozent aller Haushalte ökologisch produzierte Lebensmittel eingekauft.

> Neue Technologien ermöglichen veränderte Produktionsweisen.

1 Umweltgifte sind eine unsichtbare Gefahr. Stelle dar, welche Möglichkeiten der Einzelne hat, Umweltgifte in Lebensmitteln zu reduzieren.

2 Begründe, warum Grenzwerte für Schadstoffe festgelegt wurden. Diskutiere die Aussage „Die Dosis macht die Giftwirkung aus." Finde Argumente.

Biotechnologisch produzierte Lebensmittel

Gentechnologie wird heute vielfältig eingesetzt. So gewinnt sie als rote Gentechnik in der Medizin zunehmend an Bedeutung. Mit ihrer Hilfe lassen sich heute verschiedenste Medikamente und Impfstoffe herstellen.

Insulin beispielsweise, das zur Behandlung der Volkskrankheit Diabetes eingesetzt wird, ist gentechnisch hergestellt. Allein in Deutschland sind über 100 gentechnisch hergestellte Medikamente und Wirkstoffe zugelassen.

In der Pflanzenzucht wird die grüne Gentechnologie vor allem eingesetzt, um Pflanzen vor Krankheiten und Schädlingen zu schützen und Witterungseinflüsse auszugleichen. So können z. B. Getreidesorten gezüchtet werden, die wenig Wasser benötigen.

Gentechnik in Lebensmitteln

Das erste gentechnisch veränderte Produkt, das auf den Markt kam, war in den 1990er-Jahren die „Flavr-Savr-Tomate" in den USA. Sie wurde aufgrund eines gentechnischen Eingriffs nicht mehr matschig. Allerdings konnte der Geschmack nicht monatelang erhalten bleiben, und so wurde die Tomate zu einem wirtschaftlichen Flop. Sie verschwand schnell wieder vom Markt.

Vom Gen zum Lebensmittel

Die Zellen, aus denen Menschen, Tiere und Pflanzen bestehen, haben alle einen sehr ähnlichen

Aufbau: Im Zellkern jeder Zelle ist das Erbmaterial in einer fadenförmigen Struktur gespeichert. Diese Biomoleküle bezeichnet man als DNS (von deutsch Desoxyribonukleinsäure) oder auch als DNA (von englisch deoxyribonucleic acid), was der modernere Begriff ist. Sie stellt die Grundlage der Erbinformation einer jeden Zelle dar und wird in ihr weitergegeben.

> Die DNA ist ein langes fadenförmiges Kettenmolekül aus vielen Bausteinen, die einem Bauplan gleichen.

Die DNS einer Zelle kann mit aufwändigen Methoden aus dem Zellkern gewonnen werden. DNS-Abschnitte, die die Informationen für die Baupläne von Proteinen enthalten, nennt man Gene.

> Die Gene sind der Plan, nach dem immer wieder neues Leben entsteht. Sie bestimmen z. B., wie das Lebewesen aussieht.

Für die Gentechnik ist wichtig, dass der genetische Code, mit dem die DNS-Information auf die Proteine übertragen wird, für alle Lebewesen gleich ist. So können theoretisch die Eigenschaften von verschiedenen Arten kombiniert werden.

Mais			
Grieß	Mehl	Keimöl	Stärke
Cornflakes	Tortilla	Margarine	Maltose
Polenta	Knabber-gebäck		Glucose-sirup
	Fertig-back-waren		Trauben-zucker
			Zuckeraus-tauschstoffe

Soja			
Grieß	Öl	Protein	Püree
Mehl	Lecithin	Tofu	Sojamilch und Sojasoße
Stabilisa-toren	Vitamin E	Emulgator in Fertig-suppen und -soßen	
Emulga-toren		Zusatz in Wurst- und Backwaren	

Aus Mais oder Soja gewonnene Rohstoffe stecken in vielen Lebensmitteln

Good food – Bad food – Gen-Food?

Durch die Gentechnik sind wir heute in der Lage, die Eigenschaften von Pflanzen und Tieren schneller und genauer zu verändern: z. B. Gurken oder Zucchini ohne Bitterstoffe zu züchten.

Die deutschen Verbraucher betrifft die Gentechnik bei Lebensmitteln zur Zeit vor allem in Form von Futtermitteln für Tiere und in der Produktion von Enzymen. Die meisten Bauern, die konventionelle Landwirtschaft betreiben, verwenden heute gentechnisch veränderte Futtermittel. Die Experten streiten sich noch darüber, ob Spuren des genmanipulierten Futters in den Endprodukten, wie z. B. Milch oder Fleisch, enthalten sein könnten und welche Folgen dies für den Verbraucher hätte.

Die Käseproduktion ist ohne Gentechnik nicht denkbar. Früher benötigte man Kälberlab, ein Enzym aus dem Magen von Kälbern, um die Milch gerinnen zu lassen (dicklegen). Für die heute erforderlichen Käsemengen stehen nicht genügend Kälbermägen zur Verfügung, weshalb bereits zu ungefähr 80 % Lab verwendet wird, das gentechnisch hergestellt ist.

Das gentechnisch hergestellte Enzym ist das reine Labenzym, das völlig unbedenklich ist. Im Gegenteil: ohne Gentechnik könnten wir nicht so viel und so preisgünstig Käse produzieren und kaufen.

Da die durch die gentechnisch veränderten Bakterien produzierten Enzyme im Endprodukt nicht mehr nachzuweisen sind, müssen sie auch nicht auf dem Lebensmitteletikett genannt werden.

Herbizid- oder insektenresistenter Genmais, Soja, Raps und Baumwolle werden zurzeit im großen Stil in den USA, in Kanada, Brasilien, Argentinien, Südafrika und China angebaut. Gentechnisch veränderte Lebensmittel kommen in Deutschland gegenwärtig vor allem aus den USA oder Asien, z. B. Sojasoßen aus gentechnisch veränderten Sojabohnen. Bereits 55 % der Weltsojaernte ist gentechnisch verändert.

> Als Gentechnik bezeichnet man Methoden, die gezielte Eingriffe in das Erbgut von Lebewesen ermöglichen.

1 Unterscheide die Begriffe rote und grüne Gentechnik.

2 Informiere dich über das Gentechnikgesetz. Stelle die wichtigsten Inhalte in einer Präsentation vor.

⭐ 3 Recherchiere bei Experten, in der Apotheke oder im Internet, wie heute Medikamente oder Impfstoffe hergestellt werden. Stelle dein Rechercheergebnis dar.

Gentechnik pro und kontra (www.umweltinstitut.org)	
Gen-Lügen!	**Tatsachen!**
Gentechnik bekämpft den Hunger auf der Welt.	Immer mehr Menschen hungern – trotz Genfood.
Gentechnik ist sicher. Die Auswirkungen auf Mensch und Umwelt sind kontrollierbar.	Manipulierte Gene sind nicht rückholbar.
Gentechnik ist nicht mehr aufzuhalten.	Verbraucher haben den flächendeckenden Anbau von Genpflanzen in Europa verhindert.
Eine Koexistenz ist möglich.	Genkontaminationen bedrohen Ökolandbau und bäuerliche Landwirtschaft in ihrer Existenz.
Genmanipulierte Nahrung ist unbedenklich.	Genpflanzen gefährden die Gesundheit von Menschen und Tieren.
Gentechnik schont die Umwelt.	Genfelder brauchen viel mehr Pflanzengifte und zerstören die Artenvielfalt.
Landwirte profitieren von der Gentechnik.	Gentechnik rationalisiert und macht Bauern abhängig.
Gentechnik ist nur die Weiterentwicklung natürlicher Züchtungen.	Durch Genmanipulation entstehen Laborkonstrukte, die es in der Natur niemals geben kann.

Grüne Gentechnik – pro und kontra

Befürworter der Gentechnik führen gerne ins Feld, dass sie mit Getreidesorten, die wenig Wasser benötigen das Welthungerproblem lösen oder mit Reis, der besonders viel Vitamin A enthält, den in Entwicklungsländern häufigen Vitamin-A-Mangel beheben könnten.

Schon immer haben Menschen durch gezielte Züchtung versucht, den Ertrag von Pflanzen zu steigern. Eine gezielt beeinflusste Pflanzenzüchtung hilft also, die Qualität der Nutzpflanzen zu verbessern und stellt einen Beitrag zur Beseitigung des Welthungerproblems dar. Diese so genannte Schlüsseltechnologie kann beim Kampf gegen Hunger und Armut eingesetzt werden.

Die Gentechnologie ist eine innovative Zukunftstechnologie, der sich zukünftig fast 9 Milliarden Menschen nicht entziehen werden können. So könnten neue Weizensorten eine Ertragssteigerung um 70 % ermöglichen. Den veränderten Witterungseinflüssen durch Wind und Regen können stärkere und feste Halme trotzen. Durch den verringerten Einsatz von Herbiziden wird die Umwelt geschont.

Im Unwissen liegt das Risiko

Trotz der Argumente dafür gilt dennoch: Die Wissenschaft weiß zu wenig über die Technologie, und ihre Folgen bleiben unabsehbar. Bisher kann wissenschaftlich weder nachgewiesen werden, ob GVO (Gentechnisch veränderte Organismen) der menschlichen Gesundheit schaden, noch ob GVO völlig unbedenklich sind. Kritiker führen vor allem die nicht kalkulierbaren Folgen, die Abhängigkeit der Landwirte von Saatgutproduzenten sowie gesundheitliche Risiken an.

Produzenten von Bio-Lebensmitteln lehnen die Verwendung von Gentechnik bei der Nahrungsmittelherstellung grundsätzlich ab.

Gegenwärtig gibt es keine Langzeituntersuchungen über die Auswirkungen von gentechnisch manipulierten Nahrungsmitteln auf die menschliche Gesundheit. Deshalb ist das Risiko nicht kalkulierbar.

Anbau von Genmais

Krankheitsrisiko durch Gen-Food

In Genpflanzen werden als Markergene Antibiotikaresistenz-Gene eingebaut. Mithilfe dieser Markergene kann erfolgreich verändertes Erbgut erkannt werden. Möglicherweise hat dies zur Folge, dass Antibiotika, die als Mittel gegen Krankheiten eingenommen werden, nicht mehr wirken, da die Resistenz auf die Krankheitserreger übertragen wurde.

Die Folgen sind nicht kalkulierbar

Immer wieder erscheinen Berichte, dass sich genetische Veränderungen langfristig anders auswirken als ursprünglich erwartet. Mit transgenem Soja gemästete Kühe beispielsweise produzierten plötzlich mehr Milchfett. Niemand weiß, warum das so ist.

Gentechnisch veränderte Pflanzen bergen die Gefahr, dass sich die neu hinzugefügten Gene ausbreiten und an wilde Verwandte oder Kulturpflanzen benachbarter Felder weitergegeben werden. Das stellt eine Bedrohung der historisch gewachsenen Kultursorten dar.

Zweifellos gibt es Bereiche, in denen Gentechnik dringend benötigt wird, die Vorteile sind nicht zu leugnen.

Mit dem Versprechen, das Hungerproblem zu lösen, versuchen Gentechnik-Befürworter die Öffentlichkeit von der Notwendigkeit der Gentechnik zu überzeugen. Trotzdem herrscht Skepsis.

> Die Mehrheit der deutschen Verbraucher meint: Gen-Pflanzen sind riskant, unkontrollierbar, nutzlos!

Umfragen haben ergeben, dass die überwiegende Mehrheit der Bundesbürger (mehr als 80 %) gentechnisch veränderte Lebensmittel nicht kaufen würde. Darauf hat sich auch der Handel eingestellt und bietet die Produkte in seinen Regalen nicht an. Mit dem Siegel „Ohne Gentechnik" versprechen Hersteller, dass etwa die verarbeitete Milch oder Wurst nur von Tieren stammt, deren Futter zu 100 Prozent gentechnikfrei war.

★ 1 Setzt euch mit den Argumenten in der Tabelle auf Seite 138 auseinander.

★ 2 Informiere dich im Internet auf der Seite „schule-und-gentechnik.de" oder bei der Verbraucherzentrale NRW zu Pro und Kontra Gentechnik. Leite daraus einen Standpunkt für dich ab und stelle diesen in der Klasse vor.

Gesundheitsfördernde Wirkstoffe (Auswahl)	Produktbeispiel funktionelles Lebensmittel	Wirkung (tatsächlich oder erhofft)	Herkömmliches Lebensmittel mit gleicher oder ähnlicher Wirkung
Probiotische lebende Bakterienkulturen	Actimel-Jogurt LC1-Jogurt	Günstiger Einfluss auf die Darmflora Schutz vor Dickdarmkrebs Immunstärkung	Joghurt Buttermilch und andere Sauermilchprodukte Sauerkraut
Präbiotika (spezielle Ballaststoffe) z.B. Inulin oder Oligofructose	ProCult-Müsli Vitalis-Müsli	Günstiger Einfluss auf die Darmflora Cholesterinsenkung Schutz vor Osteoporose und Dickdarmkrebs	Gemüse Getreide Zwiebeln
Provitamin A, Vitamin C + E	ACE-Drink Guten Morgen Drink von Döhler	Schutz vor Krebs und Herz-Kreislauf-Erkrankungen Immunstärkung	Obst Gemüse

So können funktionelle Lebensmittel durch herkömmliche Lebensmittel ersetzt werden

Lebensmittel industriell veredelt

Was Functional Food so interessant macht

Funktionelle Lebensmittel, auch Functional Food genannt, sind Lebensmittel, denen Stoffe künstlich zugesetzt wurden. Diese Stoffe, z.B. Vitamine, sollen einen zusätzlichen positiven Nutzen für unsere Gesundheit haben. Der Absatz steigt, da Gesundheit und Jugendlichkeit im Trend sind. Verbraucherinnen und Verbraucher verbinden die Produkte mit Wellness und Wohlbefinden. Eine scheinbar vorbeugende Wirkung wiederum steigert die Verkaufszahlen. Die Bedeutung von Lebensmitteln ändert sich, insbesondere der Zusammenhang zwischen Ernährung und Gesundheit wird zunehmend allgemein wahrgenommen. Deshalb ist es nicht verwunderlich, dass der Markt für funktionelle Lebensmittel in den letzten Jahren stark gewachsen ist.

> Funktionelle Lebensmittel sind verarbeitete Lebensmittel, denen zum Beispiel Vitamine, Mineralstoffe oder ungesättigte Fettsäuren zugesetzt werden.

Arten funktioneller Lebensmittel

Zurzeit werden verschiedene Arten funktioneller Lebensmittel angeboten. Probiotische Lebensmittel (pro + bios = für das Leben) enthalten Bakterien, lebende Organismen, die einen positiven Einfluss auf die Darmflora haben. Präbiotische Lebensmittel enthalten unverdauliche Lebensmittelzusätze, die den Darmbakterien als Nahrung dienen. Andere Lebensmittel sind mit Vitaminen und Mineralstoffen (ACE-Säfte) oder mit sekundären Pflanzenstoffen angereichert oder es werden Kräuterauszüge, z.B. Aloe Vera, zugefügt. Zudem gibt es Energy Drinks mit den Wirkstoffen Taurin oder Koffein und isotonische Getränke für Sportler.

Wirkaussagen wie: „sorgen für mehr Leichtigkeit" oder „sind vitalisierend" lassen sich nur schwer nachweisen. Der tatsächliche funktionelle Wert ist fraglich.

Funktionelle Lebensmittel sind keine Nährstoffkonzentrate wie Nahrungsergänzungsmittel, sondern sie gelangen in bekannten und typischen Lebensmittelformen in den Handel. Meist stehen sie im Supermarktregal neben den herkömmlichen Produkten.

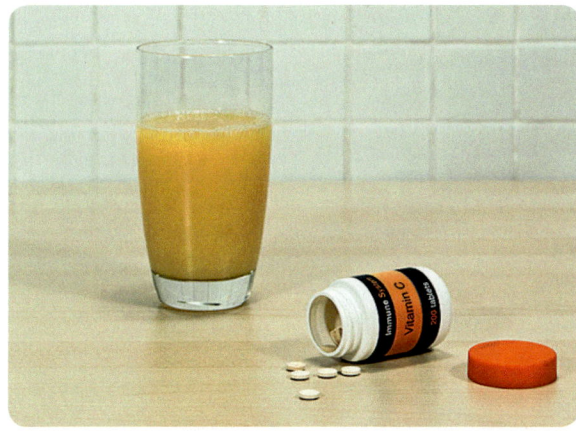

Macht ein Glas Saft die Einnahme von Medikamenten überflüssig?

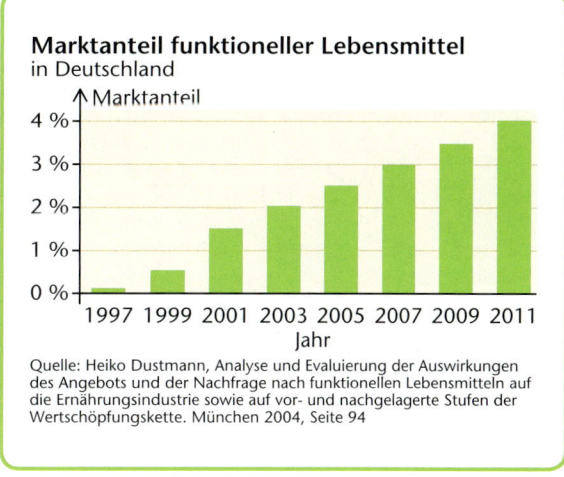

Marktanteil funktioneller Lebensmittel
in Deutschland

Quelle: Heiko Dustmann, Analyse und Evaluierung der Auswirkungen des Angebots und der Nachfrage nach funktionellen Lebensmitteln auf die Ernährungsindustrie sowie auf vor- und nachgelagerte Stufen der Wertschöpfungskette. München 2004, Seite 94

Functional Food – was steckt dahinter?

Untersuchungen zeigen, dass probiotische Milchprodukte tatsächlich das Immunsystem stimulieren, sofern dieselbe Art Bakterienkulturen täglich verzehrt wird. Präbiotika in Lebensmitteln führen zu einer Vermehrung der positiven Darmbakterien, wenn sie regelmäßig und in ausreichender Menge gegessen werden. Ob sie jedoch das Darmkrebsrisiko verringern, ist nicht gesichert.

Wenn wir uns ausgewogen, mit viel Obst und Gemüse ernähren, nehmen wir genügend Vitamine und Mineralstoffe auf. Bei einem zusätzlichen hohen Konsum von ACE-Getränken kann es dagegen zu einer Überdosierung kommen.

Zu viel Vitamin A kann zu Leberschäden und in der Schwangerschaft zu Missbildungen beim Kind führen. „Viel hilft viel" stimmt also nicht immer. Viele Ernährungswissenschaftler sind sich einig, dass künstlich zugesetzte Vitamine, Mineralstoffe und sekundäre Pflanzenstoffe nie so wirksam sind wie ein natürliches Nahrungsmittel, das reich an diesen Stoffen ist. In unseren Nahrungsmitteln kommen die gesundheitsfördernden Stoffe nie isoliert, sondern immer in Kombination mit vielen anderen zum Teil noch unerforschten Stoffen vor, die sich in ihrer Wirkungsweise gegenseitig positiv beeinflussen.

Darüber hinaus hat der regelmäßige Verzehr von Lebensmitteln mit den genannten Wirkstoffen die gleiche Wirkung. Bisher ist noch nicht eindeutig geregelt, wie viel von welchen Wirkstoffen bei funktionellen Lebensmitteln zugesetzt wird und wie für sie geworben werden darf. Entsprechende Gesetze werden erst entwickelt.

> Funktionelle Lebensmittel werden verzehrt, weil sie eine besondere Wirkung für die Gesundheit haben sollen. Dieser gesundheitliche Nutzen ist nicht in jedem Fall bewiesen.

1 Vergleicht die Preise und die Inhaltsstoffe von konventionellen Milchprodukten mit vergleichbaren funktionellen Lebensmitteln. Wertet die Ergebnisse aus und präsentiert sie.

2 Johanna und Maria kaufen im Supermarkt ein. Im Milchregal sehen sie Produkte, die als besonders gesundheitsfördernd bezeichnet sind. Johanna, die sehr auf ihre Gesundheit achtet, greift gleich zu. Maria lehnt die Produkte ab. Sie bevorzugt Obst und Gemüse. Erarbeitet ein Rollenspiel zum Thema „Bedeutung funktioneller Lebensmittel". Argumentiert aus der Sicht verschiedener Personen (Lebensmittelhersteller, Supermarktleiter, Ernährungsberater, Johanna, Maria).

Frisch kaufen und zubereiten

Konserviert und fertig vorbereitet

Lebensmitteltechnologie und Lebensstil

Die ständige Verfügbarkeit von qualitativ hochwertigen und sicheren Lebensmitteln ist unter heutigen Lebensbedingungen zu einem Grundbedürfnis geworden. Deshalb werden verschiedenste Verfahren eingesetzt, mit deren Hilfe Lebensmittel lange genießbar bleiben.

> Konservierte und vorgefertigte Lebensmittel prägen den Alltag in einer industrialisierten Konsumwelt.

Verfahren zur Haltbarmachung

Die Industrie verknüpft bei der Verarbeitung alte Verfahren zur Haltbarmachung, die früher die Menschen selbst nutzten, mit modernen Technologien.

Viele Nahrungsmittel werden durch Hitze oder Dehydrierung haltbar gemacht. Die Lebensmitteltechnologie muss sich daher mit den Grundlagen des Wärmestroms, geschmacklichen und ernährungsphysiologischen Veränderungen des Lebensmittels auseinandersetzen. Unerwünschte Veränderungen aufgrund des Haltbarmachungsprozesses werden durch Zusätze oft nicht natürlicher Stoffe, welche die Haltbarkeit, Farbe oder Konsistenz von Lebensmitteln beeinflussen, vermieden. Der Einsatz dieser Konservierungs- oder Farbstoffe wird von den Verbrauchern zunehmend kritisch gesehen und hinterfragt.

Was ist Lebensmitteltechnologie?

Lebensmitteltechnologie ist ein Oberbegriff, der eine Vielzahl von Einzelwissenschaften vereint. Erst aus dem Verständnis dieser Einzelwissenschaften lässt sich ein Überblick über Veränderungen von Lebensmitteln im industriellen Bearbeitungsprozess gewinnen.

Entsprechend vielfältig haben sich die beruflichen Einsatzbereiche für Lebensmitteltechnologen in der unmittelbaren Produktion, der Qualitätssicherung, der Lebensmittelüberwachung sowie Forschung und Entwicklung herausgebildet.

Ein Lebensmittelangebot wie man es heute kennt, ist ohne den Einsatz von modernen Haltbarmachungsmethoden und der Lebensmitteltechnologie nicht denkbar.

Make or buy?

Wie Lebensmittel verarbeitet und haltbar gemacht werden, gehört heute nicht mehr unbedingt zum Alltagswissen. Doch die breite Produktpalette, die die Lebensmitteltechnologie und der Handel anbieten, wird ganz selbstverständlich genutzt.

Selbst eingemachte Marmelade – eine Frage des Lebensstils?

Die Erfindung des Kühlschranks hat die Vorratshaltung revolutioniert

In den 1970er Jahren war das noch anders: Das Einwecken war weit verbreitet. Für den langen Winter wollte man sich mit Obst und Gemüse versorgen. Selbst Fleisch wurde eingeweckt.

Aktuell ist wieder eine Gegenbewegung zu beobachten. Viele Verbraucher stellen sich heute immer häufiger die Frage nach dem gesundheitlichen Aspekt von industriell vorgefertigten und haltbar gemachten Lebensmitteln. Deshalb wächst das Interesse, insbesondere in den Sommermonaten Marmelade selbst einzukochen oder Obst und Gemüse einzuwecken. Alte Traditionen werden wieder neu belebt.

Industriell konservierte Lebensmittel

Industriell konservierte Lebensmittel befinden sich in ganz verschiedenen Verpackungen. Tetrapacks und Konservendosen prägen das Bild im Supermarkt. Sie sind nicht nur zweckmäßig und ansprechend, sondern bieten einen guten Schutz der Lebensmittel vor Schmutz und vorzeitigem Verderb. So bietet die Verpackung in Kombination mit der Haltbarmachungsmethode z.B. der Milch als ultrahocherhitztes Produkt monatelange Frische.

Die Möglichkeiten der Lebensmitteltechnologie haben das Kaufverhalten und die Einstellung zum Lebensmittel beträchtlich verändert. So sehen viele Menschen in einer hoch entwickelten industriellen Welt, die in der Lebensmittelverarbeitung durch moderne Konservierungstechniken bestimmt wird, ein Stück Unabhängigkeit in der Gestaltung ihres eigenen Lebens.

> Lebensgewohnheiten verändern sich mit dem technologischen Fortschritt.

Vorratshaltung im Wandel

Die Vorratshaltung im privaten Haushalt hat sich grundsätzlich verändert. Das liegt zum einen daran, dass man fast alles zu fast jeder Zeit kaufen kann. Zum anderen ist das Vorhandensein von Vorratskammer oder Vorratskeller kaum noch ein Kriterium bei der Wahl der Wohnung. Es wird nur noch wenig gelagert.

Die moderne industrielle und haushälterische Lebensmittellagerung war erst mit der Entwicklung einer ausgereiften Kühltechnik möglich. Industrielle Kühlsysteme wie z.B. Kühlhäuser, Kühlräume oder Kühltruhen revolutionierten die Vorratshaltung von Frischprodukten und Tiefkühlwaren. Mit dem Einzug des Kühlschrankes in den privaten Haushalt veränderten sich auch die Einkaufs-, Vorrats- und Lagergewohnheiten.

1 Recherchiere Konservierungstechniken, die industriell genutzt werden. Stelle diese in einer Übersicht dar und beschreibe die wesentlichen Einsatzmöglichkeiten.

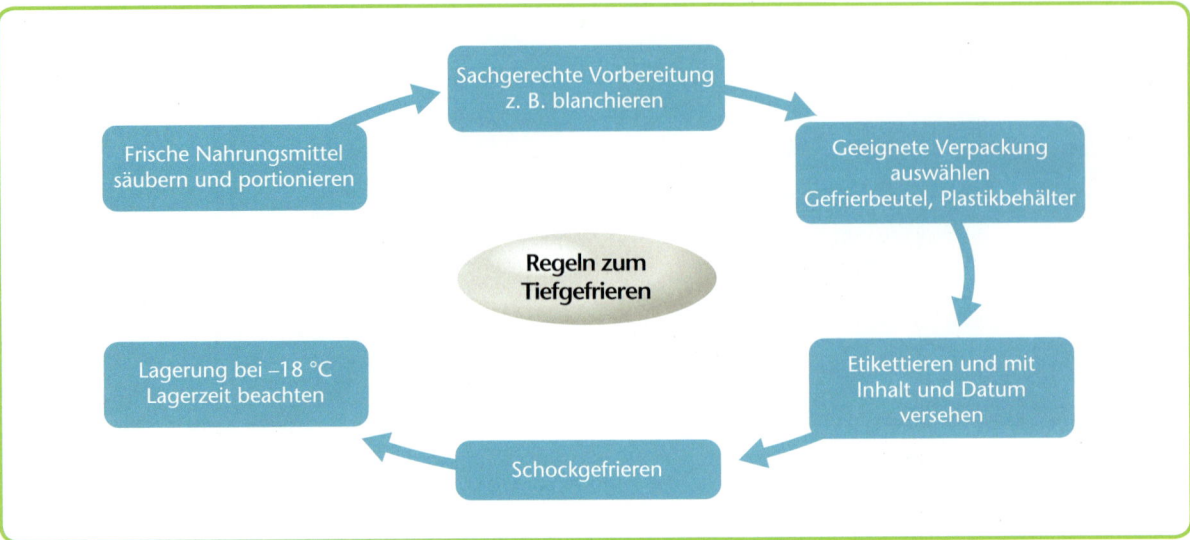

Regeln für das Tiefgefrieren im privaten Haushalt

Kälte konserviert Lebensmittel

Das Geheimnis ewiger Frische

Das Bedürfnis, Nahrung über einen längeren Zeitraum genussfähig zu halten, veranlasste die Menschen sehr früh, sich die Kälte nutzbar zu machen.

Von Alexander dem Großen wird berichtet, dass er während der Persischen Kriege Gruben mit Eis füllen ließ, um darin Wein und Nahrungsmittel zu kühlen. Historisch gesichert ist auch, dass König Nero sich von den Bergen des Apennin Eis und Schnee bringen ließ, um die Früchte für seine Festgelage frisch zu halten.

Das Geheimnis ewiger Frische zu erforschen und die Kälte als Konservierungsmittel industriell einzusetzen war jedoch erst dem 20. Jahrhundert vorbehalten. Die Voraussetzung dafür war, Kälte künstlich erzeugen zu können. Ihren Anfang findet die Kälteindustrie 1874 mit Carl von Linde. Er entwickelt eine Kältemaschine mit Ammoniakverflüssigung durch Kompression. Bis 1911 wird damit Kunsteis hergestellt. Erst danach beginnt die Entwicklung der industriellen Haltbarmachung von Lebensmitteln durch Tiefgefrieren. Clarence Birdseye (1886-1956) gilt als Erfinder der Tiefkühlkost. Er erfand den ersten Plattenfroster: Dabei liegen verpackte Lebensmittel zwischen Metallplatten, in denen ein Kältemittel

fließt, welches die Platten auf – 40°C abkühlt. Den Produkten wird dabei sehr schnell Wärme entzogen. Diese Methode übernahm er von den Inuit, die ihre Fische in der -40 °C kalten Luft zum Gefrieren aufhängten.

Heute wird die industrielle Methode des Gefrierens unter der Bezeichnung des Schockfrostens weiter verwendet. Bei Temperaturen von -40 bis -70°C werden die Lebensmittel kältetechnisch behandelt.

> Schockfrosten ist eine Konservierungsmethode, bei der durch Abkühlen innerhalb sehr kurzer Zeit die Qualität von Lebensmitteln weitgehend erhalten bleibt.

Den Durchbruch der Tiefkühlkost in Deutschland brachte die große Ernährungsmesse Anuga 1956, als erstmals tiefgekühlte Fischstäbchen ausgestellt wurden. Erst in den 1960er-Jahren hatten die Produkte eine echte Marktchance, als für viele Verbraucher Tiefkühlgeräte im Haushalt erschwinglich wurden. Viele Verbraucher erkannten den enormen Zeitvorteil und die Arbeitsersparnis bei der Nutzung dieser Produkte. So stieg der Marktanteil der Tiefkühlkost schnell.

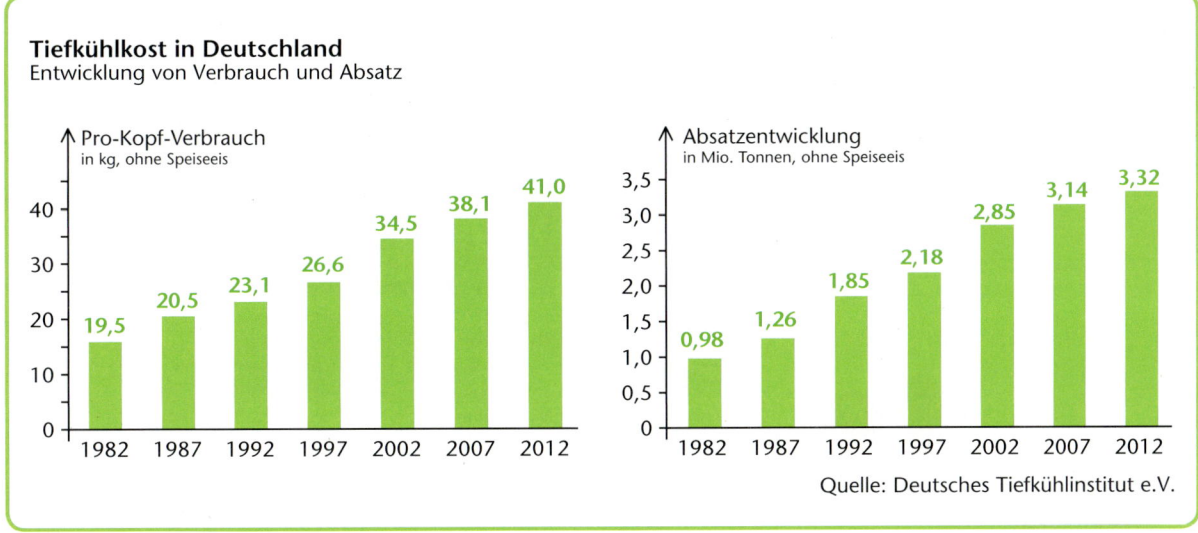

Tiefkühlkost in Deutschland
Entwicklung von Verbrauch und Absatz

Pro-Kopf-Verbrauch
in kg, ohne Speiseeis

1982	1987	1992	1997	2002	2007	2012
19,5	20,5	23,1	26,6	34,5	38,1	41,0

Absatzentwicklung
in Mio. Tonnen, ohne Speiseeis

1982	1987	1992	1997	2002	2007	2012
0,98	1,26	1,85	2,18	2,85	3,14	3,32

Quelle: Deutsches Tiefkühlinstitut e.V.

Tiefkühlkost in Deutschland: Entwicklung von Verbrauch und Absatz

Generation Fischstäbchen

Fisch ist gesund, er liefert wertvolles Eiweiß und Jod. Aber Frischfisch steht immer seltener auf dem Speiseplan der deutschen Haushalte. Ausgenommen davon sind Fischstäbchen! Sie sind ein typisches Beispiel für industrielle Produktion von Lebensmitteln. In Deutschland werden jährlich über 1,6 Milliarden Fischstäbchen konsumiert. Immer mehr Menschen wissen gar nicht mehr, wie frischer Fisch zubereitet wird. Sie gehören zur „Generation Fischstäbchen".

Fischstäbchen werden seit Mitte der 1960er-Jahre als industriell hergestellte Tiefkühlkost angeboten. Heute unterliegen sie einer strengen Norm. Die Abmessungen betragen 90 x 25 x 13 mm.

Der gefangene Fisch wird an Bord eines Fischfangtrawlers gesäubert, enthäutet und in Blöcken schockgefrostet. Eine Folie schützt vor Gefrierbrand. Damit ist die Arbeit an Bord beendet. Nach dem Entladen kommen die Fischblöcke in die Fabrik. Dort werden sie entsprechend eines Prüfplanes kontrolliert. Oberstes Gebot sind Qualitätssicherung und Hygiene. Stimmen alle einzuhaltenden Parameter überein, ist der Weg frei für die weitere Produktion.

Sägen zerteilen die 7,5 kg schweren und -25 °C kalten Blöcke in kleine Portionsstäbchen von exakt 19,5 g. 380 Fischstäbchen werden damit aus einem Block gewonnen. Anschließend durchlau-

fen die Portionen eine Nasspanadestrecke. Was zu viel ist, läuft wieder ab. Erst jetzt kommt die bekannte goldbraune Trockenpanade, die dem Fischstäbchen Aussehen und Geschmack verleiht, dazu.

Die Durchlauffritteuse ist die nächste Station. Hier werden die Fischstäbchen in heißem Öl goldbraun vorgebraten. Jetzt wiegt das Fischstäbchen ca. 30 g (mit Panade und aufgenommenem Öl). Danach durchlaufen die Stäbchen innerhalb von 30 Minuten eine Gefrieranlage, die sie auf -21 °C Kerntemperatur herunterkühlt. Jede Verpackung erhält jetzt einen Tagescode und ein Mindesthaltbarkeitsdatum zur Information des Verbrauchers.

> Fischstäbchen sind ein typisches standardisiertes Fertiggericht, das industriell hergestellt wird.

1 Führe einen Warentest zu verschiedenen Fischstäbchenangeboten durch. Nutze dazu die Methodenseite.

2 Stelle selbst Fischstäbchen her. Vergleiche diese mit Industrieprodukten.

Verarbeitungsstufen von Convenience-Produkten

Verzehrfertig
Lebensmittel kann sofort verzehrt werden.

Regenerierfertig
Lebensmittel ist fertig zubereitet und muss nur noch aufgewärmt werden.

Aufbereitfertig
Durch Mischen und Auffüllen mit anderen Lebensmitteln wird eine fertige Speise hergestellt.

Garfertig
geschält, zerkleinert, konserviert

Küchenfertig
gewaschen und Strunk entfernt

Unbehandelt
Rohware ungewaschen mit Strunk

Convenience-Produkte

Eine Industrie beginnt zu wachsen

Zu Beginn des 20. Jahrhunderts entwickelte sich nicht zuletzt aufgrund neuer Methoden auf dem Gebiet der Nahrungsmittelkonservierung eine leistungsfähige Nahrungsmittelindustrie. Neben der zunehmenden Konservenherstellung gab es auch eine Reihe von neuen, industriell hergestellten Lebensmitteln.

So entwickelte z. B. der Schweizer Julius Maggi aus Gemüse, Küchenkräutern und anderen Zutaten ein kochfertiges, abgepacktes „Suppenmehl". Justus von Liebig verfeinerte den Fleischextrakt, mit dessen Hilfe in kürzester Zeit eine Fleischbrühe zubereitet werden konnte.

Johann Heinrich Grüneberg entwickelte 1867 die erste Erbswurst. In Wasser aufgekocht, konnte aus ihr in kurzer Zeit eine sämige Erbsensuppe hergestellt werden.

Seit vor ca. 150 Jahren die ersten Convenience-Produkte entwickelt wurden, begann der Siegeszug der industriell verarbeiteten Lebensmittel. Nun standen diese für einen teilweise hemmungslosen Konsum zur Verfügung. Die Essgewohnheiten änderten sich in der Folge schnell.

> Convenience-Produkte sind Lebensmittel, die einen höheren Bearbeitungsgrad als Rohwaren aufweisen.

Von Anfang an erfüllten Convenience-Produkte den Zweck, die Nahrungszubereitung zu verkürzen und zu vereinfachen. Daher kommt auch der Name: Englisch „convenience" bedeutet „Bequemlichkeit". Eine angenehme und bequeme Zubereitung ist mit diesen industriell vorgefertigten Lebensmitteln in den verschiedensten Verarbeitungsstufen möglich. Fertiggerichte, Kochbeutelreis, Tiefkühlpizzen zählen ebenso zu den Produkten wie portionierte Aufbackbrötchen oder fertige Teige.

> Neben den Lebensmitteln, die als Rohprodukte auf den Markt kommen, werden auch viele angeboten, die bereits so verarbeitet sind, dass zeitraubende Arbeitsgänge wegfallen.

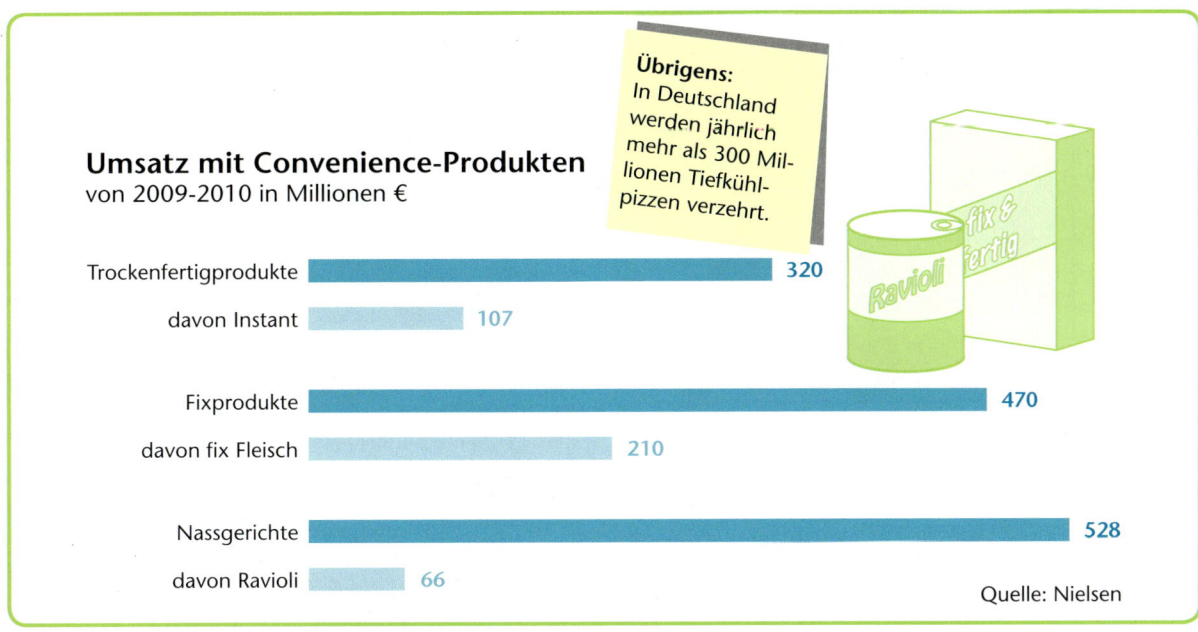

Umsatz mit Convenience-Produkten in Deutschland 2009 – 2010.

Wirtschaftliche Bedeutung von Convenience-Produkten

Der Trend zu Convenience ist mittlerweile einer der bedeutendsten Markttrends der Lebensmittelindustrie. Zwei Drittel aller Lebensmittel werden inzwischen industriell hergestellt. Das bedeutet, dass im Durchschnitt mehr als 40 % aller finanziellen Aufwendungen für Lebensmittel für Convenience-Produkte eingesetzt werden, deren Produktion und Vertrieb von Großkonzernen dominiert werden. Sie bestimmen mit, was in Deutschland auf den Tisch kommt. Die Lebensmittelindustrie ist mit über einer halben Million Beschäftigten und einem Umsatz von über 130 Milliarden Euro zu einem der wichtigsten Industriezweige geworden.

Den höchsten Umsatz erzielt die Lebensmittelindustrie mit der Tiefkühlkost. Im Jahr 2010 wurden über 3,2 Millionen Tonnen produziert. Tiefkühlware findet ihren Absatz in den privaten Haushalten und in der Gastronomie.

Die Entwicklung geht weiter

Ein weiteres gewinnbringendes Segment im Convenience-Bereich ist das so genannte „Chilled food". Es steht in der Verbrauchergunst ganz oben.

Diese Produkte kommen ohne Haltbarmachungsverfahren oder Konservierungsstoffe in den Verkauf und können ohne viel Zeit- und Arbeitsaufwand verzehrt werden. Wir kennen sie z. B. als portioniertes Obst, Sandwiches, Sushi-Platten oder auch als Smoothies oder frisch gepresste Direktsäfte.

> Chilled food-Produkte sind frische, gekühlte Convenience-Produkte.

1 Vergleiche z. B. Schokoladenpudding in verschiedenen Bearbeitungsstufen. Bereite Schokoladenpudding mithilfe vorgefertigter Produkte und aus frischen Zutaten zu. Wähle Kriterien zur Beurteilung.

★ 2 Erstellt eine Liste von mindestens zehn ausgewählten Convenience-Produkten. Vergleicht dazu alternative Frischprodukte bezüglich des Preises, des Müllaufkommens und des Geschmacks. Bewertet die Ergebnisse in der Klasse.

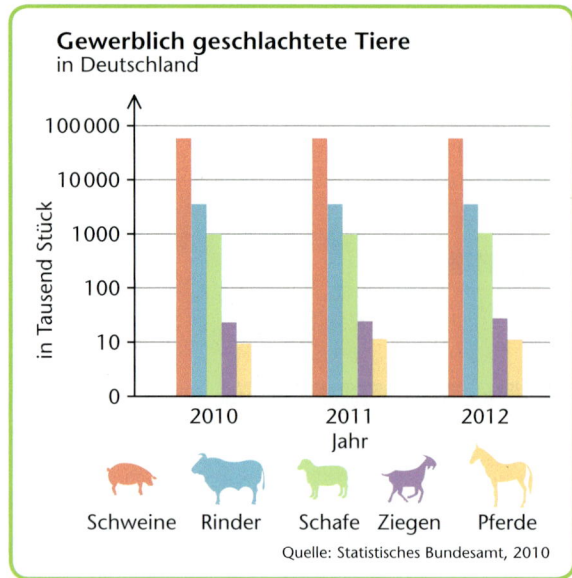

Gewerblich geschlachtete Tiere
in Deutschland

Quelle: Statistisches Bundesamt, 2010

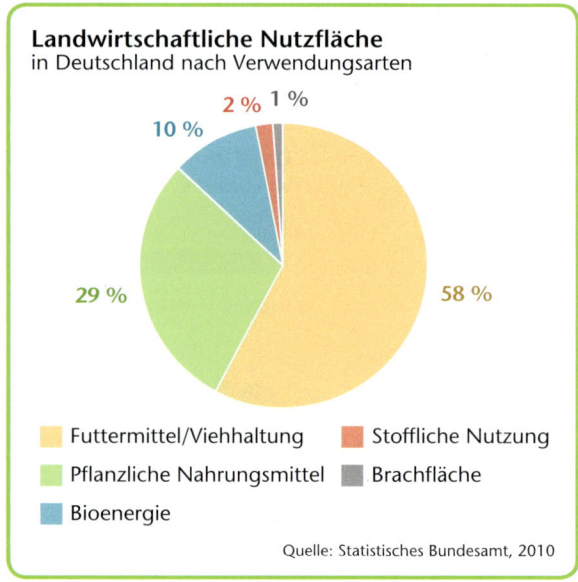

Landwirtschaftliche Nutzfläche
in Deutschland nach Verwendungsarten

2 % 1 %
10 %
29 % 58 %

Futtermittel/Viehhaltung   Stoffliche Nutzung
Pflanzliche Nahrungsmittel   Brachfläche
Bioenergie

Quelle: Statistisches Bundesamt, 2010

Fleischproduktion unter der Lupe

Fleisch – eine delikate Angelegenheit

Fleisch und Wurstwaren sind in einem heutigen Speiseplan selbstverständlich. Das war nicht immer so. Fleisch gehörte zu den Lebensmitteln, die nicht jederzeit zur Verfügung standen und deshalb in Maßen genossen wurden. Nur einmal in der Woche, meist am Sonntag, gab es Fleisch. Heute steht es fast täglich auf dem Tisch.

Seit den 1950er-Jahren ist der Fleischkonsum kontinuierlich gestiegen. Fleisch ist ein Zeichen für Wohlstand. Derzeit liegt der durchschnittliche Fleischverbrauch in Deutschland bei ca. 88 kg pro Kopf im Jahr. Das entspricht etwa 6,6 Tonnen Fleisch im Verlauf eines Menschenlebens. 4 Rinder, 4 Schafe oder Ziegen, 12 Gänse, 37 Enten, 46 Truthähne, 46 Schweine und gut 850 Hühner verbergen sich hinter diesem Fleischberg. Die meisten dieser Tiere stammen nicht aus kleinbäuerlichen Betrieben, sondern aus der industriellen Produktion.

Es gibt viele Gründe, diesen enormen Fleischberg zu reduzieren, denn sowohl der Konsum als auch die Produktion haben enorme Nebenwirkungen. Moderne Zivilisationskrankheiten wie Gicht oder Krebs können ihren Ursprung in einem erhöhten Fleischkonsum haben.

Gülle, wie sie in modernen Mastbetrieben in großen Mengen anfällt, schädigt Grund- und Oberflächenwasser. Das Methangas, das Wiederkäuer während des Verdauungsprozesses freisetzen, belastet das Klima. Die Methanmoleküle sind 23-mal so schädlich wie das klimafeindliche Kohlenstoffdioxid. Methangas hat damit einen entscheidenden Anteil am Treibhauseffekt.

Auch die Produktion selbst verbraucht viele Ressourcen: Um 1 kg Fleisch zu erzeugen, benötigt man 7-16 kg Getreide oder Sojabohnen. Für die Produktion dieser Pflanzen müssen riesige Flächen vorhanden sein, es wird viel Wasser und Düngemittel verbraucht.

> Fleisch ist ein hochwertiges Lebensmittel, aber zu viel davon ist schädlich für Mensch und Umwelt.

Trotz der aufwändigen Produktion wird Fleisch bei uns häufig billig angeboten. Günstiges Fleisch lässt sich jedoch nur in Massentierhaltung produzieren. Den Preis zahlen nicht nur wir als Verbraucher, sondern insbesondere die Menschen in den Produktionsländern.

Freilandhaltung

Bodenhaltung

Bioproduktion und Massentierhaltung

Die ökologische Tierhaltung wird in biologisch wirtschaftenden Betrieben praktiziert. Das zunehmende Interesse an einer artgerechten Tierhaltung trägt dazu bei, dass dieser Produktionszweig in der Biolandwirtschaft wächst.

Biofleisch wird unter strengen Rahmenbedingungen produziert. Die EU-Verordnung stellt Mindestanforderungen an alle Betriebe, die gleichermaßen erfüllt werden müssen. Ausreichend große Ställe und Weideflächen müssen gewährleistet werden. Für die Produktion von Fleisch werden widerstandsfähige Nutzrassen bevorzugt, die gut angepasst und daher weniger anfällig für Krankheiten sind.

> Bei der ökologischen Tierhaltung werden die Bedürfnisse der Tiere respektiert.

Kennzeichen ökologischer Tierhaltung

Die Anzahl der Tiere pro Fläche ist begrenzt, die Tiere haben Zugang zu Weide- und Freigelände, eine Haltung in Anbindung ist nicht erlaubt. Die Unterbringung erfolgt artgerecht. Die Tiere stehen auf geschlossenen Bodenflächen in Ställen mit Luftzufuhr und Helligkeit. Liegeflächen mit Stroh sind vorhanden. Die Tiere erhalten ökologisch erzeugtes Futter, pflanzliche Heilmittel werden im Bedarfsfall bevorzugt. Wachstums- und leistungsfördernde Mittel sind verboten. Der re-

spektvolle Umgang mit den Tieren ist selbstverständlich.

Kennzeichen nicht artgerechter Tierhaltung

Der Lebensraum ist auf ein Minimum beschränkt, die Tiere stehen oft auf Gittern und haben keine glatte Liegefläche. Häufig sind nur dunkle und fensterlose Ställe vorhanden. Schwänze, Zähne, Krallen und Hörner werden in der Regel kupiert, um gegenseitige Verletzungen oder Kannibalismus zu vermeiden. Zur Behandlung von Krankheiten werden häufig Antibiotika eingesetzt. Rückstände im Fleisch können dazu führen, dass einige Antibiotika ihre Wirkung beim Menschen langfristig verlieren.

★ 1 Setze dich mit dem zunehmenden Bedarf an Fleisch und Wurstwaren auseinander. Diskutiere die These „Fleisch ist ein Stück Lebenskraft". Stelle deine Haltung vor.

★ 2 Bis zum Jahr 2011 ist ein kontinuierlicher Anstieg der Fleischproduktion in Deutschland festzustellen. Im Jahr 2012 ist ein geringfügiger Rückgang eingetreten. Wie erklärst du dir diesen Umstand?

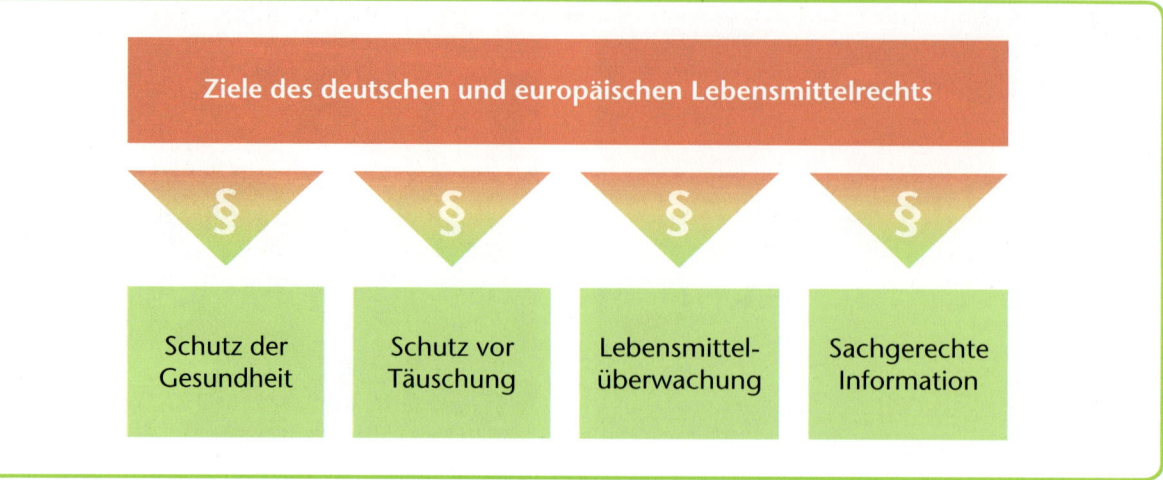

Gesetze garantieren unseren Schutz

Das Lebensmittel- und Futtermittelgesetzbuch LFGB

Gesetz zum Schutz des Verbrauchers

Fast jedes Jahr lesen wir in den Medien über neue Lebensmittelskandale. Einige Lebensmittelerzeuger halten sich nicht an die gesetzlichen Vorschriften und verunsichern damit einen ganzen Industriezweig. Unsere Gesundheit, unser Wohlbefinden und unsere Lebensqualität hängen jedoch von qualitativ guten Lebensmitteln ab. Wir möchten genau wissen, was sich in unseren Lebensmitteln befindet, um sie auch genießen zu können.

Im Lebensmittel- und Futtermittelgesetzbuch (LFGB) sind die grundsätzlichen Pflichten und Verbote bei der Herstellung und beim Verkauf von Lebensmitteln festgelegt. Es liefert darüber hinaus unter anderem die gesetzlichen Grundlagen für Importe und Exporte von Lebensmitteln, Aufgaben und Zuständigkeiten bei der Lebensmittelüberwachung und Strafen bei Verstößen.

> Das LFGB schützt den Verbraucher vor Gesundheitsgefährdung.

Um den Verbraucher vor wirtschaftlichen Schäden zu bewahren, müssen auf der Verpackung genaue Angaben gemacht werden. Allergiker müssen zuverlässig, vollständig und verständlich über Inhaltsstoffe informiert werden. Mit irreführenden Abbildungen oder Aussagen können Verbraucher getäuscht werden.

> Das LFGB schützt vor Täuschung und wirtschaftlicher Übervorteilung.

Die Lebensmittelkontrolle

Damit die Gesetze auch eingehalten werden, bedarf es einer regelmäßigen Kontrolle durch die amtlichen Lebensmittelkontrolleure.

Sie sorgen z. B. in lebensmittelverarbeitenden Betrieben, in der Gastronomie oder in Lebensmittelgeschäften für die Durchsetzung des LFGB.

Die amtliche Lebensmittelkontrolle überwacht:

- Die Hygiene der Betriebsstätte, d. h. den baulichen Zustand, die Sauberkeit der Räumlichkeiten und der Arbeitstische ebenso wie die Maschinen.
- Die Hygiene des Personals, d. h. den Haarschutz, die Kleidung, die Bescheinigung des Gesundheitsamtes.
- Die Hygiene der Lebensmittel, d. h. die Lebensmittellagerung, den Lebensmitteltransport, die Unbedenklichkeit (z. B. kein Schädlingsbefall).

Lebensmittelkontrolleur bei der Arbeit

Die Betriebe sind über die Einhaltung aller gesetzlichen und insbesondere der Hygienebestimmungen nachweispflichtig. Sie sind verpflichtet, eine Dokumentation zu führen.

Das HACCP-Konzept

Die Risikobewertung des Herstellungsprozesses von Lebensmitteln findet sich im HACCP-Konzept wieder.

HACCP ist die Abkürzung für:

H = Hazard (Risiko)
A = Analysis (Analyse)
C = Critical (kritisch)
C = Control (Kontrolle)
P = Points (Punkte)

> Ein HACCP-Konzept identifiziert die Gefahren für den Menschen durch Lebensmittel und stellt geeignete Regeln zur Gefahrenabwehr auf.

Die Kontrolleure entnehmen Lebensmittelstichproben, die in Landeslaboren untersucht werden. Auch die Dokumentationen und Belehrungen werden kontrolliert, um evtl. Gefahren für den Verbraucher zu erkennen. Geringe Mängel führen zu Belehrungen des Lebensmittelproduzenten oder des Anbieters. Erhebliche Mängel ziehen Anzeigen und ein Strafverfahren nach sich.

Die Lebensmittelkennzeichnungsverordnung

Alle Lebensmittel, die in Fertigverpackungen verkauft werden, unterliegen der Lebensmittelkennzeichnungsverordnung. Sie regelt in fünf Punkten die Informationspflicht:

- Mindesthaltbarkeitsdatum,
- Verkehrsbezeichnung (z. B. Linseneintopf),
- Mengenangabe (in Gramm oder Liter),
- Name des Herstellers (Prinzip der Rückverfolgbarkeit),
- Zutatenliste (beinhaltet alle Stoffe, die im Lebensmittel enthalten sind).

> Das LFGB soll für eine sachgerechte Information der Verbraucher sorgen.

1 Erstellt in Gruppen ein HACCP-Konzept für die Schulküche. Tauscht euch aus und ergänzt die fehlenden Schritte.

2 Informiere dich über das Berufsbild einer Fachkraft für Lebensmitteltechnik.

Lebensmittel produzieren

Lebensmittel bewerten

A 2012 erstmals weniger Fleisch produziert

In der Pressemitteilung 56/13 des Statistischen Bundesamtes vom 13. Februar 2013 heißt es: „Im Jahr 2012 war die gewerblich erzeugte Fleischmenge in Deutschland erstmals seit dem Jahr 1997 gegenüber dem Vorjahr rückläufig. 2012 wurden 8,0 Millionen Tonnen Fleisch erzeugt, das waren 1,9 % weniger als im Jahr 2011. Im Jahr 1997 hatte die erzeugte Schlachtmenge 4,9 Millionen Tonnen betragen und war bis zum Jahr 2011 um fast 67 % auf rund 8,2 Millionen Tonnen gestiegen. …

Schweinehälften in einem deutschen Schlachthof

An der gewerblichen Fleischerzeugung insgesamt hatte Schweinefleisch mit 67,8 % den höchsten Anteil, danach folgten Geflügelfleisch (17,7 %) und Rindfleisch (14,1 %). Der Anteil an Schaf-, Ziegen- und Pferdefleisch betrug zusammen 0,3 %."

B Fallbeispiel Salmonellose

Produktion von Speiseeis

Im Oktober 2001 traten in Deutschland weit verstreut über 3000 Salmonellosefälle auf. Die intensive Suche nach dem Infektionsherd ergab, dass die Ursache auf eine gemeinsame Quelle zurückgeführt werden kann. Bei den Erkrankungen wurde der an und für sich sehr selten auftretende Salmonellentyp Salmonella Oranienburg identifiziert, was auf eine gemeinsame Ursache der verschiedenen Fälle schließen lässt. Verschiedenste Hypothesen kursierten in den Medien. Große Schlagzeilen machten den neuesten Skandal allgemein bekannt.

Eine Befragung der erkrankten Personen und deren Angehörigen ergab, dass das Lebensmittel, welches verzehrt wurde, von ein und demselben Hersteller produziert wurde.

Da in dem Betrieb, der dieses Lebensmittel herstellte, der gleiche Salmonellenstamm wie aus Proben der verschiedenen Verkaufsbetriebe isoliert werden konnte, lag der Verdacht nahe, dass von dort aus die Vergiftung ausging.

Schon öfter wurde in der Vergangenheit durch den Verzehr derartiger Lebensmittel eine Salmonellenerkrankung festgestellt.

Bei der Befragung hat der Betriebsleiter jegliche Schuld von sich gewiesen.

C Pflanzen versorgen Tier und Mensch

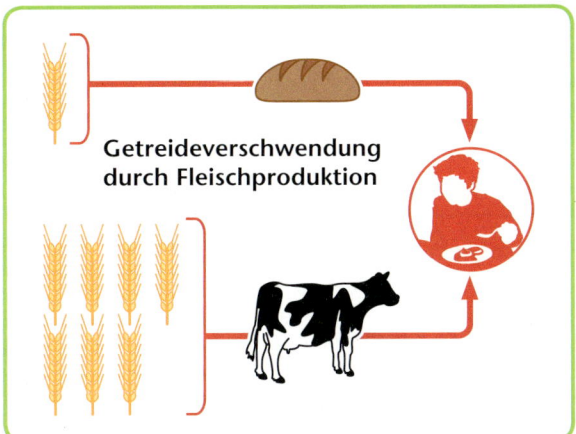

Getreideverschwendung durch Fleischproduktion

D Lebensmittel im Handel

Wichtige Begriffe

Lebensmittelqualität
konventionelle Landwirtschaft
biologische Landwirtschaft
Genfood
Functional Food
Convenience Food

Wissen und erklären

1 Erklärt euch gegenseitig die wichtigen Begriffe.

2 Sortiere die Lebensmittel aus **D** entsprechend der Systematik im Buch Seite 146.

3 Gestalte ein Poster über die Vor- und Nachteile des industriellen Tiefgefrierens.

4 Hochseefische werden sofort nach dem Fang verarbeitet und tiefgefroren, Obst und Gemüse direkt nach der Ernte. Erarbeite dazu eine ernährungsphysiologische Begründung und stelle diese als Expertenmeinung vor.

Informationen beschaffen und auswerten

5 Entwickelt für die statistischen Daten unter **A** zwei Schaubilder (Fleischproduktion insgesamt und anteilige Entwicklung von Schweine-, Rind- und Geflügelfleisch). Berechnet, wie viele Tonnen Fleisch weniger produziert wurden. Interpretiert die Schaubilder und tragt die Ergebnisse vor.

6 Interpretiere das in **C** gezeigte Bild. Leite daraus mögliche Schlussfolgerungen ab und diskutiere diese in der Klasse.

Beurteilen, entscheiden und handeln

7 Beurteile den unter **B** dargestellten Fall:
 1. Welche staatlichen Stellen sind für die Überwachung des Betriebes verantwortlich?
 2. Welche Maßnahmen würdest du als Lebensmittelkontrolleur ergreifen?
 3. Wie könnte ein HACCP Konzept erarbeitet werden, das wirksam wäre?
 4. Welche rechtlichen Schritte können gegen den Betriebsleiter eingeleitet werden?

Lebensmittel produzieren

M Wie ein Test gelingen kann – zehn Schritte zum Erfolg

Wir testen ein Produkt: ⊗ ein Lebensmittel ◯ eine Dienstleistung

1 **Motivlage ergründen.**
(Wir wollen erfahren, ob in dem Produkt das enthalten ist, was auf der Verpackung steht.)

2 **Mögliche Testobjekte sammeln** (mindestens vier)

Fruchtjoghurt

Eiscreme

Wir testen

Kartoffelsuppe

Gulaschsuppe

3 **Entscheidung treffen**
Getestet werden: Fruchtjoghurts, da sie preislich überschaubar sind.

4 **Zielsetzung bzw. Fragestellung erarbeiten (Testkriterien)**
Was genau soll getestet, gemessen, verglichen werden?

1. Füllmenge 2. Fruchtanteil 3. Geschmack (Sensorik) 4. Preis

5 **Testmethoden und Arbeitsmaterialien festlegen**

6 **Konkrete Produkte, Dienstleistung, Protokollant, Zeitmesser festlegen**
Fruchtjoghurts von verschiedenen Herstellern, 1 Protokollant, Tischwaage

7 **Test durchführen**
Becher wiegen, Inhalt durch ein Sieb streichen, Fruchtanteil auswiegen …

8 **Ergebnisse zusammentragen und aufbereiten (Tabelle, Plakat)**
Achtet auf Fehler bzw. Fehlerquellen (Lesefehler, ungleichmäßiges Auskratzen …)

9 **Vorgehensweise und Ergebnisse präsentieren**
(Plakat mit Daten aufbereiten,…)

10 **Ergebnisse in einem Testbericht dokumentieren**

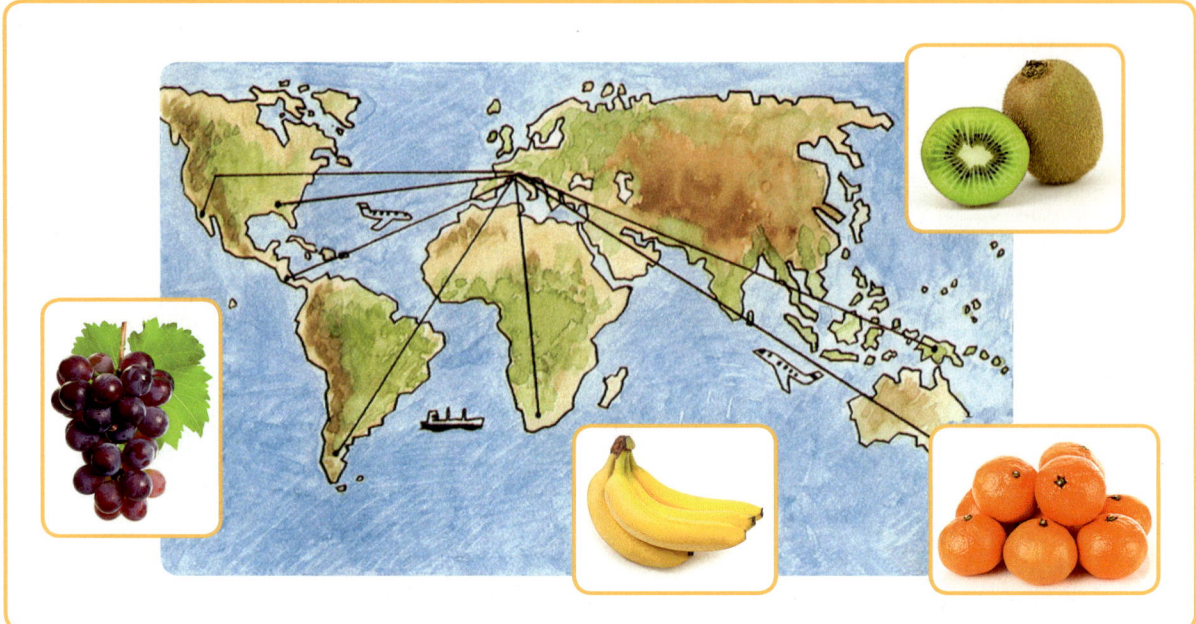

Viele unserer Lebensmittel kommen aus weit entfernten Ländern

Lebensmittel auf Reisen

Alles zu jeder Zeit

Schon fast vergessen ist es, dass die Produktion von Lebensmitteln an klimatische und jahreszeitliche Bedingungen gebunden ist. Noch vor etwa 200 Jahren wurde der Lebensmittelbedarf fast ausschließlich durch heimische Produkte gedeckt. Die Speisenauswahl war durch Ernte- und Schlachtzeiten saisonal begrenzt.

Heute ist es in den Industriestaaten völlig selbstverständlich, dass die meisten Lebensmittel zu jeder Jahreszeit erhältlich sind. In den Regalen der Supermärkte finden sich jederzeit Äpfel aus Chile, Kiwi aus Neuseeland, Erdbeeren aus Israel, Weintrauben aus Südafrika.

Möglich wurde dieser riesige Warenumschlag erst durch die Entwicklung einer modernen und leistungsfähigen Transporttechnologie. Wer macht sich angesichts der Fülle noch bewusst, welcher Aufwand an Energie und Verpackungsmaterial für den Transport der zum Teil verderblichen Güter nötig ist? Wer denkt an den hohen Verbrauch an Heizenergie bei den im Gewächshaus aufgezogenen Pflanzen und den dabei notwendigen Einsatz von Pflanzenschutzmitteln?

Für den Lebensmittelhandel lohnen sich die vielen Transportkilometer dennoch wegen der meist niedrigen Erzeugerpreise in den Überseeländern. Mit hohen Gewinnspannen können die Lebensmittel gehandelt werden. Auch die weitesten Transportwege sind nur noch eine Frage der Logistik und des Preises.

So legen Erdbeeren aus Israel eine Flugreise von etwa 3.100 Kilometer nach Deutschland zurück und verbrauchen je Kilogramm 1,3 Liter Kerosin. Ein Kilogramm Weintrauben aus Südafrika benötigt auf der 10.000 km langen Reise ca. 4,3 Liter Kerosin und stößt 11 Kilogramm Kohlenstoffdioxid in die Atmosphäre.

Über zwei Drittel des Transportaufwandes, der für in Deutschland konsumierte Lebensmittel erforderlich ist, entfallen auf Lebensmittel aus Übersee.

> Globalisierung ist die weltweite Verflechtung von Wirtschaft, Politik, Kultur und Umwelt.

Flugzeug, Schiff und LKW – Transportmittel einer neuen Globalisierung

Moderne und schnelle Transportmittel machen es heute möglich, dass in kurzer Zeit große Distanzen überwunden werden. Transportflugzeuge sorgen dafür, dass Lebensmittel auch aus weit entfernten Ländern nicht länger als einen Tag zu ihrem Bestimmungsort unterwegs sind.

> Der globale Import und Export von Lebensmitteln wurde erst durch die Entwicklung moderner Transportmittel möglich.

Typische Lebensmittel, die mit dem Flugzeug befördert werden, sind:

- Rindfleisch, Lammfleisch, aber auch Pferdefleisch und Wild,
- frischer Fisch wie Seehecht, Lachs oder Thunfisch,
- frisches Gemüse wie Zuckerschoten, Bohnen, Spargel und tropisches Gemüse,
- frisches Obst wie Erdbeeren, Trauben, Mangos, Ananas oder Melonen.

Frische und nicht lange haltbare Lebensmittel werden überwiegend mit dem Flugzeug transportiert. Sie werden vor allem in den Industrieländern nachgefragt.

Mit der Entwicklung und Inbetriebnahme von Kühlcontainerschiffen begann 1969 eine neue Ära der Lebensmitteltransporte. Seitdem ist es möglich, verschiedenste frische Lebensmittel über große Entfernungen zu transportieren. Mit Temperaturkontrollen und einer künstlich geschaffenen Atmosphäre können Reifeprozesse unterbrochen werden. Die biologische Uhr wird angehalten. Mit dieser Technologie können längere Transportzeiten überbrückt werden.

Hohe Wachstumsraten zeigt der Transport von Lebensmitteln auf der Straße. Lebensmittel wie Fleisch, Fisch, Gemüse und Milch werden in Deutschland zu fast 95 % von den Häfen und den Erzeugern auf der Straße transportiert und verteilt. Jede Tonne Fracht eines Lastwagens verursacht ökologische Schäden durch den Ausstoß von Feinstaub und Kohlenstoffdioxid. Alltägliche Lebensmittel wie Joghurt oder Milch werden aufwendig über lange Transportwege bis zum Supermarkt transportiert. Umweltschonendere Transportmöglichkeiten wie der Binnenschiffsverkehr oder die Schiene werden nicht ausgeschöpft. Ihr Anteil ist sogar rückläufig.

Verlagerte man die Hälfte der Lebensmitteltransporte in Deutschland von der Straße auf die Schiene, würden ca. 16 % CO_2 weniger freigesetzt. Verbraucher, die heimische Produkte kaufen, tragen damit erheblich dazu bei, den Ausstoß klimaschädlicher Gase zu reduzieren.

★ 1 Nenne Folgen, die der steigende Import von Lebensmitteln nach Europa hat. Schlage Alternativen vor.

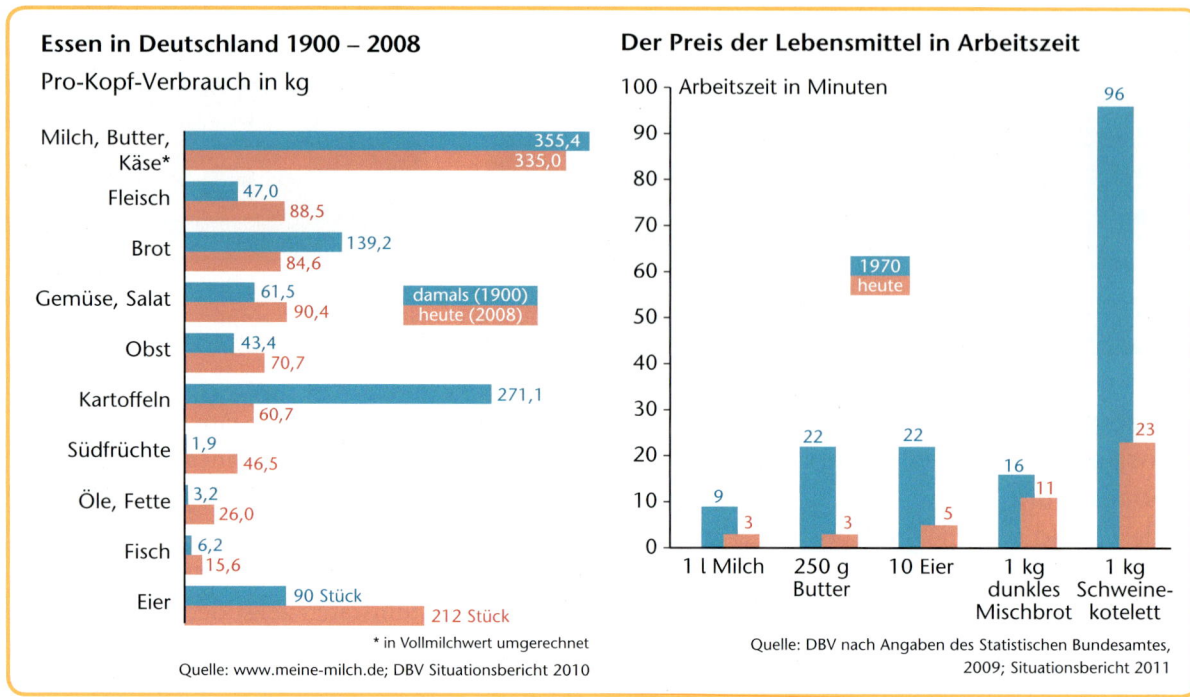

Essen in Deutschland 1900 – 2008
Pro-Kopf-Verbrauch in kg

Milch, Butter, Käse*: 355,4 / 335,0
Fleisch: 47,0 / 88,5
Brot: 139,2 / 84,6
Gemüse, Salat: 61,5 / 90,4 — damals (1900) / heute (2008)
Obst: 43,4 / 70,7
Kartoffeln: 271,1 / 60,7
Südfrüchte: 1,9 / 46,5
Öle, Fette: 3,2 / 26,0
Fisch: 6,2 / 15,6
Eier: 90 Stück / 212 Stück

* in Vollmilchwert umgerechnet
Quelle: www.meine-milch.de; DBV Situationsbericht 2010

Der Preis der Lebensmittel in Arbeitszeit
Arbeitszeit in Minuten

1970 / heute

1 l Milch: 9 / 3
250 g Butter: 22 / 3
10 Eier: 22 / 5
1 kg dunkles Mischbrot: 16 / 11
1 kg Schweinekotelett: 96 / 23

Quelle: DBV nach Angaben des Statistischen Bundesamtes, 2009; Situationsbericht 2011

Globalisierung der Esskultur

Essgewohnheiten ändern sich

Das Essverhalten, der Lebensmittelverbrauch und die Ausgaben für Lebensmittel haben sich in den letzten 100 Jahren stark verändert. Um 1900 mussten die Menschen für Nahrungsmittel 57 % ihrer Arbeitszeit aufwenden. Gegenwärtig sind es nur noch 15 %. Gleichzeitig ist das Angebot vielfältiger und reichhaltiger geworden.

Gemüse, Obst, Südfrüchte, Fisch, Eier und Fleisch stehen heute verstärkt auf dem Speiseplan. Das liegt zum einen daran, dass fast alle Lebensmittel im Vergleich zum Einkommen wesentlich preiswerter produziert werden können. Zum anderen hat sich auch das Angebot dahingehend verändert, dass Supermärkte Waren aus den verschiedensten Ländern der Welt verkaufen.

> Durch die Globalisierung wurde das Lebensmittelangebot in deutschen Supermärkten erweitert.

Damit wird auch unsere Esskultur zunehmend globalisiert. Das heißt für uns, dass wir Dinge gerne essen und trinken, die in einem anderen Land erfunden worden sind. Wir schätzen die Pasta der Italiener, die Cola der Amerikaner.

Die positiven Seiten der Globalisierung

Globalisierung begann in Deutschland bereits vor mehr als 50 Jahren. Gastarbeiter führten die Mittelmeerküche ein, italienische oder griechische Restaurants brachten neue Geschmacksrichtungen auf den Speiseplan. Asiatische Küchen folgten. Sie veränderten sich aber durch die Anpassung an hiesige traditionelle Geschmacksgewohnheiten deutlich. Die neue Multikultiküche bringt viel Abwechslung und auch gesunde Lebensmittel auf den Tisch. Favoriten sind Lebensmittel aus den mediterranen und asiatischen Ländern. Eine Ernährung mit jeder Menge frischem Obst und Gemüse, Brot und Pasta aus Vollkorngetreide, Olivenöl sowie Fisch und Geflügel charakterisiert nicht nur eine vollwertige Ernährung, sondern demonstriert die positiven Seiten der Globalisierung. Durch die zunehmende Mobilität der Menschen nimmt der kulturelle Austausch im Ernährungsverhalten zu.

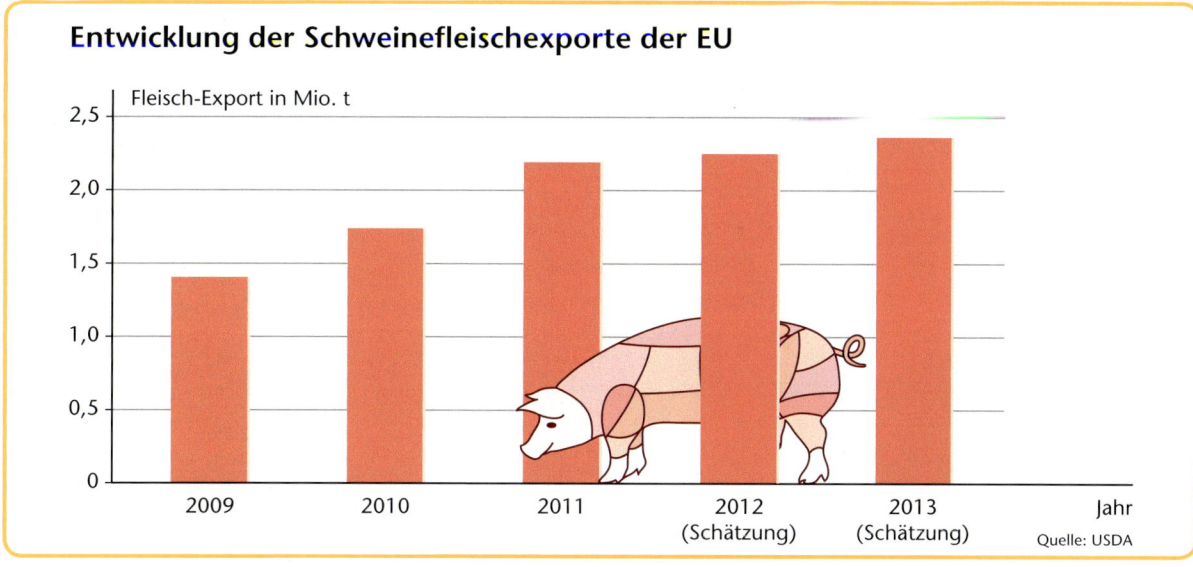

Entwicklung der Schweinefleischexporte der EU

Fleisch-Export in Mio. t

Quelle: USDA

Die negativen Seiten der Globalisierung

Die industrialisierten Länder, in denen etwa 20 Prozent der Weltbevölkerung leben, verbrauchen allein etwa 80 Prozent der weltweiten Ressourcen und erzeugen dabei knapp 80 Prozent der weltweiten Umweltverschmutzungen.

Aufgrund der klimatischen Bedingungen ist Deutschland auf einen hohen Versorgungsgrad mit Obst und Gemüse als Importgüter angewiesen. Etwa 90 % des gesamten Obst- und Gemüseaufkommens in Deutschland werden aus den verschiedensten Regionen der Welt importiert. Dabei wird sehr streng auf die Qualität der Produkte geachtet.

Umgekehrt exportieren die Länder der EU auch Lebensmittel in die Dritte Welt. Grund für den Anstieg dieser Exporte ist eine expandierende industrielle Großproduktion von Lebensmitteln in der EU. Allein die Geflügelexporte stiegen um 25 % auf 1,3 Millionen Tonnen. Dahinter versteckt sich auch die massenhafte Ausfuhr von Fleischresten nach Afrika, da in der EU nur die Filetstücke Absatz finden. Was der europäische Verbraucher nicht gerne isst, wird exportiert. Diese zunehmenden Fleischexporte zerstören gewachsene Strukturen der Tierhaltung und Tiermast in Afrika. Die Existenz von Kleinbauern wie auch von einheimischen Großproduzenten wird vernichtet. Gegen das billige Fleisch haben inländische Unternehmen kaum eine Chance, sie können ihre Produkte nicht mehr vermarkten. Das verschärft das Elend der dort lebenden Menschen. Einzigartige und historisch gewachsene Essgewohnheiten und Bräuche gehen verloren.

Viele Umweltorganisationen und Regierungen in den afrikanischen Staaten setzen sich deshalb für Handelsbeschränkungen bei Lebensmitteln ein, um der eigenen Bevölkerung die Möglichkeit zu geben, selbst zu entscheiden, was produziert und verzehrt werden soll.

> Der globale Import und Export von Waren hat nicht nur positive, sondern auch negative Folgen.

1 Nenne Beispiele aus deinem Alltag für Globalisierung in der Ess- und Trinkkultur.

2 Stelle den Transportweg von Lebensmitteln oder anderen Konsumgütern, die du bevorzugst, dar.

3 Tragt die positiven und negativen Folgen der Globalisierung der Esskultur zusammen. Erstellt dazu ein Plakat mit Stichpunkten und präsentiert das Ergebnis.

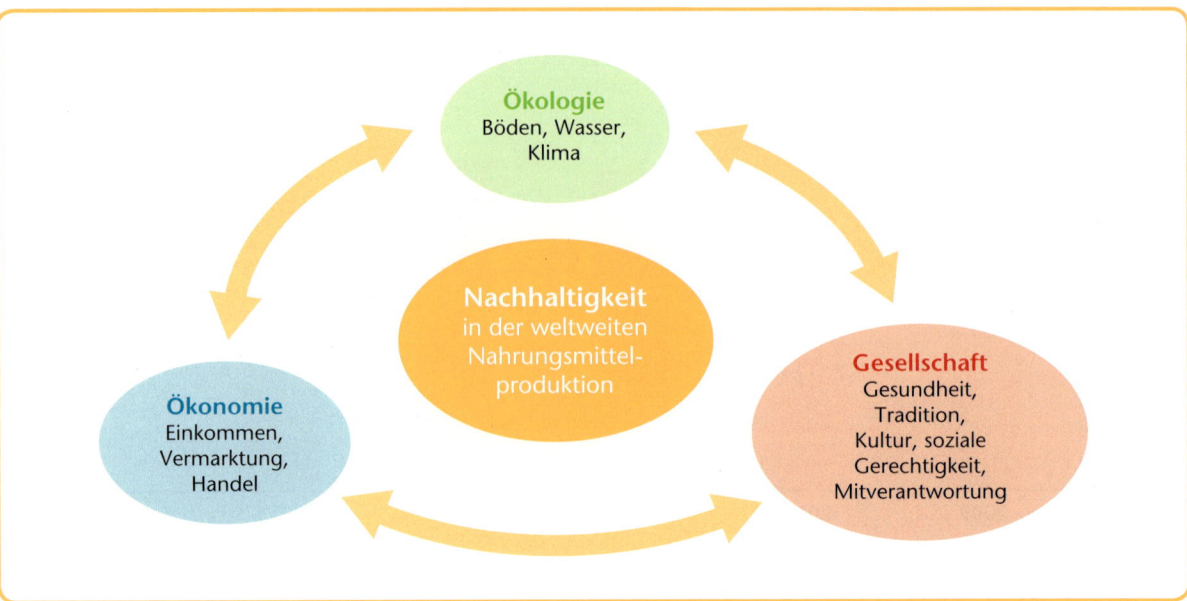

Drei Dimensionen der Nachhaltigkeit

Nachhaltige Lebensmittel-produktion und -verteilung

Ökonomie – der Wert der Produktion

Eine Reihe von Faktoren wie etwa Spitzenpreise für Nahrungsmittel, Wasserknappheit oder das Wachstum der Weltbevölkerung haben einen riesigen Markt für Nahrungsmittel geschaffen. Reiche, aber ressourcenarme Nationen im Nahen Osten, in Asien und anderswo versuchen, ihre Nahrungsmittelproduktion an Orte auszulagern, wo Felder billig und Arbeitskräfte reichlich vorhanden sind.

Knappheit dürfte weltweit in den kommenden Jahrzehnten die größte Herausforderung sein: Wegen des Wettbewerbs um Anbauflächen und Wasser, der hohen Energiepreise und des Klimawandels müssen weltweit mehr Lebensmittel mit weniger Ressourcen zu günstigen Preisen produziert werden.

Der Welthandel bestimmt heute, was von den Landwirten angebaut wird und welche Preise sie für ihre Produkte bekommen. Dabei geht es nicht mehr nur um die klassischen Kolonialgüter wie Tee, Kaffee oder exotische Früchte, sondern auch Getreide, Milch oder Fleisch werden global gehandelt.

Ökologie – Auswirkungen auf die globale Umwelt

Pflanzen und ihre Produkte, die exportiert werden, werden meist in großen Monokulturen angebaut, die viel Wasser brauchen und von chemischen Düngemitteln und Pestiziden abhängig sind.

Dabei wird das fruchtbare Land durch die intensive industrielle Nutzung zerstört. Weltweit sind bereits zwei Drittel der landwirtschaftlich genutzten Flächen durch die industrielle Landwirtschaft degradiert worden (durch Versalzung, Erosion, Nährstoffabbau). Insbesondere in Afrika fallen Wälder der Nutzung für landwirtschaftliche Produktion mit wenig Ertrag zum Opfer. Gewaltige Bodenerosionen sind die Folge.

> Eine globale Lebensmittelproduktion steht heute im Spannungsverhältnis von Ökonomie, Ökologie und gesellschaftlicher Verantwortung.

An der Warenterminbörse werden Nahrungsmittel gehandelt

Je knapper ein Nahrungsmittel wird, umso höher steigt
der Wert

Trends und Widersprüche einer globalisierten Produktion

Wenn das Essen knapp wird, steigen die Preise an der Börse. Leicht verdientes Geld für Spekulanten – schwere Zeiten für die Menschen in den Entwicklungsländern. Afrika hat eine Milliarde Einwohner. Obwohl fast 70 % der Afrikaner in der Landwirtschaft arbeiten, sind 25 % der Menschen unterernährt. Rückstände gibt es besonders beim Einsatz von technischen Mitteln. Durch den Klimawandel spitzt sich die Lage dramatisch zu. Diesen Trend können auch Hilfsleistungen aus Europa und Amerika nicht stoppen.

Afrika kann sich selbst helfen – Grundlagen und Hilfen zur Selbsthilfe

Bei einer erfolgreichen Umsetzung von politischen Zielen hat Afrika die Chance, die Landwirtschaft zu erneuern und sich selbst zu ernähren. Trotz des Klimawandels und einer fortschreitenden Wüstenbildung können die Böden landwirtschaftlich nutzbar gemacht werden. Für Weizen, Reis oder Mais sind viele Flächen ungeeignet. Traditionelle Getreidesorten wie Hirse, Yams oder der Brotfruchtbaum gedeihen jedoch gut. Mit diesen ursprünglichen Pflanzen, die verdrängt wurden und in den Förderprogrammen nicht berücksichtigt werden, könnte Afrika viele Probleme lösen. Der Export dieser „neuartigen" Produkte kann die Lebensmittelvielfalt auf dem Weltmarkt ergänzen und damit neue Wege der Verteilung schaffen.

> Nur eine nachhaltige Politik kann das Problem der ungleichen Verteilung von Lebensmitteln auf der Welt lösen.

Ein weiterer Schritt ist die Entwicklung von Saatgut, das dürreresistent und besonders an die klimatischen Bedingungen angepasst ist. Umstritten ist dagegen die Intensivierung der Landwirtschaft durch den Einsatz von Düngemitteln. Beispiele zeigen, dass biologische Anbaumethoden auch in Dürregebieten eine Chance haben.

Wichtig ist, die Erträge zu steigern und attraktive Exportnischen, wie zum Beispiel Blumen und Gemüse, zu nutzen. Diese werden in konventioneller Landwirtschaft angebaut – manchmal ergänzt durch kleinbäuerlichen Vertragsanbau. Einkommen aus diesen Nischenmärkten kommen ländlichen Haushalten zugute und dienen ihrer Ernährungssicherheit. In Äthiopien sind an einem solchen genossenschaftlichen Projekt etwa 300 Menschen beteiligt, die jeweils 1,6 bis 4 Hektar bewirtschaften.

★ 1 Wie lassen sich Nachhaltigkeit und soziale Gerechtigkeit vereinbaren? Erarbeite eine Argumentation.

Globalisierung auf dem Lebensmittelmarkt

Mit Globalisierung umgehen

A   Ein paradoxes Phänomen

Hunger und Überfluss zugleich – dieses paradoxe Phänomen beobachten Forscher in Afrika schon seit einigen Jahren. Stand der Kontinent lange Zeit ausschließlich für Mangelernährung und Hungersnot, so warnen verschiedene Studien nun vor einer drohenden Adipositas-Epidemie. In Südafrika ergab der jüngste nationale Gesundheitsreport, dass mehr als die Hälfte aller Frauen übergewichtig oder adipös ist, bei den Männern ist es rund ein Drittel. Andere internationale Studien weisen darauf hin, dass sich Übergewicht auch in anderen afrikanischen Staaten ausbreitet.

B   Afrika hungert und exportiert Lebensmittel

Da lädt die EU in Afrika immer wieder Überschussgetreide ab, das etwa in Kamerun an die 50.000 Kleinbauern aus dem heimischen Markt geworfen und die mühsam aufgebaute regionale Selbstversorgung ruiniert hat. …

Genauso kontraproduktiv nutzt man Afrika als Müllhalde für Abfall. Europäische Großbetriebe versorgen die gepflegte Gastronomie und die Imbissketten in der EU täglich mit annähernd 2,5 Millionen tiefgekühlten Hühnchen. Der „selbstregulierte Markt" verlangt aber nur Gustostückerln. Der für gehobene Ansprüche weniger marktfähige Rest wird eingefroren und in Großcontainern zu Dumpingpreisen vornehmlich in Westafrika „entsorgt". Dort kosten diese Hendl-Reste halb so viel wie heimisches Federvieh. Also verlieren die Kleinbauern einen Markt – und das Angebot des Grundnahrungsmittels Ei schrumpft. (Clemens Hutter, „Afrika hungert und exportiert Lebensmittel". Wiener Zeitung vom 30.8.2011)

C   Globalisierung – Chance oder Bedrohung?

Das Statistische Bundesamt hat am 29. November 2012 wertvolle Daten zur Entwicklung und zum Stand des deutschen Außenhandels vorgelegt. Erstaunlich ist, dass die Veröffentlichung überhaupt nicht zur Kenntnis genommen wurde. (Thorsten Hild, „Wirtschaft und Gesellschaft". 5.12.2012 www.wirtschaftund gesellschaft.de/aussenhandel)

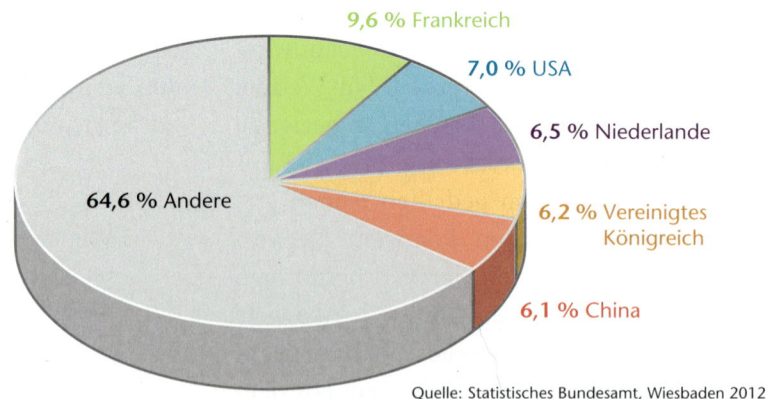

Wichtigste Abnehmerländer deutscher Waren 2011

9,6 % Frankreich
7,0 % USA
6,5 % Niederlande
6,2 % Vereinigtes Königreich
6,1 % China
64,6 % Andere

Quelle: Statistisches Bundesamt, Wiesbaden 2012

D Regional? Saisonal? Oder doch global?

Nichts ist, wie es scheint!

Tafeläpfel stehen in Deutschland nur zu 30 – 35 % aus regionalem Anbau zur Verfügung, insbesondere saisonal, also im Herbst und Frühwinter. Für Anbau, Ernte, Transport, Lagerung und Verteilung werden ca. 40 – 200 g CO_2 pro kg Äpfel produziert.

Äpfel der frischen Ernte von der Südhalbkugel ergänzen im Frühsommer das Angebot auf der Nordhalbkugel, da die Vorräte langsam zu Ende gehen.

Wissenschaftliche Untersuchungen zeigen, dass der globale Schiffstransport von Äpfeln ähnlich viel oder wenig Treibhausgase erzeugt wie die Lagerung der heimischen Äpfel in Kühlhäusern, die aufwendig mit Kühlungen und einer modifizierten Lageratmosphäre ausgestattet sein müssen, um verkaufsfähige Äpfel anbieten zu können.

(in Anlehnung an eine Textpassage aus „Nachhaltigkeit in der Ernährung": Tagungsband zur Arbeitstagung der DGE 2011, S. 18

E Was haben wir mit Globalisierung zu tun?

Wichtige Begriffe

Globalisierung	Import
Industrieländer	Export
Nachhaltigkeit	Ökonomie
Ressourcen	Ökologie

Wissen und erklären

1 Erklärt euch gegenseitig die wichtigen Begriffe.

2 Benenne Produkte, auf die man aus ökologischen oder aus ethischen Gründen besser verzichten oder deren Konsum man einschränken sollte.

3 Vergleiche positive und negative Aspekte der Globalisierung. Stelle diese gegenüber.

Informationen beschaffen und auswerten

4 Bewerte die Statistik zu den Hauptabnehmerländern deutscher Waren unter C. Informiere dich unter dem angegebenen Link über die weiteren Inhalte des Beitrags und arbeite heraus, wie das Statistische Bundesamt die Entwicklung des Außenhandels bewertet.

Beurteilen, entscheiden und handeln

5 Lies den Text unter **A** und beurteile die Bezeichnung „das paradoxe Phänomen".

6 Lest den Text unter **B** und diskutiert die Auswirkungen der europäischen Fleischexporte bezüglich der Nachhaltigkeit.

7 Unter D findest du eine wissenschaftliche Aussage zur CO_2-Erzeugung bei Apfelanbau und -transport von einheimisch und global produzierten Äpfeln. Setze dich mit dieser Meinung auseinander und treffe eine begründete Kaufentscheidung.

8 Die Abbildung unter E zeigt eine vernetzte Welt.
Finde Beispiele für Produkte, die aus einer vernetzten Produktion stammen und dich in deinem persönlichen Leben konkret betreffen. Beurteile, ob du deinen Alltag ohne diese Produkte bewältigen kannst. Erarbeite eine Argumentation pro und kontra Globalisierung an ausgewählten Beispielen.

M Das Expertengespräch

Das Expertengespräch dient dazu, Informationen aus der Praxis zu gewinnen (Lernort Schule oder Arbeitsplatz des Experten/der Expertin) und neue Sichtweisen zu erkennen.
Organisiere ein Expertengespräch beispielsweise mit einem Supermarktleiter, einem Rechtsanwalt, einem Lebensmittelproduzenten der Region, dem Geschäftsführer eines Fairtrade-Ladens.

1 Arbeite dich in die Thematik ein.
Beispiele: ökologische Produktion von Lebensmitteln, Rechtsauffassung zum Mülltauchen, Fair trade Handel

2 Vereinbare Ort, Zeitpunkt und Dauer der Befragung.
Den Experten/die Expertin lernst du besser kennen, wenn du persönlich mit ihm/ihr sprichst. Stelle dabei deine Erwartungen vor.

3 Entwerft gemeinsam einen strukturierten Fragenkatalog.
Werden Fragen formuliert, die nicht in den Katalog passen, bietet die Diskussion bestimmt eine Möglichkeit, sie zu stellen.

4 Entscheidet, wer moderiert. Der Moderator/die Moderatorin stellt den Experten/die Expertin vor. Er/sie achtet auch auf die Einhaltung des Zeitlimits.

5 Ein Protokollant/eine Protokollantin hält die Ergebnisse fest.

6 Das Expertengespräch findet statt. Alle halten sich an die Vereinbarungen, die Thematik wird ausführlich diskutiert.

7 Der Moderator bedankt sich bei dem Experten/der Expertin und überreicht einen kleinen Blumenstrauß.

8 Im Anschluss werden die Gesprächsergebnisse gemeinsam ausgewertet.
(Reflexion des Gespräches unter Berücksichtigung einer kritischen Distanz zu den Ergebnissen.)
Der Experte/die Expertin nimmt daran nicht mehr teil.

Planung und Umsetzung eines Themenmenüs

Situation

Die Klassen 9a und 9b wollen gemeinsam für ihre Eltern, einige ihrer Lehrer und natürlich für sich selbst ein Sommerfest zum Schuljahresabschluss organisieren. Essen und Trinken und vielleicht auch ein paar Spiele sollen den Nachmittag und Abend umrahmen. Das ist gar nicht so einfach, denn unterschiedliche Interessen müssen berücksichtigt werden.

Zuerst setzen sich die Schülersprecherin Kira aus der 9a und der Schülersprecher Marcus aus der 9b zusammen. Sie versuchen, einige Gedanken zu formulieren.
Nach langem Nachdenken hat Kira eine Idee: „Wir stellen den Abend unter ein Motto." Nur, was soll das sein? Kiras erste Ideen gefallen Marcus nicht wirklich. Also werden die Klassen befragt.

Wir suchen nach einem geeigneten Thema

Am Nachmittag treffen sich die Klassen. Kira und Marcus stellen ihre Grundidee vor. Jetzt beginnt die Suche nach geeigneten Themen für das Menü und die Spiele. Alle steuern Ideen bei.
Jeder schreibt auf ein Kärtchen, Kira heftet die Kärtchen auf ein Plakat.

Ideen-sammlung

Fragen zur Themenauswahl

Hilfreich bei der Auswahl der Themen können folgende Fragen sein:

- Was hat das Thema mit unserem Alltag zu tun?
- Gibt es genügend Material, um etwas zu dem Thema zu erfahren?
- Wird die Interessenlage vieler Schüler/-innen berücksichtigt?
- Gibt es Besonderheiten zu beachten? (Religionen, Allergiker, Alternativ-köstler, Diabetiker)
- Welches Budget steht zur Verfügung?
- Wer wird eingeladen?
- Wann soll das Menü stattfinden?

Die Klassen 9a und 9b entscheiden sich für den *Märchenabend 1001 Nacht*.

Die ersten Planungs-schritte werden in einer kleinen Gruppe besprochen

Ein kleines Team aus beiden Klassen sitzt gemeinsam mit der Fachlehrerin am Tisch, um die ersten Schritte zu planen. Frau Römer schlägt vor, eine Checkliste für die Vorbereitung anzulegen. So wird nichts vergessen, und auch die einzelnen Arbeiten können besser verteilt werden.

Plötzlich fragt Justus: Sagt mal, wir reden die ganze Zeit von einem Menü – was ist das eigentlich genau?

Das Menü

Ein Menü bezeichnet eine Speisenfolge, die aus mindestens drei Gängen besteht: Vorspeise, Hauptgang und Nachspeise oder Dessert. Oft werden fünf Gänge gereicht, um den besonderen Charakter eines Menüs hervorzuheben. Man spricht von Gängen, da das Aufdecken eines neuen Gerichtes auch eines neuen Gangs, früher der Bediensteten und heute des Servicepersonals, bedarf.

Bei der Planung spielt die Speisenfolge eine große Rolle. Hierbei gilt:

Am Anfang etwas Leichtes wie Salat oder Suppe.

- Fisch vor Fleisch.
- Bei mehreren Fleischgängen: von hell (z. B. Geflügel) zu dunkel (z. B. Rind oder Lamm).
- Zum Schluss eine Nachspeise. Hier eignet sich immer etwas Süßes, je nach Saison mit Erdbeeren, Kirschen, Birnen oder Äpfeln angerichtet.
- Farbliche Abwechslung verleiht dem Menü einen besonderen Charakter.

Menüfolge festlegen

Auswahl und Abfolge der Speisen werden jetzt festgelegt.

Eine Checkliste entsteht

Checkliste für das Themenmenü

✓ Termin festlegen.
✓ Personengruppe bestimmen.
✓ Einladungskarten gestalten und verschicken.
✓ Anzahl der Gäste festlegen.
✓ Sind ausreichend Sitzplätze vorhanden?
✓ Ist ausreichend Geschirr vorhanden?
✓ Ist ausreichend Besteck für mehrere Gänge vorhanden?
✓ Sind genügend Gläser vorhanden?
✓ Berechnung der Lebensmittelmengen.
✓ Bestellung und Einkauf (Einkaufsliste, wann und wo wird eingekauft).
✓ Zeitplan für die Speisenzubereitung entwerfen.
✓ Personalplanung (Wie viele Helfer sind notwendig? Wer macht was?)
✓ Raum- und Tischdekoration (Material, Einkauf, Herstellung).
✓ Bewirtung (Wer serviert, wer kümmert sich um die Getränke?).
✓ Soll ein Rahmenprogramm gestaltet werden?
✓ Wer moderiert?
✓ Wie teuer wird das Menü?

Planung und Umsetzung eines Themenmenüs

Die Organisation der Arbeitstätigkeiten

Teams werden gebildet. Schüler, die besondere Interessen und Fähigkeiten besitzen, sollten ihre Ideen einbringen. Klare Aufgabenstellungen erleichtern die Arbeit und klären die Verantwortlichkeiten.

- Die Gruppen für die einzelnen Tätigkeiten, die zur Herstellung der Speisen erforderlich sind, sind eingeteilt.
- Das Servicepersonal kennt seine Aufgaben und ist bereit, die fertigen Speisen zu servieren und auch wieder abzuräumen. Zwischendurch sind die Getränke bereitzuhalten und nötigenfalls aufzufrischen.
- Alles muss gespült und wieder in den Schränken verstaut werden.

Team Einladungskarte

Tipp: Einladung in der Nationalfarbe Marokkos gestalten

Ein Team gestaltet die Einladung. Thema und Ablauf müssen erkennbar sein.

Liebe Gäste,
gemeinsam wollen wir mit Euch und mit Ihnen eine kulinarische Reise in die Märchenwelt
„Tausend und eine Nacht"
unternehmen.
Los geht es mit einem gemixten Getränk, damit der erste Durst gelöscht wird.
Weitere Überraschungen folgen.

Beginn des netten Abends wird sein:
Am: ....
Um: .... Uhr
Wir treffen uns auf dem
Schulgelände: ....

Dazu laden wir alle recht herzlich ein.

Die Klassen 9a und 9b

Die Einladung
Ein unverzichtbarer Schritt ist die Gestaltung der Einladungskarten. Sie repräsentieren das Thema des geplanten Menüs und den Anlass. Die Gäste erhalten alle wesentlichen Informationen, sodass ein pünktlicher Beginn gesichert ist.

Team Tischdekoration

Den Tisch geschmackvoll dekorieren
Die Tischdekoration soll für eine angenehme und aufgeschlossene Atmosphäre sorgen und die ausgewählten Speisen unterstreichen. Die farbliche Grundgestaltung richtet sich nach der Farbe der Tischdecke oder des verwendeten Geschirrs. Hierauf sind alle anderen Farben abgestimmt, die sich in Blumen oder Kerzen wiederfinden. Einen besonderen Blickfang stellen die Servietten, die Tischkarten und die Menükarte dar. Für das Eindecken des Tisches gelten alle Regeln, die ihr bereits aus dem Hauswirtschaftsunterricht kennt.

Die Menükarte

Menü

❧

Orientalische Möhrensuppe mit Couscous, Fladenbrot

Garnelen-Birnen-Spieß an Chili-Gurkensalat

❧

Indisches Pfeffer-Huhn mit Gurken-Zwiebel-Joghurt

Pastete mit Rindfleischragout „1001 Nacht"

Gebratene Currykartoffeln, Knoblauchreis

Orientalisches Lammfilet

❧

Passionsfrucht mit Feigen und Pyramide aus

Mousse au Chocolat

Die Menükarte kann zusammen mit der farblich abgestimmten Serviette auf dem Teller platziert werden.

Team Profiköche und Service

Das Team informiert sich über orientalische Gewürze und ihre Verwendung.

Das Geheimnis der Gewürze

„Der Ruf der Oase" – Orientalische Gewürze offenbaren ihren Wohlgeruch nach süßlichen Aromen aus Orangen, Datteln, Knoblauch und Minze. Sie fördern die Gesundheit und sind sehr bekömmlich. In ihren Herkunftsländern werden sie im Einklang mit der Natur produziert. Kurkuma bringt Farbe in die Speisen, Kreuzkümmel ist ein Dauerbrenner in der arabischen Küche, Safran macht den Kuchen „gelb", heißt es in der arabischen Welt.

Team Unterhaltung

Ein Moderator führt durch das Programm. Er begrüßt die Gäste, kündigt die Gänge an und informiert die Gäste über Zusammenstellung und Art der Speisen. Eine kleine Gruppe sorgt für orientalische Musik und liest einige Geschichten aus *Tausend und einer Nacht*. Sie entführen die Gäste in den geheimnisvollen Orient.

Planung und Umsetzung eines Themenmenüs

 Das Themenmenü: Ablauf und Bewertung

1
Thema finden, Ideen sammeln, neugierig werden. Informationen zum Thema sammeln

Bereitet ein Kurzreferat und eine Präsentation vor.

2
Wählt eine Mahlzeit, eine passende Speisenfolge (Menü) zu eurem Thema aus.

Schreibt und gestaltet eine Einladungskarte.

Schreibt und gestaltet eine Speisekarte.

3
Plant gemeinsam alle anfallenden Arbeiten (Einkauf, Vorbereitung, Zubereitung …) in einer günstigen Reihenfolge.
Überlegt eine passende Tischdekoration.
Schreibt einen Organisationsplan.
(Dazu dürft ihr den PC verwenden.)

4
Kauft die benötigten Lebensmittel für eure Speisenfolge ein.
Erstellt eine schriftliche Abrechnung über die Ausgaben.

5
Bereitet die Speisen zu.
Essenszeit: **18.00 Uhr**
Deckt den Tisch.
Serviert eure Speisen.

Bewertungskriterien

Verteile die Punkte 1 – 6
(6 ist die beste Bewertung)

Lebensmittelauswahl

Wurden regionale und saisonale Produkte verwendet? ○

Welche Lebensmittel hatten eine weite Reise? ○

Wurden Convienence-Produkte verwendet? ○

Frischprodukte? ○

Waren Obst und Gemüse reichhaltig im Angebot? ○

Getränkeangebot: zuckerfrei oder zuckerreduziert? ○

Garverfahren

Wurden schonende Garverfahren eingesetzt? ○

Zielgruppenorientierung

Wurden besondere Essgewohnheiten berücksichtigt? ○

Bewertung durch die Gäste: Punktezahl 1 – 6 (6 ist die beste Bewertung)

	Optischer Eindruck	Schmack-haftigkeit	Zusammenstellung der Speisen	Getränke-angebot
Vorspeise				
Hauptgang				
Nachspeise				

Einladungskarten: Service: Menükarte:

Tischdekoration: Raumgestaltung: Programmgestaltung:

Glossar

Acrolein (S. 135)
Acrolein ist eine gelbliche, brennbare Flüssigkeit, die stark giftig und krebserregend ist. Sie wirkt stark reizend auf Augen und Schleimhäute. Aus diesem Grund darf Fett in einer Pfanne nicht über 150 °C erhitzt werden.

Allergiker (S. 99)
Menschen, die auf körperfremde Stoffe verändert oder unerwartet reagieren, nennt man Allergiker. Auslöser können Staub, Blütenpollen, Lebensmittel sein. In Ausnahmefällen können die Auswirkungen lebensbedrohlich sein.

Aminosäuren (S. 88)
Aminosäuren sind organische stickstoffhaltige Verbindungen. Sie stellen eine Grundlage für eiweißhaltige Verbindungen dar. Für die Ernährung des Menschen sind 20 Aminosäuren von Bedeutung.

Anbauverbände (S. 97)
sind Zusammenschlüsse von meist ökologisch produzierenden Bauern, die ihre Produkte gemeinsam vermarkten und nach definierten ökologischen Bedingungen produzieren.

Antibiotika (S. 134, 135)
Antibiotika sind natürliche Stoffwechselprodukte von Pilzen oder Bakterien, die schon in geringer Konzentration das Wachstum von anderen Mikroorganismen hemmen oder abtöten können. Sie werden als Arzneistoffe zur Behandlung von Infektionskrankheiten eingesetzt.

Arbeit (S. 66, 120)
Arbeit ist die zielgerichtete und planmäßige Tätigkeit zur Sicherung des Lebensunterhalts des Menschen. Es wird zwischen bezahlter (Erwerbsarbeit) und unbezahlter (Eigenarbeit) unterschieden.

Arbeitsintensität (S. 133)
Der Anteil an körperlicher und geistiger Arbeit, der in einer bestimmten Zeitspanne geleistet wird.

Arbeitsorganisation (S. 9, 69)
Arbeitsorganisation besteht darin, optimale Arbeitsabläufe unter den im Haushalt lebenden Personen abzustimmen. Voraussetzung ist eine gute Kommunikation.

Arbeitsplan (S. 66, 68)
Der Arbeitsplan nennt die einzelnen Arbeitsschritte in der richtigen Reihenfolge.

Arbeitsplanung (S. 10, 11)
Arbeitsplanung nennt die einzelnen Arbeitsschritte in der richtigen Reihenfolge und schätzt die Zeit für die Arbeitsschritte ab.

Arbeitsplatz (S. 8, 11, 14)
Der Arbeitsplatz ist der Ort, an dem Menschen arbeiten. Auch im Technikraum oder in der Schulküche gibt es Arbeitsplätze. Jeder ist für die Ordnung und Sicherheit an seinem Arbeitsplatz verantwortlich.

Arbeitsverhältnis (S. 130)
Ein Arbeitsverhältnis ist eine vertragliche Vereinbarung zwischen Arbeitnehmer und Arbeitgeber.

Aromen (S. 131)
Aromen bezeichnen einen spezifischen Geschmack oder Geruch, der durch verschiedene chemische Verbindungen in Lebensmitteln hervorgerufen wird. Oftmals werden diese Stoffe gezielt beigemischt, um Vorlieben der Verbraucher zu entsprechen.

Bakterien (S. 12, 13)
Bakterien sind mikroskopisch kleine einzellige Organismen. Sie schützen unseren Körper vor einer Vielzahl von krankmachenden Keimen. Sie zersetzen und zerlegen (organische) Stoffe und dienen für sie als Nahrung. Ohne die Vielzahl der nützlichen Helfer können wir nicht überleben.

Ballaststoffe (S. 82, 83, 131)
Ballaststoffe sind unverdauliche pflanzliche Nahrungsbestandteile. Diese Art von Kohlenhydraten (Polysacchariden) kommt in Getreide, Obst, Gemüse vor. Man darf auf diese Stoffe nicht verzichten.

Bedürfnisse (S. 63, 118)
Bedürfnisse entstehen durch ein Mangelempfinden, das wir beheben wollen. Es gibt Grundbedürfnisse (Nahrung, Kleidung, Wohnung) und Wahlbedürfnisse (Buch lesen, Kinobesuch).

Benzo(a)pyren (S. 135)
Benzo(a)pyren ist ein gelber kristalliner Feststoff, der sich gut in Kohlenwasserstoffen löst. Der Stoff ist als krebserregende Substanz bekannt und entsteht bei der unvollständigen Verbrennung von organischen Stoffen. Man findet es in Auto- und Industrieabgasen, ebenso in Grillprodukten, die über Holzkohle gegart wurden.

Blutzuckerspiegel (S. 87)
Der Blutzucker zeigt den Glucoseanteil im Blut an. In der Medizin ist der Glucosewert ein wichtiger Messwert. Ist der Glucoseanteil über einen längeren Zeitraum zu hoch, spricht man vom Diabetes, der über lange Zeit zu Folgeerkrankungen führen kann.

Brennstoffe (S. 36)
Brennstoffe sind Bestandteile der Nahrung, die dem Körper Energie liefern. Dazu gehören die Fette, Kohlenhydrate und Eiweiße.

Cellulose (S. 87)
ist der Hauptbestandteil pflanzlicher Zellen. Sie ist ein Vielfachzucker (Polysaccharid) und für den Menschen nicht verdaubar. Der Mensch besitzt keine Enzyme für den Abbau der Cellulose. Dennoch ist sie wichtig, da sie als Füllstoff (▶ Ballaststoff) wichtige Aufgaben übernimmt.

Cerankochfeld (S. 17)
Dies ist eine Platte aus Glaskeramik mit einer hohen Durchlässigkeit für Wärmestrahlung. Sie ist in einen Küchenherd eingebaut. Es besteht die Möglichkeit, verschiedene Hitzeringe einzuschalten, was besonders bei unterschiedlichen Temperaturanforderungen von Vorteil ist. Die Kochoberfläche lässt sich sehr gut reinigen und ist damit einer herkömmlichen Elektroherdplatte überlegen.

Designer Food (S. 140)
Designer Food ist eine 1989 geprägte Bezeichnung für Lebensmittel, die auf bestimmte Bedürfnisse von Verbrauchern abgestimmt sind, z. B. Elektrolytgetränke für Sportler. Synonym wird auch der Begriff „Functional Food" verwendet.

Diabetes (S. 44)
Diabetes ist eine chronische Stoffwechselkrankheit, die zu einem erhöhten Blutzuckerspiegel führt.

Dioxin (S. 134)
Dioxine entstehen bei beliebigen Oxidationsreaktionen von Kohlenwasserstoffverbindungen. Als organische Schadstoffe werden sie in der Umwelt bei niedrigen Temperaturen nicht abgebaut. Über die Nahrungskette reichern sie sich in lebenden Organismen, bei Wirbeltieren vor allem in der Leber, an. Der Mensch nimmt Dioxine vor allem über tierische Nahrungsmittel wie Fisch, Eier oder Milchprodukte auf.

DNA (S. 136)
DNA ist die Abkürzung für *deoxyribonucleic acid*, die der Träger der Erbinformation ist. Sie kommt in allen Lebewesen vor. Im Deutschen wird die Erbinformation DNS, von Desoxyribonukleinsäure, genannt. Auch dieser Begriff ist gebräuchlich.

Dritte-Welt-Läden (S. 131)
Es handelt sich um Fachgeschäfte für fair gehandelte Produkte mit dem Ziel, mehr Gerechtigkeit in den Handelsbeziehungen zwischen den Ländern des Nordens und des Südens zu erreichen. Sie leisten einen Beitrag zur politischen Information und Bildung betreffend Fragen des Fairen Handels.

Düngemittel (S. 131, 135)
Düngemittel sind Stoffe, die dem Boden zugeführt werden, um dessen Fruchtbarkeit und Ertragsfähigkeit zu fördern. Es handelt sich dabei um organische und anorganische Pflanzennährstoffe. Zum selbst erzeugten Stallmist von Tieren kamen im 20. Jahrhundert mineralische Düngemittel in Form von chemisch erzeugten Salzen (phosphat- und stickstoffhaltige Düngemittel).

Durstempfinden (S. 84)
ist ein individuelles Reagieren auf einen Flüssigkeitsmangel des Körpers. Es stellt einen Schutzmechanismus zur Regulation des Flüssigkeitshaushaltes dar. Mit zunehmendem Alter lässt das Durstempfinden nach. Dies kann zu ungewollten Flüssigkeitsverlusten führen.

Einkaufsstätten (S. 70, 73)
sind Geschäfte, in denen Kunden Waren angeboten werden. Dazu gehören der Supermarkt, der Discounter, Fachgeschäfte sowie kleine Einzelhandelsläden.

Einkommen (S. 63)
Es bildet die finanzielle Grundlage, um die Bedürfnisse der im Haushalt lebenden Personen zu befriedigen. Zu den Einkommensarten zählen das Arbeitseinkommen (Lohn, Gehalt), das Transfereinkommen (z. B. die Rente, Arbeitslosengeld, Erziehungsgeld) und das Kapitaleinkommen (z. B. Zinsen, Gewinn). In den meisten privaten Haushalten ist das Arbeitseinkommen das Haupteinkommen.

Eiskristalle (S. 76)
Eiskristalle entstehen, wenn kleine Wassertropfen gefrieren.

Eitererreger (S. 13)
Eitererreger sind kugelförmige Bakterien, die sich auf der Haut oder Nase des Menschen befinden. Sie können durch eiternde Wunden oder Nasenschleim auf Lebensmittel übertragen werden. Dort bilden sie Gifte, auf die der Körper nach zwei bis sechs Stunden mit Übelkeit, Durchfall, Bauchschmerzen und Brechreiz reagiert.

Eiweiß (S. 36, 40, 50, 88)
Eiweiße oder Proteine bestehen aus vielen verschiedenen Aminosäuren. Sie befinden sich in allen Zellen unseres Körpers und geben ihnen eine Struktur. Deshalb ist Eiweiß auch ein Baustoff. Eiweiße sind ein wesentlicher Inhaltsstoff unserer Nahrung.

Eiweißbedarf (S. 88)
Der Eiweißbedarf richtet sich nach einem allgemeinen Richtwert, der durch die Deutsche Gesellschaft für Ernährung empfohlen wird. Dabei wird von 0,9 Gramm Eiweiß je Kilogramm Körpergewicht ausgegangen.

Elternzeit (S. 66)
Ein Zeitraum der unbezahlten Freistellung von der Erwerbstätigkeit nach der Geburt eines Kindes. In Deutschland gibt es darauf einen Rechtsanspruch.

Energie (S. 37, 46, 86, 87)
Ist das Maß für die Fähigkeit, geistige und körperliche Arbeit zu verrichten. Dem Begriff Energie begegnest du in verschiedenen Wissenschaften wie der Physik oder der Biologie. Auch in der Technik wird von Energie gesprochen. Ohne Energie, die wir aus Lebensmitteln erhalten, können wir nicht aktiv werden.

Entwicklungsländer (S. 131)
Entwicklungsländer sind Staaten, die im Vergleich zu entwickelten Industrieländern einen Entwicklungsrückstand aufweisen. Indikatoren sind u. a.: niedriges Pro-Kopf-Einkommen, Leben einer breiten Bevölkerungsgruppe am Existenzminimum, geringe Arbeitsproduktivität.

Erbmaterial (S. 136)
Das Erbmaterial befindet sich bei allen Lebewesen im Zellkern einer jeden Zelle. Es enthält alle Gene und damit die Information für alle vererbbaren Eigenschaften eines Lebewesens.

Ergonomisch (S. 16)
Ergonomisch ist abgeleitet von Ergonomie. Der Begriff sagt aus, dass Arbeitsplätze und Arbeitsmittel so gestaltet sind, dass sich der Mensch wohl fühlt und nicht so leicht bei seiner Arbeit ermüdet.

Ernährungsempfehlungen (S. 83)
Die Kernaussagen der Ernährungsempfehlungen basieren auf dem Ernährungskreis und lauten: Täglich aus allen sieben Lebensmittelgruppen auswählen, das dargestellte Mengenverhältnis berücksichtigen, die Lebensmittelvielfalt der einzelnen Gruppen nutzen.

Ernährungskreis (S. 82, 83, 84)
Der Ernährungskreis ist eine modellhafte Vorstellung, welche Lebensmittel in welcher Menge für die tägliche Ernährung geeignet sind, um eine vollwertige Ernährung sicherzustellen. In den einzelnen Segmenten sind ausgewählte Vertreter der Produktgruppen abgebildet.

Ernährungspyramide (S. 82, 83, 84)
Sie stellt eine Empfehlung für gesunde Ernährung in Pyramidenform dar. Die Lebensmittelgruppen sind nach empfohlener Verzehrmenge aufsteigend angeordnet. Die Basis stellen die Getränke und kohlenhydratreichen Lebensmittel dar. In der Spitze sind Fette zu finden, deren Verzehrmenge am geringsten ist.

Esskultur (S. 54, 108, 112, 113)
umfasst das gesamte kulturelle Umfeld der Ernährung des Menschen. Dazu gehören die Speisen, die angerichtet und verzehrt werden, sowie die Sitten und Gebräuche, die sich um diese Speisen entwickelt haben.

Export (S. 158)
Export ist die Menge an Gütern, die eine Volkswirtschaft in andere Länder liefert.

Festmahl (S. 110)
Ein üppiges Essen, das zu bestimmten Anlässen wie dem Geburtstag oder an Feiertagen wie Ostern oder Weihnachten angerichtet wird. Es wird auch als Festessen oder Bankett bezeichnet.

Fett (S. 36, 37, 89)
Fett besteht aus einem Molekül Glyzerin und drei Fettsäuren. Es ist der wichtigste Energielieferant in der menschlichen Ernährung und ist ein Inhaltsstoff unserer Nahrung.

Fruchtfolge (S. 133)
Fruchtfolge ist die Reihenfolge, in der auf einer landwirtschaftlichen Nutzfläche Nutzpflanzen innerhalb einer oder mehrerer Vegetationsfolgen angebaut werden.

Functional Food (S. 140)
Ein Lebensmittel kann diesen Namen tragen, wenn belegt ist, dass es auf eine positive Weise eine oder mehrere Zielfunktionen im Organismus beeinflusst, die über vergleichbare Ernährungseffekte hinausgehen (siehe auch Designer Food).

Geld (S. 63, 71)
ist ein Tauschmittel zum Erwerb von Gütern oder Dienstleistungen. Es kommt als materieller Wert in Form von Münzen oder Geldscheinen oder als immaterieller Wert in Form eines Kontoguthabens oder eines Kredites vor.

Genetischer Code (S. 136)
Genetischer Code ist die feste Reihenfolge der aufeinanderfolgenden Aminosäuren für ihren Zusammenbau zu Proteinen.

Gentechnik (S. 136, 138)
▶ Gentechnologie

Gentechnologie (S. 136)
Gentechnologie ermöglicht die gezielte Veränderung des Erbgutes von Organismen durch artfremde Gene. Sie beschäftigt sich mit Methoden der Isolierung, Charakterisierung, Vermehrung und Neukombination von Genen.

Geschmack (S. 32, 33)
Unter Geschmack versteht man das Vermögen zu sinnlicher Wahrnehmung von Lebensmitteln.

Globalisierung (S. 155, 156, 157, 158)
Globalisierung ist die weltweite Verflechtung in den Bereichen Wirtschaft, Kultur, Politik und Umwelt, die alle Menschen betrifft. Sie bringt eine Verflechtung der Welt-

märkte und eine weltweite Arbeitsteilung mit sich. Multinationale Unternehmen treiben den Verflechtungsprozess auf allen Gebieten immer weiter voran.

Greifraum (S. 10)
Der Greifraum ist der Bereich, der von einer Person mit den Händen erreicht werden kann. Im Greifraum sollen alle benötigten Arbeitsmittel und Zutaten griffbereit stehen.

Grenzwerte (S. 102)
geben Konzentrationshöchstmengen von Schadstoffen in Lebensmitteln an. Es sind durchschnittliche Angaben.

Grundriss (S. 9)
Der Grundriss ist eine technische Darstellung, aus der wichtige Details eines Raumes oder eines ganzen Gebäudes zu entnehmen sind.

Grundumsatz (S. 86)
ist die Energiemenge, die der Körper bei völliger Ruhe zur Aufrechterhaltung der Lebensfunktionen benötigt.

Gülle (S. 148)
Gülle ist ein natürlich anfallender Wirtschaftsdünger, der aus der Tierhaltung entsteht. Je nach Einstreu wird zwischen Dick- und Dünngülle unterschieden. Dieser Dünger fällt vorrangig bei der Schweine- und Rinderhaltung an. Eine traditionelle Verwertung ist die Ausbringung auf die Felder zwecks Düngung (mittlerweile sehr umstritten).

Haltbarmachungsverfahren (S. 76)
Haltbarmachung von Lebensmitteln wird auch als Konservierung bezeichnet und kennzeichnet alle Möglichkeiten, Lebensmittel mit chemischen, physikalischen oder biologischen Mitteln vor dem Verderb zu schützen und eine längere Lagerzeit zu erreichen.

Hausarbeit (S. 65, 66, 120)
ist eine Form der Eigenarbeit zum Wohl der Familie, die nicht entlohnt wird. Hausarbeit umfasst Tätigkeiten wie das Zubereiten von Mahlzeiten oder das Planen von Einnahmen und Ausgaben sowie aller anderen haushälterischen Tätigkeiten.

Haushalte (S. 63, 64, 65, 66, 74, 76, 101, 122, 124)
Haushalte sind Personengemeinschaften, die miteinander leben und wirtschaften. Sie werden oft als Stätten des Verbrauchs bezeichnet. Das Wirtschaften ist auf die Bedarfsdeckung der darin lebenden Personen ausgerichtet. Sie können aus einer einzelnen Person oder aus einer Personengruppe bestehen.

Haushaltsbuch (S. 123)
Es wird häufig von Privatpersonen geführt und stellt dabei alle Einnahmen und Ausgaben gegenüber. Es ist eine wesentliche Planungsgrundlage für die Planung der

finanziellen Mittel. Damit stellt sich die persönliche Finanzsituation auf einen Blick dar.

Hygiene (S. 12, 13)
Unter Hygiene (Lebensmittelhygiene) versteht man Maßnahmen zur Vorbeugung von Infektionskrankheiten, die sich durch ein ungezügeltes Wachstum von gefährlichen Mikroorganismen entwickeln können. Deshalb in der Küche auf Ordnung und Sauberkeit achten.

Impfstoff (S. 136)
Ein Impfstoff dient zur spezifischen Aktivierung des Immunsystems hinsichtlich eines bestimmten Erregers oder einer Erregergruppe. Dies führt zur Ausprägung von Antikörpern, die einen lang anhaltenden Schutz vor der jeweiligen Krankheit liefern.

Import (S. 158)
Import ist die Bezeichnung für das Einführen von Waren oder Dienstleistungen in eine Volkswirtschaft.

Inhaltsstoffe (Lebensmittel) (S. 130, 131)
Inhaltsstoffe sind alle Bestandteile der Lebensmittel. Zu ihnen gehören: Nährstoffe, Ballaststoffe, Enzyme, Farbstoffe, Geschmacks- und Aromastoffe, Mikroorganismen sowie Schadstoffe.

Insulin (S. 136)
Insulin ist ein Hormon, das den Blutzuckerspiegel des Menschen senkt. Es wird in der Bauchspeicheldrüse produziert. Bei Diabetikern ist diese Produktion gestört. Deshalb wird durch gentechnisch veränderte Bakterien ein Insulinersatzstoff hergestellt, der zur Therapie eingesetzt wird.

Intensivierung (S. 133)
Intensivierung wird in der modernen Landwirtschaft unter Einsatz von natürlichen und insbesondere chemischen Düngemitteln zur Ertragssteigerung vollzogen. Aber auch der Fruchtfolgewechsel war ein Beitrag zur Steigerung (Intensivierung) der Produktionsergebnisse.

Kalzium (S. 42, 43)
Kalzium ist ein chemisches Element, das als Mineral in der Natur vorkommt. Es ist am Aufbau von Knochen und Zähnen beteiligt.

Kaufentscheidung (S. 70, 73, 96)
Kaufentscheidung heißt, dass ich eine Entscheidung für den Kauf eines Produkts oder einer Dienstleistung treffe. Die Entscheidung wird von verschiedenen Faktoren (z. B. eigenen Erfahrungen oder auch Zufällen) beeinflusst. Das Ergebnis ist der Kaufvertrag zwischen Nachfrager und Anbieter.

Kohlenhydrate (S. 36, 38, 87, 89)
Kohlenhydrate stellen den größten Anteil an der Nahrung dar. Sie bestehen aus Einfach-, Zweifach-, und

Mehrfachzucker. Zu den Mehrfachzuckern gehören die energieliefernde Stärke und die nicht energieliefernde Cellulose (Ballaststoffe).

Kohlenstoff (S. 36, 37, 40)
Kohlenstoff ist ein chemisches Element, das in der Natur oft in gebundener Form vorkommt. Kohlenstoffverbindungen bilden die Grundlage des Lebens.

Kolibakterien (S. 13)
Kolibakterien sind Darmbakterien. Sie leben im Dickdarm des Menschen und vieler Tiere und sind für die Zersetzung von Kohlenhydraten und Eiweißen im Darm mitverantwortlich. Vor allem im Sommer treten durch ein vermehrtes Wachstum von Kolibakterien häufig Durchfallerkrankungen auf.

Kunde (S. 72)
Der Kunde (auch Konsument) ist ein Verbraucher, der auf dem Markt Waren kaufen will und auch kann. Zu den Waren zählen auch Erzeugnisse, die nicht für den Verzehr gedacht sind.

Kupieren (S. 149)
Kupieren ist das operative Entfernen meist von Schwanzteilen bei Hunden, Schafen oder Schweinen. Das Verstümmeln von Schnäbeln bei Geflügeln zählt ebenso dazu wie das Enthornen bei Rindern. Damit soll die Verletzungsgefahr verringert werden. Die Methode wird meist in der Massentierhaltung eingesetzt.

Lebensmittel (S. 36, 142, 156)
Lebensmittel sind nach dem Lebensmittelrecht Stoffe, die dazu bestimmt sind, in unverändertem, zubereitetem oder verarbeitetem Zustand vom Menschen verzehrt zu werden.

Lebensmittelkennzeichnung (S. 98)
Die Kennzeichnung der Lebensmittel ist gesetzlich vorgeschrieben. Genannt werden neben dem Produktnamen vorrangig die Inhaltsstoffe eines Lebensmittels. Sie hilft dem Verbraucher bei der Kaufentscheidung. Die Produzenten sind verpflichtet, die Angaben in gut lesbarer Form anzubringen.

Lebensmittelsicherheit (S. 98)
Ist ein Oberbegriff für alle Maßnahmen, die den Verbraucher vor gesundheitlichen Schäden bei der Erzeugung und Verarbeitung von Lebensmitteln schützen. Dazu dienen Kontrollen und Vorschriften, die gesetzlich geregelt sind.

Lebensweise (S. 54)
Unter Lebensweise versteht man eine bestimmte Art, das eigene Leben zu gestalten.

Leistungsumsatz (S. 86)
ist die Energiemenge, die der Körper benötigt, um geistige und körperliche Arbeit zu verrichten.

Mahlzeit (S. 109)
Darunter verstehen wir das Einnehmen von Nahrung zu bestimmten Zeiten des Tages. Durch die Mahlzeit wird auch der Tag strukturiert. Häufig werden drei Mahlzeiten am Tag eingenommen: morgens, mittags und abends.

Markergene (S. 139)
Markergene markieren die transformierten Zellen, in die neue Gene eingebracht wurden. Damit wird die Identifizierung der Zellen ermöglicht, die das neue Gen auch tatsächlich aufgenommen haben.

Menükarten (S. 169)
Menükarten eignen sich bestens, um bei Feierlichkeiten die Gäste über die Speisefolge zu informieren. Sie sind damit eine runde Erweiterung der Tischdekoration.

Methangas (S. 148)
Methangas ist ein farb- und geruchloses, brennbares Gas, das vielfältig und natürlich auf der Erde ständig neu gebildet wird. Es zählt zu den hochwirksamen Treibhausgasen. Die zunehmende Haltung von Rindern führt zu einem Anstieg der Treibhausgasbildung und damit zu einer Belastung der Erdatmosphäre.

Mikroorganismen (S. 13, 24, 28, 29)
Sammelbegriff für Kleinlebewesen, die meistens nur aus einer Zelle bestehen, wie Bakterien, Pilze und Hefen.

Mindesthaltbarkeitsdatum (S. 99, 100)
Das Mindesthaltbarkeitsdatum ist kein Verfallsdatum. Es gibt den Zeitpunkt an, bis zu dem ein Lebensmittel unter angemessenen Aufbewahrungsbedingungen seine spezifischen Eigenschaften behält, ohne dass es schlecht wird und für den Verzehr nicht mehr geeignet ist. Die Ware darf auch nach Überschreiten des MHD noch verkauft werden, wenn sie einwandfrei ist (meist zu einem günstigeren Preis).

Mineraldünger (S. 132)
Mineraldünger sind chemisch produzierte Stoffe, die die Hauptnährstoffe Stickstoff, Phosphor und Kalium enthalten und zur Steigerung der Ernteerträge beitragen. Wird mehr Dünger aufgebracht als verwertet werden kann, besteht die Gefahr einer Bodenbelastung und einer Umweltgefährdung.

Mineralstoffe (S. 44, 45)
Mineralstoffe sind lebensnotwendige Nährstoffe, welche der Organismus nicht selbst herstellen kann. Sie müssen mit der Nahrung täglich zugeführt werden.

Müll (S. 26)
ist gleichzusetzen mit dem Begriff „Abfall". Er bezeichnet meist feste Stoffe, die nicht mehr benötigt werden.

Nachhaltigkeit (S. 130)
Nachhaltigkeit ist ein Handlungsprinzip der Menschen zur sinnvollen Ressourcennutzung der stofflichen Güter, die die Natur bereitstellt. Der Begriff dient heute als Oberbegriff für ökonomische, ökologische und soziale Gerechtigkeit.

Nährstoffe (S. 82)
sind organische und anorganische Verbindungen, die nach der Aufnahme durch den Stoffwechsel verarbeitet werden. Kohlenhydrate, Eiweiße und Fette sind Makronährstoffe. Vitamine und Mineralstoffe können als Mikronährstoffe bezeichnet werden.

Nahrungsergänzungsmittel (S. 140)
Nahrungsergänzungsmittel sind dazu bestimmt, die allgemeine Ernährung mit Lebensmitteln zu ergänzen. Sie bestehen aus Konzentraten von Nährstoffen, insbesondere Vitaminen und Mineralstoffen. Sie werden in dosierter Form als Kapseln, Tabletten oder Pulverbeutel im Handel angeboten und unterliegen dem Lebensmittelrecht. Ihre Wirkung wird widersprüchlich diskutiert.

Nahrungsmittel (S. 142)
Nahrungsmittel bezeichnen Lebensmittel, die vorwiegend der menschlichen Ernährung dienen und die die energieliefernden Makronährstoffe wie Eiweiß, Fett und Kohlenhydrate enthalten. Das Wasser zählt dabei nicht zu den Nährstoffen.

Nahrungsmittelkonservierung (S. 146)
Nahrungsmittelkonservierung bezeichnet alle Prozesse der Behandlung von Nahrungsmitteln mit dem Ziel, sie länger haltbar zu machen, damit sie länger aufbewahrt werden können. Dabei soll der Prozess des Verderbs aufgehalten bzw. verlangsamt werden. Moderne Konservierungsverfahren ermöglichten die Herstellung von Fertignahrung im großen Stil.

Naturkostladen (S. 131)
Ein Naturkostladen, auch als BIO-Laden bezeichnet, bietet Produkte aus ökologischer Landwirtschaft an, die biologisch produziert und verarbeitet worden sind.

Nitrat (S. 135)
Nitrat ist das Salz der salpetrigen Säure. Es spielt bei der Nährstoffversorgung der Pflanzen eine große Rolle. Es wird in der Lebensmittelindustrie als Farbstabilisator eingesetzt. Bei höheren Temperaturen können gemeinsam mit Eiweißbestandteilen Nitrosamine gebildet werden, die als krebserregend gelten. Deshalb sollten gepökelte Fleischwaren nicht gegrillt werden.

Ökologischer Anbau (S. 131)
Ökologischer Anbau bezeichnet die Erzeugung von Nahrungsmitteln nach strengen, kontrollierten Kriterien. Der Einsatz von chemischen Düngemitteln und Pflanzenschutzmitteln ist untersagt.

Pestizide (S. 134, 135)
Pestizide sind chemische Mittel zur Bekämpfung von tierischen Schädlingen innerhalb des Nutzpflanzenanbaus.

Pflanzenschutzmittel (S. 131)
Pflanzenschutzmittel sind chemische oder biologische Mittel, die dazu dienen, Pflanzen vor Schadorganismen zu schützen. Sie tragen dazu bei, Ernteausfälle zu mindern. Es besteht aber die Gefahr, dass sich Resistenzen bei Pflanzen und Tieren ausprägen können, die eine Bekämpfung erschweren.

Präbiotika (S. 140)
Präbiotika sind nicht verdauliche Lebensmittelbestandteile, die die Ernährung günstig beeinflussen, indem sie das Wachstum von Bakterien im Darm fördern.

Preis (S. 70, 73, 99)
Der Preis eines Gutes ist sein Tauschwert. Er wird am Markt durch Angebot und Nachfrage reguliert. (▶ Preisbildung)

Preisbildung (S. 70)
ist der Prozess des Zusammenwirkens von Angebot und Nachfrage. Sie ist von der Marktform abhängig.

Probiotika (S. 140)
Probiotika sind Lebensmittel, die zusätzliche lebensfähige Mikroorganismen enthalten. Z. B. Milchsäurebakterien oder auch Hefen können einen gesundheitsfördernden Beitrag im Körper leisten. Das Ausmaß ihrer Wirkung ist jedoch umstritten.

Qualitätsmerkmale (S. 70, 96)
Qualitätsmerkmale werden durch die Beschaffenheit und Güte der Produkte beschrieben. Dabei können die Eigenschaften von Produkten und Dienstleistungen nicht losgelöst vom Verwendungszweck betrachtet werden.

Recyclingpapier (S. 27)
Recyclingpapier besteht überwiegend aus Altpapier. Es ist umweltfreundlich, da für seine Herstellung keine Bäume gefällt werden müssen.

Ressourcen (S. 100)
sind materielle und immaterielle Güter. Wir verstehen darunter häufig Rohstoffe, Geldmittel und Energie. Mit diesen Mitteln wollen wir möglichst sparsam umgehen, da sie nicht unbegrenzt zur Verfügung stehen. Aber auch Wissen und Erfahrungen gehören dazu. Sie sind unverzichtbar für die Entwicklung einer Gesellschaft.

Ritual (S. 56)
Ritual ist eine nach vorgegebenen Regeln ablaufende, oft feierlich-festliche Handlung.

Salmonellen (S. 13)
Salmonellen sind stäbchenförmige Bakterien, die bei Menschen und Tieren Übelkeit und Durchfallerkrankungen hervorrufen. Sie kommen besonders auf Eiern und in Geflügelfleisch vor.

Sauerstoff (S. 36)
Sauerstoff ist ein chemisches Element und ein geruchloses Gas, das in der Luft enthalten ist. Fast alle Lebewesen benötigen Sauerstoff zum Leben. Sauerstoff ist an Verbrennungsprozessen beteiligt.

Schadstoffe (S. 102, 130, 135)
sind Stoffe, die in gewissen Mengen Menschen, Tiere, Pflanzen oder die Umwelt schädigen können. Sie gelangen über die Nahrungskette in den menschlichen Körper und können dort, abhängig von der Konzentration und Einwirkungsdauer, gesundheitliche Schäden verursachen. Dazu zählen z. B. Dioxin, Quecksilber und verschiedene ▶ Pestizide.

Schockfrosten (S. 145)
Schockfrosten ist ein industrielles Verfahren zur Herstellung von Tiefkühlgerichten. Die Lebensmittel werden kurzzeitig bis auf -40 °C gekühlt und bei -20 °C gelagert.

Schockgefrieren (S. 76)
▶ Schockfrosten

Schwermetalle (S. 134)
Blei, Cadmium, Quecksilber sind die Metalle, die sowohl über pflanzliche als auch über tierische Nahrungsquellen in den Körper gelangen. Sie sind nicht abbaubar und wirken daher giftig. Andere Schwermetalle wie z. B. Chrom, Eisen, Zinn oder Kupfer sind in kleinen Mengen lebensnotwendig. Sie werden als Spurenelemente bezeichnet.

Sekundäre Pflanzenstoffe (S. 44, 131)
Sekundäre Pflanzenstoffe bieten bei der Ernährung des Menschen gesundheitliche Vorteile. Sie fördern die Verdauung oder sie können entzündungshemmend wirken. Meist kommen sie in Kombination mit anderen Stoffen vor.

Siegel (S. 97)
Als Siegel werden grafische Zeichen an Produkten bezeichnet, die eine Aussage über die Qualität und/oder die Umwelteigenschaften eines Produktes treffen. Oft werden damit konkrete Kriterien wie ökologische Produktion verbunden. Eines der bekanntesten Siegel ist das BIO-Siegel. (▶ Anbauverbände)

Stärke (S. 82)
ist ein Makromolekül und besteht aus vielen Zuckermolekülen. Sie ist ein verdaubares Kohlenhydrat und wichtiger Energielieferant in der menschlichen Ernährung.

Stoffwechsel (S. 85, 91)
ist die Gesamtheit der chemischen Prozesse der Nahrungsverwertung im Körper. Diese Prozesse dienen dem Aufbau und der Erhaltung der Körpersubstanz sowie der Energiegewinnung und damit der Aufrechterhaltung aller Körperfunktionen.

Stress (S. 69)
Stress ist ein Symptom für körperliche Belastung. Er kann positiv und negativ gerichtet sein. Negativer Stress kann den Körper krankhaft belasten.

Supermarkt (S. 72)
Als Supermarkt werden Geschäfte mit einer Verkaufsfläche von mindestens 400 Quadratmetern bezeichnet.

Tagesplan (S. 69)
Der Tagesplan hilft dabei, tägliche Aufgaben zu strukturieren und sie bestmöglich zeitorientiert zu koordinieren. Zeit lässt sich nicht manipulieren, sie ist unwiderruflich weg.

Tagesprotokoll (S. 47)
Es dient zum Erfassen der Lebensmittel, die über den Tag verteilt zugeführt wurden. Wird das Protokoll über einen längeren Zeitraum geführt, ist der Experte in der Lage, eine Aussage über die Ernährungsweise zu treffen und Hilfen zu geben.

Tiefgefrieren (S. 76)
oder Tiefkühlen ist ein schonendes Haltbarmachungsverfahren, das es ermöglicht, Lebensmittel bei einer Temperatur von -18°C bis zu einem Jahr nährstoffschonend zu lagern.

Tierarzneimittel (S. 131, 133)
Tierarzneimittel sind Stoffe, die zur Heilung oder zur Verhütung von Tierkrankheiten eingesetzt werden. Bei Arzneimitteln, die bei lebensmittelliefernden Tieren eingesetzt werden, ist eine Rückstandsprüfpflicht vorgeschrieben.

Tischkultur (S. 108, 111, 112)
Darunter versteht man die Tischsitten und Umgangsformen beim Einnehmen von Speisen und Getränken. Sie haben sich im Verlauf der Geschichte stark gewandelt und sind kulturell geprägt.

Tischsitten (S. 54, 55)
Darunter versteht man die Umgangsformen beim Einnehmen von Speisen und Getränken. Sie haben sich im Verlauf der Geschichte stark gewandelt.

Toxische Mikroorganismen (S. 134)
Durch unsachgemäßen Umgang mit Lebensmitteln im Prozess der Herstellung, des Transports oder der Lagerung können sich Mikroorganismen stark vermehren, die selbst oder deren Stoffwechselreste giftig wirken. Daraus können verschieden starke Lebensmittelvergiftungen resultieren.

Tradition (S. 108, 109)
ist die Weitergabe von Gebräuchen, Sitten und Wertvorstellungen innerhalb einer Gemeinschaft. Auch in Familien prägen sich Handlungsmuster heraus, die man zu den Traditionen zählen kann.

Umweltschadstoffe (S. 18)
Verunreinigungen der Luft, des Wassers und des Bodens, die in oder auf Lebensmittel gelangen.

Umweltverträglichkeit (S. 130)
Umweltverträglichkeit ist als ein Maß für die direkte und indirekte Einwirkung auf Böden, Gewässer, Luft, Klima, Menschen, Tiere und Pflanzen zu betrachten. Werden die Beeinflussungen zu groß, können ganze Ökosysteme zusammenbrechen. Damit wäre das Maß zur Selbstregulation überschritten.

Unfall (S. 14, 15)
Ein Unfall liegt vor, wenn der Körper durch ein unfreiwilliges, plötzlich und von außen auftretendes Ereignis geschädigt wird.

Verbrauchsdatum (S. 99)
Bei sehr leicht verderblichen Lebensmitteln, wie Hackfleisch oder frischem Geflügelfleisch, ist ein Verbrauchsdatum anzugeben („Zu verbrauchen bis …"). Diese Lebensmittel dürfen nach Ablauf des Verbrauchsdatums nicht mehr verkauft werden.

Verkaufsstrategie (S. 78)
Gezielte Einflussnahme auf das menschliche Kaufverhalten.

Verkehrsbezeichnung (S. 99)
Sie soll die wichtigsten Eigenschaften eines Lebensmittels nennen, damit die Art des Produktes leicht erkennbar ist und eine Verwechslung mit vergleichbaren Erzeugnissen ausgeschlossen wird. Sie muss nüchtern und korrekt klarstellen, welches Lebensmittel sich hinter dem Namen verbirgt: z. B. „Milchmischgetränk".

Vitamine (S. 38, 44, 45)
Vitamine sind chemische Verbindungen, die der Körper zur Aufrechterhaltung lebenswichtiger Funktionen benötigt. Sie dienen nicht als Energieträger. Die meisten Vitamine müssen mit der Nahrung aufgenommen werden.

Vollkornprodukte (S. 38)
Vollkornprodukte sind Nahrungsmittel aus Getreide, bei deren Herstellung das ganze Korn verwendet wurde. Der Keimling und die Schale bleiben erhalten.

Vollwertige Ernährung (S. 82)
ist die optimale Zusammenstellung der Nährstoffe für die menschliche Ernährung. Dadurch wird eine ausreichende Versorgung mit Flüssigkeit, Energie und Nährstoffen gewährleistet, um den Körper leistungsfähig und gesund zu halten. Wissenschaftler haben dafür zehn Empfehlungen aufgestellt.

Vorratshaltung (S. 74, 75)
ist das Lagern von Lebensmitteln, die vor allem in Krisensituationen (z. B. Krankheit) für 10–14 Tage die Versorgung sichern können. Auch Tiere legen Vorräte an, damit sie den langen Winter überstehen.

Wasserbedarf (S. 84)
Das optimale Trinkpensum eines Menschen ist von verschiedenen Bedingungen abhängig. Dazu zählen: Geschlecht, Größe, Gewicht und Alter. Auch die körperliche Anstrengung im Beruf, die Intensität der Bewegung im Alltag und die klimatischen Bedingungen spielen eine wichtige Rolle. Täglich benötigt der Körper ca. 2 bis 2,5 Liter Wasser.

Wegestudie (S. 9)
Sie dient zur Beurteilung von Arbeitsabläufen. Sie erfasst Wege, die zur Herstellung eines Produktes zurückgelegt werden.

Werbung (S. 70)
Durch Werbung erhalten wir Informationen über Produkte und Dienstleistungen. Mithilfe der Werbung wollen Anbieter ihre Produkte verkaufen. Deshalb sollen mit der Werbung Kundenwünsche gezielt geweckt werden. Sie ist das wichtigste Mittel der Anbieter, um die Kaufentscheidung von Verbrauchern zu beeinflussen.

Wertstoffe (S. 26)
Wertstoffe sind Stoffe, die nach ihrem Gebrauch wieder verwendet und dem Produktionskreislauf zugeführt werden können.

Wirkstoffe (S. 76)
Wirkstoffe sind Vitamine und Mineralstoffe. Sie kommen als Mengenelemente und als Spurenelemente vor. Sie sind wichtig für den Stoffwechsel und die Gesundheit des Menschen.

Wochenplan (S. 69)
Er systematisiert und organisiert die Arbeiten und Tätigkeiten. Mithilfe des Plans fällt es uns leichter, Arbeitsabläufe zeitlich zu ordnen und gezielt eigene Freizeit zu planen. Er bringt Struktur und Ordnung in den Tagesablauf.

Yams (S. 161)
Yams sind mehrjährige krautartige Nutzpflanzen, die ein starkes essbares Wurzelgeflecht bilden. Ihr Geschmack ist süßlich und ähnelt dem einer Kartoffel. Sie sind in Afrika und Südamerika weit verbreitet und sind ein wichtiger Stärkelieferant.

Zeitplanung (S. 11)
Man versteht darunter ein systematisches Einteilen der eigenen Zeit, um den Tag zweckmäßig und zielorientiert zu gestalten.

Züchtung (S. 138)
Züchtung ist eine vom Menschen kontrollierte Vermehrung von Pflanzen oder Tieren mit dem Ziel, bestimmte erwünschte oder nicht erwünschte Eigenschaften oder Merkmale zu erhalten oder zu minimieren.

Zusatzstoffe (S. 130)
Zusatzstoffe sind oft Helfer bei der industriellen Lebensmittelerzeugung. Viele von ihnen ermöglichen ein umfassendes Lebensmittelangebot und sorgen für eine längere Haltbarkeit, besseres Backvermögen oder bessere Streichfähigkeit. Sie müssen ausdrücklich zugelassen werden und dürfen keine gesundheitlichen Risiken in sich tragen.

Zutatenliste (S. 99)
Sie informiert über die Zusammensetzung des Lebensmittels und muss grundsätzlich vollständig sein. Sie listet alle Zutaten in der Reihenfolge ihres Gewichtsanteiles auf. Am Anfang der Liste stehen die Hauptzutaten des Produktes. Am Ende finden sich meist Gewürze, Aromen und Zusatzstoffe, die nur in geringer Menge enthalten sind.

Stichwortverzeichnis

Bildquellenverzeichnis

Cover: iStockfoto; S. 10: Jürgen Kulus, Potsdam; S. 12 (1–4): Margarete Schmid/Bernhard Ordner, Schwäbisch-Gmünd; S. 14 (1–4): Jürgen Kulus, Potsdam; S. 16 (1–4): Jürgen Kulus, Potsdam; S. 17 (1): © Givaga-Fotolia.com; S. 17 (2): © Piotr Pawinski-Fotolia.com; S. 18 (1–12): Margarete Schmid, Schwäbisch-Gmünd; S. 19 (o. 1–3): Margarete Schmid, Schwäbisch-Gmünd; S. 19 (u. 1–4): Margarete Schmid, Schwäbisch-Gmünd; S. 19 (u. 5): © Kzenon-Fotolia.com; S. 19 (u. 6): © klick-Fotolia.com; S. 20 (o.): © Schlierner-Fotolia.com; S. 20 (u.): Margarete Schmid, Schwäbisch-Gmünd; S. 21 (1–6): Daniela Bühler, Dornstadt-Scharenstetten; S. 23: Creativstudio/MEV; S. 24 (1–2): Christiane Lebeda, Heidenhain/Brenz; S. 28 (1–2): Jürgen Kulus, Potsdam; S. 33 (1–4): Wikipedia/gemeinfrei; S. 34 (l.): © Kitty-Fotolia.com; S. 34 (m.): © kab-vision-Fotolia.com; S. 34 (r.): © Quade-Fotolia.com; S. 35: © Алексей Солодов-istockphoto; S. 39: © SeDmi-shutterstock.com; S. 41 (o.l.): © Sarie-Fotolia.com; S. 41 (o.r.): © sawaihideo-Fotolia.com; S. 41 (2./3. v.o.): Jürgen Kulus, Potsdam; S. 41 (u.): © photocrew-Fotolia.com; S. 42 (o.): © Zmeel Photography-istockphoto.com; S. 42 (u.):© RedTC-Fotolia.com; S. 45: © Uwe Wittbrock-Fotolia.com; S. 48 (l.): © fredredhat-Fotolia.com; S. 48 (2.v.l.): © PeJo-Fotolia.com; S. 48 (3.v.l./r.): Margarete Schmid/Bernhard Ordner, Schwäbisch Gmünd; S. 49 (1–3): Margarete Schmid/Bernhard Ordner, Schwäbisch Gmünd; S. 49 (r.): © Leonardo Franko-Fotolia.com; S. 51 (o.): © mch67-Fotolia.com; S. 51 (u.): © B. Wylezich-Fotolia.com; S. 54: akg-images/De Agostini Pict.Lib.; S. 55 (o.): Shutterstock.com/© Candy Box Images; S. 55 (u.): © Kitty-Fotolia.com; S. 56 (l.): © Monkey Business Images-shutterstock.com, S. 56 (r.): 123RF Stock Foto; S. 57 (o.): © Paco Zarate-shutterstock.com; S. 57 (u.): 123RF Stock Foto; S. 61: akg-images; S. 63: Fotolia.com/© bluedesign; S. 66: picture-alliance/dpa-infografik; S. 70: Erwin Wodicka – Bilderbox.com; S. 71: Peter Wirtz, Dormagen; S. 73.1: Shutterstock.com/© Ditty_about_summer; S. 73.2: picture-alliance/DUMONT Bildarchiv; S. 74: Mauritius Images/Rosenfeld; S. 76: Miele & Cie. KG, Gütersloh; S. 77: picture-alliance/© Subiros/Photocuisine; S. 78.1: Shutterstock.com/© Dmitry Kalinovsky; S. 81: Peter Wirtz, Dormagen; S. 82: DGE-Ernährungskreis © Deutsche Gesellschaft für Ernährung e.V., Bonn; S. 83: © aid infodienst – Idee: S. Mannhardt; S. 84: Peter Wirtz, Dormagen; S. 86.1: Peter Wirtz, Dormagen; S. 86.2: Fotolia.com/© Kadmy; S. 86.3: Peter Wirtz, Dormagen; S. 86.4: picture-alliance/Gladys Chai von der Laage; S. 89.1: Fotolia.com/erikdegraaf; S. 89.2: Fotolia.com/© Harald Biebel; S. 89.3: Fotolia.com/© Roman Samokhin; S. 89.4: Fotolia.com/© karandaev; S. 89.5: Fotolia.com/© ExQuisine; S. 89.6: Fotolia.com/© Patryssia; S. 90.1–4: Margarete Schmid/Bernhard Ordner, Schwäbisch Gmünd; S. 91: Mauritius Images/Rosenfeld; S. 93: Shutterstock.com/© wavebreakmedia; S. 95: Peter Wirtz, Dormagen; S. 97.1: Bundesministerium für Ernährung, Landwirtschaft und Verbraucherschutz (BMELV)/www.biosiegel.de; S. 97.2: European Commission, Brüssel; S. 97.3: Umweltbundesamt/Der Blaue Engel; S. 98.1: Maggi Pressestelle, Frankfurt/Main; S. 103.1: Fotolia.com/© Martin Patemann; S. 103.2: Fotolia.com/© zigzagmt-art; S. 103.3: Fotolia.com/© lemmiu; S. 103.4: Fotolia.com/© www.Finanzfoto.de; S. 104 A: picture-alliance/WILDLIFE; S. 104 C: picture-alliance/dpa © dpa; S. 105: Fotolia.com/© Corinna Gissemann; S. 107: Shutterstock.com/© Oleksiy Avotomonov; S. 109: iStockphoto/© Mark Bowden; S. 110: akg-images/De Agostini Pict. Lib.; S. 111: Mercedes Benz Classic; S. 112.1–3: Peter Wirtz, Dormagen; S. 114.1: Corbis/© Raheb Homavandi/Reuters; S. 114.2: Fotolia.com/© Digitalpress; S. 114.3: Corbis/© David Ball; S. 115.1: Fotolia.com/© Jörg Beuge; S. 115.2: Fotolia.com/© Dersimi; S. 115.3: Fotolia.com/© Fanfo; S. 105.4–5: WMF AG; S. 105.6: Fotolia.com/© tescha; S. 117.1: picture-alliance/dpa © dpa-Bildarchiv; S. 125.1: picture-alliance/Dekou Images; S. 125.2: Mauritius Images/P. Widmann; S. 127.1: Michael Holtschulte Illustration, Herten; S. 129.1: picture-alliance/dpa © dpa-Bildarchiv; S. 131.2: picture-alliance/WILDLIFE; S. 132.1: picture-alliance/ZB © ZB-Fotoreport; S. 132.2: Fotolia.com/© drsg98; S. 136.1: Imago/imagebroker; S. 136.2: picture-alliance/ZB © dpa; S. 139.1: picture-alliance/dpa © dpa-Report; S. 141.1: picture-alliance/Images Source; S. 142.1: Mauritius Images/Rosenfeld; S. 142.2: Mauritius Images/ib/Jochen Tack; S. 143.1: Fotolia.com/© Printemps; S. 143.2: Fotolia.com/© adisa; S. 146.1: Fotolia.com/© VGF; S. 146.2: Fotolia.com/© Andrii Salivon; S. 146.3: Shutterstock.com/© Penny Images; S. 146.4: Fotolia.com/© picstive; S. 146.5: Fotolia.com/© Anna Rassadnikova; S. 146.6: ClipDealer/© 2010; S. 149.1: picture-alliance/Arco Images GmbH; S. 149.2: picture-alliance/dpa/dpaweb © dpa-Fotoreport; S. 151.1: picture-alliance/KEYSTONE; S. 152.1: picture-alliance/Fotoagentur Kunz; S. 152.2: picture-alliance/dpa © dpa-Bildarchiv; S. 153.2: picture-alliance/KEYSTONE; S. 153.3: Shutterstock.com/© viktoriaKh; S. 153.4: Fotolia.com/© Himmelssturm; S. 153.5: Fotolia.com/© Andrea Wilhelm; S. 153.6: Fotolia.com/© Schlierner; S. 153.7: Fotolia.com/© ExQuisine; S. 155: Shutterstock.com/© Franck Boston; S. 155.1: picture-alliance/dpa/dpaweb © dpa-Report; S. 156.1: iStockfoto; S. 156.2: iStockfoto; S. 156.3: iStockfoto; S. 156.4: iStockfoto; S. 157.1: Mauritius Images/ib/Thomas Frey; S. 157.2: Fotolia.com/© tomaslerchphoto; S. 157.3: picture-alliance/Image Source; S. 161.1: picture-alliance/dpa © dpa-Fotoreport; S. 161.2: picture-alliance/Robert Harding World Imagery; S. 165.1: Fotolia.com/© cohelia; S. 168 (Flagge): Fotolia.com/© daboost; S. 169.3: Fotolia.com/© adisa

Impressum

Redaktion: Elisabeth Dorner, Berlin; Dr. Frank Erzner, Berlin
Illustration: Cleo-Petra Kurze, Berlin
Grafik: Detlef Seidensticker, München
Umschlagkonzept: Mendell & Oberer, München
Umschlagfoto: iStockphoto
Umschlaggestaltung: X-Design, München
Layoutkonzept: grundmanngestaltung, Karlsruhe
Technische Umsetzung: fidus Publikations-Service GmbH, Nördlingen

www.cornelsen.de

Die Webseiten Dritter, deren Internetadressen in diesem Lehrwerk angegeben sind,
wurden vor Drucklegung sorgfältig geprüft. Der Verlag übernimmt keine Gewähr
für die Aktualität und den Inhalt dieser Seiten oder solcher, die mit ihnen verlinkt sind.

1. Auflage, 4. Druck 2022

Alle Drucke dieser Auflage sind inhaltlich unverändert
und können im Unterricht nebeneinander verwendet werden.

© 2015 Oldenbourg Schulbuchverlag GmbH, München
© 2018 Cornelsen Verlag GmbH, München

Druck und Bindung: Livonia Print, Riga

ISBN 978-3-637-02245-4 (Schülerbuch)
ISBN 978-3-637-02249-2 (E-Book)

PEFC zertifiziert
Dieses Produkt stammt aus nachhaltig
bewirtschafteten Wäldern und kontrollierten
Quellen.

PEFC
PEFC/12-31-006

www.pefc.de